五 編

王 明 蓀 主編

第 21 冊

晚清基督教政策之研究
（1844～1911）

吳 旭 彬 著

清代靳輔治理黃、淮、運三河研究

郭 子 琦 著

國家圖書館出版品預行編目資料

晚清基督教政策之研究（1844～1911） 吳旭彬 著／清代靳
輔治理黃、淮、運三河研究 郭子琦 著 — 初版 — 新北市：
花木蘭文化出版社，2010〔民99〕
目 2+132 面 + 目 2+104 面：19×26 公分
（古代歷史文化研究輯刊 五編；第 21 冊）
ISBN：978-986-254-434-1（精裝）
1. 基督教史 2. 宗教政策 3. 水利工程 4. 清代
618 　　　　　　　　　　　　　　　　　100000593

ISBN-978-986-254-434-1

9 789862 544341

古代歷史文化研究輯刊
五 編 第二一冊 　　　　ISBN：978-986-254-434-1

晚清基督教政策之研究（1844～1911）
清代靳輔治理黃、淮、運三河研究

作 者　吳旭彬／郭子琦
主 編　王明蓀
總 編 輯　杜潔祥
印 刷　普羅文化出版廣告事業
出 版　花木蘭文化出版社
發 行 所　花木蘭文化出版社
發 行 人　高小娟
聯 絡 地 址　新北市永和區中正路五九五號七樓之三
　　　　　　電話：02-2923-1455 ／傳真：02-2923-1452
電 子 信 箱　sut81518@gmail.com
初 版　2011 年 3 月
定 價　五編 32 冊（精裝）新台幣 56,000 元

晚清基督教政策之研究

（1844～1911）

吳旭彬　著

作者簡介

吳旭彬，1974 年出生於臺灣台北，國立中興大學歷史系碩士、博士班研究生，於朝陽科技大學、台中技術學院等大專院校擔任兼任講師工作。主要研究領域為中國現代史、中外關係史。編著《世界文化史》、《歷史 A》、《歷史 B》等多部中學教科書。

提　要

　　本文「晚清基督教政策之研究（1844-1911）」，除緒論、結論外，共分為三章。第一章為北京條約前的基督教政策。「北京條約」是基督教傳入中國的關鍵點，在此之前，基督教基本上是處於寬禁的地位，政府有條件的開放民眾信仰基督教。本章的內容主要在敘述清代基督教禁教政策的形成及其崩潰的過程，以及晚清士紳對基督教的認識，和道咸時期清廷限教政策的具體內涵。第二章為北京條約後的基督教政策。英法聯軍後，清廷因條約的規定確立宗教自由的原則，在這解禁的過程中清政府作了哪些因應的措施，而面對此一結構性的轉變對基督教有何重要的政策宣示，重點在闡述清廷處理教案的基本原則、以及採取了哪些步驟來抑制教案的發生，以及清廷將教案地方化的努力。第三章為庚子拳亂後的影響。義和團可以說是一次大規模的教案，此時距基督教正式解禁也有將近 40 年的時間，在這漫長的歲月裡，基督教不僅沒有消除中國百姓的疑慮，反而激發出這一場驚天動地的反教事件，面對這樣的結果教中人士有何反省呢？而一般中國百姓在經歷了這樣一場災難，雖然抒發了平日對基督教的不滿，但也為國家帶來巨大的傷害，相形之下可謂得不償失，因此對這種暴力攻教的手段，中國士紳作了哪些反省呢？清政府面對這樣的結果其政策面又作了哪些調整？此為本章所欲討論的內容。

目次

緒　論

　　本文所探討的基督宗教泛指天主教（Catholic）和宗教改革後所產生的各派新教（Protestant，中國譯名爲新教、耶穌教、抗議派等）而言，並不包括流行於東歐和俄羅斯的東正教（Orthodoxy）。

　　回顧基督教傳入中國的歷程，可大致可區分爲幾個階段：唐貞觀九年（635）阿羅本（Olopen）所傳入的景教及元代天主教使節柏朗嘉賓（Le Franciscain Jean de Plan-Carpin）的出使蒙廷。名稱雖異，但兩者皆是基督教的一支，同宗而異派〔註1〕。在這兩個階段中，皆因皇帝和官員的提倡而興盛一時，然並不注重向下紮根的工作，故一般平民百姓甚少信仰，因此等到失去政治力的護持，也就煙消雲散。故自唐武宗滅佛波及景教以及元朝覆滅後，基督教便甚少出現在中國境內。

　　基督教絕跡中土兩百多年後，明末耶穌會士滿懷宗教熱忱再度叩開中國大門，本著「學術傳教」的方式，與中國傳統文化盡量調和，以學術、科技爲傳教的重要媒介，進而吸引知識份子的認同。這種傳教方式自明末一直延續至清初，取得相當大的成功。不少達官貴人、社會名流，都在這種傳教方式下成爲信徒，而中西文化也因這種傳教方式而互相交流，呈現出一片榮景。

　　但好景不常，清康熙年間，因中國教徒祭祖拜孔涉及偶像崇拜的爭議，教廷和清政府各執一詞，勢不相容，導致欣欣向榮的傳教光景，在皇帝的諭

〔註1〕西元五世紀時，君士坦丁堡的主教轟斯脫里（Nestorius）因對於基督教義的解釋與西方教會的傳統解釋產生歧異，其學說被羅馬帝國斥爲異端。隨後轟斯脫里的信徒輾轉往東方傳布其學說，至唐貞觀九年（西元 635 年）傳至中國，其教乃被稱爲「景教」。元代稱呼基督徒爲「也里可溫」，蒙古語的意思就是福份人、或有緣人、或即「奉福音之人」。

旨下成爲泡影〔註2〕。從康熙末年到鴉片戰爭之前，中國採取禁教的政策，將基督教視同白蓮教等民間秘密宗教而一體禁絕。在這大約百年的期間，官方取締雖時鬆時緊，但大體而言官方明令禁止傳播基督教，教士和教徒皆受到政府的取締，教會史上稱之爲「百年教難」。

　　道光二十二年（1842）南京條約簽訂後，中國被迫走向世界，國家利權也隨之逐次奉送給列強，開啓中國人苦難的年代。與此同時，清廷禁教的命令也一步步的解除。從中法《黃埔條約》、中美《望廈條約》開始准許外人在通商口岸建禮拜堂，到中法《北京條約》准許外人進入內地遊歷並租買田地，十字架也就同時由沿海深入廣大的內陸，最後達到無處不有禮拜堂的地步。

　　照常理而言，宗教具有撫慰人心的作用，在人們感到最苦難的年代，應該就是宗教力量最強大的時候。但在清末，基督教務的推展並不順遂，所能吸引到的教徒，皆是社會下層群眾〔註3〕。稍具知識水準的百姓對基督教仍是心存惡感，由儒家思想出發，大舉質疑基督教義的合理性，寫出許多攻教揭帖。到後期甚至連這一層邏輯外衣也隱去，直接出於情緒性的攻擊謾罵，詞語粗俗不堪〔註4〕。並且就在知識份子的引導輿論之下，各處民教衝突事件屢屢發生，教務成爲清政府最感棘手的問題之一。

　　晚清所遭遇到的最大困難之一，莫過於對外交涉，其中又以通商和傳教最爲重要。基督教的傳播自道光二十四年（1844）中法《黃埔條約》天主教馳禁後所引伸出來的教案問題，可說一直困擾著整個清末政局，層出不窮的教案遂成爲晚清最引人矚目的現象之一。事實上，教案原本是指與邪教相關的裁判案件，至鴉片戰爭後因基督教與民間社會的糾紛不斷，「教案」遂專指晚清與基督教交涉事件的專門用語〔註5〕。綜觀晚清幾十年的時間，幾乎年年

〔註2〕雍正元年（1723）正式頒佈禁教明詔，所有西洋人，除在京效力的人員外，一律送往澳門，各天主堂改爲公所。程宗裕：《教案奏議彙編》（台北：國風出版社，民國59年），卷首〈恭錄歷朝諭旨〉，頁14。

〔註3〕劉錦藻在《清朝續文獻通考》有言：「中國循規蹈矩之人斷不信天主教，入教者泰半下流爲所誘惑」。劉錦藻：《清朝續文獻通考》（台北：新興書局，民國52年），卷三四九，頁10919。

〔註4〕參見王明倫編：《反洋教書文揭帖選》（濟南：齊魯書社，1984年6月）。

〔註5〕關於「教案」一詞的定義頗爲分歧，目前學界對教案一詞的解釋主要分爲幾種：（一）指的是有關基督教紛爭事件的總稱；（二）教士與教民與中國官民所發生的訴訟、交涉事件；（三）中國官民對教會勢力的排斥、攻擊行爲。本文所謂的教案，含意取其寬，泛指因基督教傳布行爲而引發的中外交涉事。李若文：〈晚清教案的回顧與展望〉，國史館主辦：「中華民國史專題第四屆討

皆有教案，參與反教的社會成員從一般平民、祕密會社到飽讀詩書的官紳，幾乎是涵蓋了社會上的各個階層。而發生教案的地點，從華洋雜處的大城市，到窮鄉僻壤的內陸，可以說只要有傳教士的地方，就曾發生反教事件。整個清末教案的發展，呈現的正是如此繽紛而繁複的面相。

　　中國百姓在面對勸人爲善的基督教，爲何會表現出如此強烈的反抗性？這個饒富趣味的問題，便是學者亟欲想探究的眞相。歷來的研究，將晚清反教的原因歸納爲兩個因素：第一是帝國主義利用宗教侵華說。中國百姓抗拒基督教的主要原因，是基督教在華事業沾惹了帝國主義的色彩，民眾看到了隱藏在上帝十字架下的船堅炮利，遂將基督教與鴉片戰爭以來的割地、賠款等種種屈辱可恥之事劃上了等號。所以說晚清的教案史便是一部反洋教鬥爭史〔註6〕，是一部「帝國主義利用宗教的侵華史」〔註7〕。尤其保護傳教的條款列在代表西方國家利益的不平等條約之中，更是中國控訴基督教與帝國主義結合的鐵證〔註8〕。首任教廷駐華宗座代表剛恆毅（Card. Celso Costantini）也承認，因教會與西方政治勢力太過接近，使「本地人認爲傳教帶有侵略的成分，是外國人的滲透」〔註9〕。而若干傳教士不合時宜的舉動，如動輒介入民教訴訟、濫用服儀輿仗；列強將教會視作本國在華勢力的延伸，教案發生後屢屢以武力逼迫清廷做出有利己方的裁決，並經常利用教案作爲要挾額外政治利益的藉口尤其加深了百姓仇視基督教的情緒。

　　其次是「文化衝突說」。王文杰所著《中國近世史上的教案》一書中，羅列了咸豐六年（1856）至光緒二十三年（1897）所發生的七十餘件教案，詳細分析教案的起因、經過、清政府的處置等，得出「教案算是中國舊傳統舊禮俗對新的西洋宗教勢力的排斥和鬥爭，它是中西精神文化的衝突」〔註10〕。

　　　論會——民國以來的史料與史學」論文（國家圖書館國際會議廳，民國86年12月），頁2。其他意義相類似的用語尚有，「民教衝突」、「仇教」、「鬧教」、「打教」等，皆是在清廷官方檔案中稱呼民眾反西教的用語。
〔註6〕最能反映這種看法的著作是李時岳：《近代中國反洋教運動》（北京：三聯書店，1962年）。
〔註7〕顧長聲：《傳教士與近代中國》（上海：上海人民出版社，1991年12月第二版），陳旭麓序言。
〔註8〕葉仁昌：《民九至民十七反教與護教言論中之政治課題》（台北：台灣大學政治學研究所博士論文，民國78年），頁17～18。
〔註9〕剛恆毅：《剛恆毅樞機回憶錄——在中國耕耘》上冊（台北：天主教主徒會出版，民國67年），頁34。
〔註10〕王文杰：《中國近世史上的教案》（福州：協和大學中國文化研究會，民國36

既然是「文化衝突」，那麼，傳統儒家知識份子抗拒基督教的思想來源何在？西方學者柯保安（Paul A Cohen）《基督教與中國》檢視了儒家知識份子反對佛、道二教的歷史，認爲中國社會向來把正道、邪道二分對立，對於與儒家言論不同的所有宗教，皆視爲邪教而給予打擊。此一「反異端傳統」（Antiheterodox tradition）便是晚清中國人，反對基督教的思想根源；再依附於自十九世紀以來的排外動機上，遂形成一連串的反教暴動。〔註11〕

誠然基督教與帝國主義千絲萬縷的關係，是基督教在華傳播的一大憾事，也是日後遭到國人拒絕的主要肇因〔註12〕。但將傳教士視爲帝國主義的爪牙，未免也失之偏頗。若干傳教士的行事作風確有惹人非議之處，但絕大部分的傳教士遠從千里之外來中國傳教，對傳播基督福音的熱情自是不容抹煞。他們傳教的過程中不斷開辦醫院、育嬰堂、養老院等慈善事業，對中國貧苦無依的百姓，確實付出了人道的關懷。況且，傳教士所創辦的學校、報紙、期刊等文教事業，對於中國民智的啓發及西學的傳播，也做出了重大的貢獻。晚清教案的成因有其多樣性，僅僅用帝國主義侵略的概念，涵括十九世紀以來的中外接觸，恐怕失之偏頗，也不足以解釋不同文化接觸時所激發的所有動態。因此，近年來對於晚清傳教士的評價，漸趨於公允，除肯定傳教士對中國走向現代化的貢獻外，對於晚清反教的原因除了從政治因素解釋外，也努力從文化、社會及心裡各層面來加以解釋。

而中國是否有柯保安所提的「反異端傳統」。葉仁昌在研究商周的神權政治、兩漢的陰陽五行、道教的政治走向以及佛教的教義與政治角色的中國化後，認爲中國正統闢異端的現象的確存在，但卻不是中國傳統政教關係的常模。只要能滿足秩序意識的宗教，政府通常持寬容、吸納與轉化的立場，經過整合後該宗教就成了正統的一部份〔註13〕。也就是說中國並沒有任何反洋教、反邪道的傳統，但確有一個嚴格控制宗教的長期傳統。任何宗教都必須納入政府所設定的功能和活動範圍內，消極的不能構成對傳統禮教或皇帝權威的挑戰，積極的則要協助政府推行各樣的政令，促進社會的安定繁榮

年），頁7。

〔註11〕Paul A. Cohen, *China and Christianity: The Missionary Movement and the Growth of Chinese Antiforeignism,* 1860~1870.（台北：虹橋書店，民國61年）。

〔註12〕梁家麟：《徘徊於耶儒之間》（台北：宇宙光出版社，民國86年），頁159。

〔註13〕葉仁昌：〈明清基督教傳入以前中國政教關係的傳統〉，《新竹師院學報》第五期，頁332。

〔註 14〕。因此，晚清中國士紳的反教不在於中國有「反異端」的傳統，而是基督教的傳教與西方列強的條約利益勾串在一起。這使傳教不再是宗教問題、更不是純粹的內政問題，而是必須與西方列強協調談判的政治問題、外交問題。基督教衝撞了傳統的政教關係，更因有外國政府的支持，以致神權完全不受王權的管轄，傳教士毫無忌諱的挑戰傳統，逾越了禮教與王法的管轄範圍，導致了晚清社會對基督教的強烈敵視。

　　中國與西方在不同的文化涵養下，當然會具有不同的風俗習慣、生活方式、倫理道德和價值觀念，但不同的文化相接觸仍然可以相安無事，並不必然會發生暴力衝突。這可以從禮儀之爭發生前，天主教在中國的傳教事業欣欣向榮得到證明。而分析晚清知識份子的反教言論，從儒家傳統思想出發以反對基督教的傳播，自是在情理之中。較爲突出的則是懷疑外人傳教的政治陰謀、將基督教的儀式誤解爲淫穢邪行、甚至將基督教視爲傳統教門會黨的一類而反教〔註 15〕。也就說拒斥基督教政治因素遠大於宗教、文化因素。因此，呂實強認爲反教的動機必須從兩個不相同的思想文明，作深入的分析研究才可能得出答案。基督教義與儒家思想並非水火不容，之所以會在傳教的過程中引發爭議，實出於傳教士的傲慢自大、中國百姓的愚昧無知以及中國官場積弊已深等人類貪婪自私的因素〔註 16〕。中國百姓並沒有強烈的反對基督教義，對這個外來宗教並不仇視，其所反對的是傳教士不符合基督精神的行爲。〔註 17〕

　　另外，教會母國對傳教士的態度，也足以左右教案發生的規模及頻率。

〔註 14〕梁家麟：《徘徊於耶儒之間》，頁 91。

〔註 15〕關於晚清知識份子反教言論的分析參見，李恩涵：〈咸豐年間的反教言論〉、〈同治年間的反教言論〉，收入中華文化復興運動委員會主編：《中國近代現代史論集（第四篇）教案與反西教》（台北：台灣商務印書館，民國 74 年）；呂實強：〈晚清知識份子反教言論分析之一——反教方法的倡議（1860～1898）〉，《中央研究院近代史研究所集刊》第四期（上），1973 年；呂實強：〈晚清官紳反基督教言論中民族意識的檢討（1860～1898）〉，收入《歷史與宗教——紀念湯若望四百週年誕辰暨天主教傳華史學國際研討會論文集》（新莊：輔仁大學出版社，民國 81 年）。

〔註 16〕呂實強：《中國官紳反教的原因（1860～1874）》（台北：中國學術著作獎助委員會，民國 74 年三版）。而關於基督教與中國宗教（此指儒、道、佛三教）的細緻比較分析，參見秦家懿、孔漢思：《中國宗教與基督教》（北京：三聯書店，1997 年 7 月）。

〔註 17〕顧長聲：〈傳教士與近代中國文化交流——兼評《劍橋中國晚清史》關於基督教在華活動的論述〉，《歷史研究》，1989 年第三期，頁 63。

晚清在中國擁有龐大傳教事業的國家，天主教以法國為首，新教以英美為首。法國一般視在華傳教為其擴大在華政治影響力的工具〔註18〕。因此，對傳教士的支持不遺餘力，每逢有教案發生定可見法使攘臂而起，動輒要求賠款、懲兇。動用武力支持傳教的結果，只是使各地天主教教案越來越多。而新教的英美兩國，較重視在華的商業利益，不願因傳教問題而傷害兩邊的關係，較少動用武力支持傳教士的要求；英國甚至想要遏止傳教士製造麻煩，以免危及帝國在華的商業利益〔註19〕。因此，新教所引起的教案遠比天主教來的少〔註20〕。這也從反面證明了晚清教案的發生，實非「文化衝突」，更多的是政治與外交的因素。

關於教案的區域研究也是方興未艾。幾乎每個省分都有學者針對各省的特殊性，作當地民教關係的研究，希冀能從個別的區域研究中，重整出晚清教案的全貌。如江蘇省因民性謹慎冷靜，士紳反教多以現實利害觀點切入，不像他省多訴諸於情感，故蘇省教案不至於太過激烈。而反教案件多發生在傳教事業發達的蘇州府地區，說明教案的多寡與傳教事業之興盛有必然的關係，其中又以天主教居多，這都表明了教案的肇始，與傳教方法、傳教士對教民的態度以及傳教母國對教士的態度，均有密切關連〔註21〕。四川省因其

〔註18〕 曾任法國駐華公使的施阿蘭（A. Gérard），在其回憶錄裡寫到：「自從1844年，保護天主教會和傳播我們的文化，一直是我們干預中國和經略印度支那的主要動機。……在羅馬教廷方面，它把這個保護教會的特權和任務留給法國，為的是我們能夠再新的年代裡始終保持和延續我國在精神和道德文明方面的領導地位。」充分說明了法國保護在華天主教會的動機。參見法·施阿蘭著、袁傳璋譯：《使華記》（北京：商務印書館，1989年），頁2～3。

〔註19〕 大多數的英國官員根本或沒有期望「通過傳教士影響來促進」女皇陛下政府的政治和經濟利益，相反，他們認為傳教士是順利發展中英貿易的障礙。參見柯文（Paul A. Cohen）著、林同奇譯：《在中國發現歷史》（板橋：稻香出版社，民國80年），頁150。而英國官員試圖控制傳教士的努力，參見 Edmund S. Wehrle, *Britain, China, And The Anti-missionary Riots* 1891~1900 (Minneapolis: University of Minnesota Press, 1966), P45~64。

〔註20〕 當然除了母國政府的態度外，新、舊兩教傳教士的傳教方式也足以左右中國百姓對其的觀感。如以山東為例，新教教士較注重提升教友的素質、不隨便介入民教間的訴訟、行事較為低調以及注重籌辦慈善、教育事業，以致於晚清的山東官民對新教傳教士較具好感，而發生的教案也僅只有天主教的四分之一。參見陶飛亞：〈十九世紀山東新教與民教關係〉，《文史哲》，1991年第一期，頁24～28。

〔註21〕 王樹槐：〈清季江蘇省的教案〉，收入中華文化復興運動推行委員會主編：《中國近代現代史論集（第四篇）教案與反西教》，頁225～246。

特殊的地理位置，外力對該地區不易產生影響，但也因此，一旦受到刺激，反應也就特別強烈。且川人對基督教的反感，越來越與外人的侵略視同一體，隨著外患日深，教案規模亦愈趨擴大，光緒二十四年的余棟臣事件爲川省反教運動的高潮。此後，地方士紳有感於僅憑民氣以多取勝的方式，並不能挽救國運，只會招致更大的災難，對基督教的看法隨之改變，從此未再有重大教案發生〔註 22〕。福建省的傳教事業以新教居多，尤以英國教會爲主，故閩省的教案多與新教有關，且大多是傳教士與百姓間的租地糾紛，說明了閩省新教教案的特色。英國雖也積極的介入教案交涉，但與法國相比，手段較爲溫和。這是因自同治以來，英國爲維護在華的商業命脈，在外交上以穩定清廷政權爲策略，故凡事以和爲貴，並不支持以武力解決，故英國對教案的態度，雖積極但適可而止〔註 23〕。另外在個別教案的研究上，學者也投入了相當多的心力，發表的論文多如繁星。主要集中在幾起大規模的教案上，如咸豐十年貴州田興恕案、同治十年天津教案、光緒十七年長江各省教案、光緒二十一年成都教案和福建古田教案、光緒二十四年余棟臣反教案以及光緒三十二年南昌教案等，都對案件的還原、民眾反教的原因與清廷交涉的過程，做了清楚的描繪，更完整的呈現了晚清教案的面貌。〔註 24〕

〔註 22〕呂實強：〈晚清時期基督教在四川省的傳教活動及川人的反應〉，收入中華文化復興運動委員會主編：前揭書，頁 279～322；李晉榮：《清季四川教案之研究》（台北：政治大學外交研究所碩士論文，民國 74 年）。

〔註 23〕林文慧：《清季福建教案之研究》（台北：台灣商務印書館，民國 78 年初版）。其他的教案區域研究尚有史台麗：《晚清時期山西省的教案》（台北：文化大學史研所碩士論文，民國 82 年）；蔡蔚群：《清季教案研究（1859～1885）》（台北：師範大學歷史研究所碩士論文，民國 87 年）；李志剛：〈晚清廣東基督教教案之試析〉，《基督教與近代中國文化論文集》（二）（台北：宇宙光出版社，民國 82 年）。

〔註 24〕張朋園：〈理性與傲慢：清季貴州田興恕教案試析〉，收入《中研院近史所集刊》第十七期（上）；唐瑞裕：《清季天津教案研究》（台北：文史哲出版社，民國 82 年）；費正清：〈天津教案背後的模式〉，陶文釗選編：《費正清集》（天津：天津人民出版社，1992 年）；蔡少卿：〈哥老會與 1891 年長江流域的反洋教鬥爭〉，《社會科學研究》，1982 年第五期。呂實強：〈揚州教案與天津教案〉，收入中國文化復興委員會主編：前揭書；張秋雯：〈光緒二十一年成都等處教案〉，收入中華文化復興委員會主編：前揭書；張秋雯：〈古田菜會的反教事件〉，《中研院近史所集刊》第十六期；涂鳴皋：〈余棟臣起義和「順清滅洋」口號〉，《社會科學研究》，1985 年第五期；呂實強：〈光緒二十四年余棟臣事件〉，收入中華文化復興運動推行委員會主編：前揭書；張秋雯：〈光緒三十二年的南昌教案〉，《中研院近史所集刊》第十二期。

　　如前所述，教案是清末西方宗教勢力入華後所產生的重大問題。以往的研究多偏重於中西文化思想的衝突、有關教案之始末及其影響、有關反教言論的分析與反教成因的探討等面相的研究。相較之下，清廷對基督教的政策則鮮少論及。于本源《清王朝的宗教政策》，雖是在討論整個清代的宗教思想和政策，但全書含附錄共分十七章，其中討論清代基督教政策的篇章就佔了九章，是近年來討論清代基督教政策最完整的一本專書。惟全書大量轉引他人著作的二手史料，對於清廷官方檔案較少查閱，導致在檔案中時時被引用的資料，該書卻說「未見原文」；且該書無引用書目，附註的格式也不符合史學論文的要求〔註25〕。另外，王立新：〈晚清政府對基督教和傳教士的政策〉對清廷基督教政策進行研究。然而這篇小論文，是作者另一本專書《美國傳教士與晚清中國現代化》的其中一小節，在書中作為背景介紹則可，若單獨成篇，則內容稍嫌不足〔註26〕。由此可見，學者對清政府的基督教政策，甚少進行整體性的探討，往往在提到晚清基督教政策時，一律以妥協、媚外視之。故古偉瀛認為「嚴格說來，學界迄今尚未對清末的基督教政策作一較翔實而平新的探討」〔註27〕，實是中肯之言。因此，重新檢視晚清的基督教政策、清廷對於湧入中國的基督教有何看法，及作了哪些努力來規範或者說抑制基督教勢力的發展，就成為本文探討的重點。

　　本文在史料的運用上以清廷官方檔案為主，如道咸同三朝的《籌辦夷務始末》是以根據當時諭摺按時間先後彙編而成，雖內容刪改較少但缺乏中外往來的照會。所幸中央研究院依據總理衙門的清檔，編成《教務教案檔》，凡七輯二十巨冊，自咸豐十年（1860）總署成立起至宣統三年（1911）為止，將所有清廷處理教案教務的資料彙編，內含詔諭、奏疏、函札、照會、咨文、條規、告是、稟文、供單、清冊、詳文、檄文、揭帖、甘結、合同、廷寄等，可謂無所不包。分地區、分時間予以編排，誠然為研究清末教務教案交涉的

〔註25〕如在于書第 268 頁，提到同治四年總署與法使制訂的買地章程，該書稱未見原文。事實上在《教務教檔》第三輯（一），同治四年一月二十五日，總署給法使的照會內便清楚的寫明此項章程，何來「未見原文」。參見于本源：《清王朝的宗教政策》（北京：中國社會科學院出版社，1999 年）。

〔註26〕王立新：〈晚清政府對基督教和傳教士的政策〉，《近代史研究》第三期，1996年。這篇文章與王著：《美國傳教士與晚清中國現代化》（天津：天津人民出版社，1997 年）一書中的第二章第三節，內容雷同。

〔註27〕古偉瀛：〈清末朝廷對於基督宗教的政策〉，收入鄭樑生主編：《第二屆中國政教關係學術討論會論文集》（台北：淡江大學歷史系，1990 年）。

珍貴史料。除此之外，中國的第一歷史檔案館與福建師範大學合編了《清末教案》，前三冊爲中文檔案部分，年代從 1842～1911 年。第四冊爲法國外交文件及傳信年鑑選譯。第五冊爲美國對外關係文件及英國議會文件選譯。可惜目前所出版的僅止於前三冊中文檔案部分，及第五冊英美外交文件的選譯。而其中文檔案編排方式與《教務教案檔》不同，是以按年繫月的編年史方式編排，檢尋較爲容易，可與《教務教案檔》互補不足。

　　本文題目爲「晚清基督教政策之研究（1844～1911）」，在研究架構與章節內容上，除緒論、結論外，共分爲三章。第一章爲北京條約前的基督教政策，北京條約是基督教傳入中國的關鍵點，自此以後基督教不僅獲得完全合法的地位，各地方官還需保護各地傳教士及教堂的安全。在此之前，基督教基本上是處於寬禁的地位，政府有條件的准許信仰基督教。因此，本章主要的內容在敘述清代基督教禁教政策的形成及其崩潰的過程，以及晚清士紳對基督教的認識，和道咸時期清廷限教政策的具體內涵。

　　第二章爲北京條約後的基督教政策。英法聯軍後，不僅中外交往的模式有著結構性的轉變，而清廷也因條約的規定確立宗教自由的原則。從此，橫亙在基督教前的一切障礙皆被掃除。在這解禁的過程中清政府作了哪些因應的措施，而面對此一結構性的轉變對基督教有何重要的政策宣示。首先詳述英法聯軍後局勢的轉變，包括了宗教自由的確立、法國保教權的取得、清廷成立總理衙門，成爲一切洋務、外交的總匯等。其次則討論本時期清廷對基督教有何政策指示，論述了在這個階段清廷處理教案的基本原則、以及採取了哪些步驟來抑制教案的發生。最後敘述清廷將教案地方化的努力。

　　第三章爲庚子拳亂後的影響。光緒二十六年的義和團運動，可說是一次大規模的教案，中國陷入了歇斯底里的反洋情緒，也招致了八國聯軍攻佔北京的慘劇。此時距基督教正式解禁也有將近四十年的時間，在這漫長的歲月裡，基督教不僅沒有消除中國百姓的疑慮，反而激發出這一場驚天動地的反教事件，面對這樣的結果教中人士有何反省呢？而一般中國百姓在經歷了這樣一場災難，雖然抒發了平日對基督教的不滿，但也爲國家帶來巨大的傷害，相形之下可謂得不償失，因此對種暴力攻教的手段，作了哪些反省呢？政府面對這樣的結果其政策面又作了哪些調整？以上即是本章所欲討論的內容。最後則爲結論。

第一章　北京條約前的基督教政策

　　康熙年間的禮儀之爭、道光二十四年的《黃埔條約》、咸豐十年的《北京條約》，這三個事件標誌著清代基督教不同的處境。禮儀之爭後，清朝官方對於基督教從自由傳播轉變成嚴厲禁止〔註1〕，基督教被禁絕百餘年的時間。道光二十四年的《黃埔條約》為基督教打開中國的大門，不過，此時清政府並非對基督教抱持著宗教自由的態度，雖在條約中稱基督教為「勸人為善之教」，但不論是官員還是平民百姓，骨子裡仍視基督教為「邪教」、「邪說」，官方明令禁止傳教士進入內地，對傳教士傳播基督福音仍抱持著很大的戒心。此時，對基督教不過從禁教轉變成有條件的寬容，可謂之「限教」。《北京條約》之後，傳教士得以憑執照進入內地，清廷地方官且需負保護之責，並且只要在買地契約上寫明是教中公產，教士也可以買地建堂，擴展傳教據點。宗教自由的原則乃藉著條約的規定而確定。清代的基督教便是經歷了寬容──禁教──限教──寬容的循環。

　　本章便是在論述清代基督教從禁教到限教的這一階段，共分為三節。第一節為禁教政策的形成與崩潰，禮儀之爭是促成清廷對基督教由寬容轉變為

〔註 1〕 在禮儀之爭發生前，康熙皇帝曾同意天主教自由傳播。康熙三十一年經由內閣會同禮部會議後，認為「查得西洋人仰慕聖化，由萬里航海而來，現今治理曆法，用兵之際，力造軍器火砲，差往俄羅斯。誠心效力，克成其事，勞績甚多。各省居住西洋人，並無為惡亂行之處，又並非左道惑眾、異端生事，喇嘛僧等寺廟，尚容人燒香行走，西洋人並無違法之事，反行禁止，似屬不宜，相應將各處天主堂，俱照舊存留。凡進香供奉之人，仍許照常行走，不必禁止。」康熙批示：「依議」。不僅認為天主教並非邪教，且同意百姓可自由信教。參見黃伯祿：《正教奉褒》（上海慈母堂，光緒三十年第三次排印），頁 116～117。

嚴禁的關鍵事件。教廷禁行中國禮儀後，雖皇帝明令禁止基督教，但自康熙以降到雍正、乾隆，並未在《大清律例》中明訂傳習基督教的罰則，一直要到嘉慶年間才完成禁教法律的制訂，清代禁教政策乃告完成。道光年間因外力不斷的侵逼，清廷乃不得不放棄自康熙以來所形成的禁教傳統，改採有限度的開放，禁教政策乃逐步崩解，代之以限教。第二節爲士紳對基督教的認識，士紳是中國傳統社會的意見領袖，他們對基督教的認識當然會影響一般小民對基督教的觀感，本節即在討論士紳厭惡基督教的原因。第三節爲道咸時期的基督教政策，討論本時期限教政策的內涵。

第一節　禁教政策的形成與崩潰

　　禮儀之爭所觸及的議題是中國文化的根本，拜祖祭孔是幾千年來中國人所極度重視的傳統，很不幸的羅馬教廷卻視之爲偶像崇拜，而嚴格禁止信教華民從事此項活動。在代表中國道統的康熙皇帝看來不拜祖祭孔，等於是割裂教民與中國文化的臍帶，是極不能容忍的事，由此引發了禁教的契機。

一、「禮儀之爭」的影響

　　天主教自明末清初傳入中國後，大體而言可說十分興盛，這一部份要歸功於早期耶穌會士傳教策略得宜，大大的消除了中國士紳對天主教的疑慮。這個傳教策略，就是由利瑪竇（Matteo Ricci）所提倡的「文化傳教」或「學術傳教」，其內容爲：改穿儒服以提升傳教士在中國社會中的地位；附會儒家的學說以解釋基督教義，改以「天帝」、「上帝」、「萬有眞原」等儒家哲學體系所使用的術語來稱呼耶和華；容許中國信徒從事祭祖、拜孔等活動，認爲這只是在表達個人對祖先的孝思和敬重孔子爲人師表，並無關偶像崇拜；並通過介紹西方科學知識，引導人們對天主的皈依〔註2〕。這一套傳教策略獲得不錯的成果，至萬曆三十八年（1610）利瑪竇病逝北京時，在華的天主教信徒已有二千五百人，並且教徒的人數迅速增加，四十年內（1650）增至十五萬人，其中包括了當時的社會名流與相當著名的人物，如號稱「聖教三柱石」的徐光啓、李之藻、楊廷筠等人。〔註3〕

〔註2〕黃于珊：《明清之際中國社會各階層反天主教之心態》（台北：台灣大學歷史研究所碩士論文，民國87年），頁29～48。

〔註3〕德禮賢：《中國天主教傳教史》（台北：台灣商務印書館，民國57年），頁60、67。

但至十七世紀中葉，情況發生了轉變，爆發了「禮儀之爭」。所謂禮儀之爭包含三方面的內容：一是士人祀孔，二是家人祭祖，三是選用正確的詞彙來翻譯 Deus（神、上帝）〔註4〕。這一開始只是耶穌會內部某些人士對利瑪竇傳教策略的質疑，後來天主教內部的各修會逐漸都捲進了爭端之中，引發了一連串的神學爭辯。明末在福建傳教的道明會會士莫若翰（FR. Juan Bautista de Morales），對於耶穌會容忍中國信徒拜祖祭孔的作法感到不滿，遂將此事上告羅馬，希望教宗能制止耶穌會的作法；耶穌會聽聞此事後，也不甘示弱派遣了衛匡國（Fr. Martino Martini）回到歐洲，向羅馬申訴中國禮儀只是民間習俗，並無關偶像崇拜的問題〔註5〕。羅馬教廷在正反兩派意見的爭辯中，莫衷一是，對中國禮儀的態度也多次反覆。康熙四十三年（1704），教宗決定採信巴黎神學院的意見，於十月二十三日（11月20日），發佈敕令，斷然禁行中國禮儀，並派多羅主教（Card. Charles Thomas Maillard de Tournon）為特使，來華宣達教廷的決定。〔註6〕

多羅於康熙四十四年十月（1705）抵達北京，受到康熙皇帝熱烈的接待。康熙起初並不知道多羅此行的目的，次月十六日在北京召見了他，四十五年五月再次接見。經過多次接見，康熙逐漸發現多羅竟是為了公布禁行中國禮儀而來，遂命多羅離開北京。同時諭令，凡傳教士願遵守利瑪竇規矩者，可領紅票在中國居住傳教：

> 凡不回去的西洋人等，寫票用內務府印給發。票上寫西洋某國人，年若干，在某會，來中國若干年，永不復回西洋，已經來京朝覲陛見，為此給票，兼滿漢字，將千字文編成號數，挨次存記。〔註7〕

皇帝預留了不少名額給願意永久居留在中國的傳教士，顯示康熙的雍容大度。而以內務府而非禮部的名義給票，也顯示出康熙將照些遠來的外人是作自己人而非夷人。既然領票後就等同於中國子民，自然也就無所謂禮儀的問題，對於不願意領票的傳教士，處罰則是很乾脆的禁止其在中國傳教，一律押送至澳門或廣州天主堂居住。〔註8〕

〔註4〕李天綱：《中國禮儀之爭——歷史・文獻和意義》（上海：上海古籍出版社，1998年），頁15。

〔註5〕徐宗澤：《中國天主教傳教史概論》，民國叢書第二篇（十一）哲學・宗教類，頁233。

〔註6〕李天綱：《中國禮儀之爭——歷史・文獻和意義》，頁48～50。

〔註7〕黃伯祿：《正教奉褒》，頁125～126。

〔註8〕羅光：《教廷與中國使節史》（台北：傳記文學出版社，民國72年），頁122。

　　多羅在離開北京南下的途中，聽聞了皇帝的諭旨，乃在康熙四十五年十二月二十二日（1707 年 1 月 25 日），於南京公布了教宗禁止中國禮儀的文件，並向在華傳教士發出「南京命令」，以革除教籍的嚴厲處分，處罰不遵守命令者〔註 9〕。此乃無疑是激怒皇帝之舉，康熙於是下逐客令，將多羅交由澳門總督看管〔註10〕，並於康熙四十六年三月十七日（1707 年 4 月 19 日）頒諭：

> 諭眾西洋人，自今而後，若不遵利瑪竇的規矩，斷不准在中國住，必逐回去。若教化王因此不准爾等傳教，爾既是出家人，就在中國住著修道。教化王若再怪你們遵利瑪竇規矩，不依教化王的話，教你們回西洋去，朕不教你們回去。倘教化王聽多羅的話說你們不遵教化王的話，得罪天主，必定叫你們回去，那時朕自然有話說。說你們在中國年久，服朕水土，就如同中國人一樣，必不肯打發去。教化王若說你們有罪，必定叫你們回去，朕帶信與他說徐日昇等在中國，服朕水土，出力年久，你必定叫他們回去，朕斷不肯將他們活打發回去，將西洋人等頭割回去。朕如此帶信去，爾教化王萬一在說爾等得罪天主殺了罷，朕就將中國所有西洋人等都查出來，盡行將頭帶與西洋去。設是如此，你們的教化王也就成個教化王了。〔註11〕

這份諭旨充分顯示出康熙對耶穌會士的喜愛，千方百計為其開脫，並以嚴厲的口吻警告其他傳教士，必須遵從「利瑪竇規矩」方可在中國立足，否則必逐回西洋。

　　但教皇又於康熙五十四年（1715），再次發佈了禁令，重申了康熙四十三年以來嚴厲的態度，並且規定爾後「凡西洋人在中國傳教或在有往中國去傳教者，必然於未傳教之先在天主臺前發誓謹守此禁止條約之禮，隨後即將發誓之音信寄到羅瑪府來。」〔註 12〕教廷要求來華教士必須先至羅馬發誓遵守中國禮儀的禁令，顯然是針對康熙要求傳教士必須至內務府領票具結而來，

〔註 9〕德禮賢：《中國天主教傳教史》，頁 65～66。

〔註10〕後澳門總督將多羅囚禁，三年後多羅死於獄中。參見徐宗澤：《中國天主教傳教史概論》，頁 235。

〔註11〕陳垣輯：《康熙與羅馬使節關係文書》（影印本）（台北：台灣學生書局，民國62 年），頁 13～14。

〔註12〕陳垣輯：《康熙與羅馬使節關係文書》（影印本），頁 95。

雙方的氣氛更行緊張。而爲了緩和緊張的氣氛，以及向中國宣達教廷的決定，教宗任命特使嘉樂（Carlo Mezzabaeba）出使中國。嘉樂於康熙五十九年（1720）抵達廣州，並將教宗的禁令呈遞給清廷。康熙皇帝讀到此一告示之後，以極其輕蔑的語氣，用朱筆批示：

> 覽此告示，只可說得西洋人等小人，如何言得中國之大禮，況西洋人等，無一人通漢書者，說言議論，令人可笑者多。今見來臣告示，竟是和尚道士，異端小教相同。似此亂言者，莫過如此。以後不必西洋人在中國傳教，禁止可也，免得多事。〔註13〕

從此，清朝對基督教的態度轉變爲全面禁止。

　　禮儀之爭，就在羅馬嚴禁、中國禁教的情況下，劃上了句點。然而影響則相當廣泛，不僅從此阻絕了中西文化健康的交流，而教民不能祭祖拜孔也爲傳統士紳攻擊基督教提供了很好的素材。但是，此次中國禮儀的論戰也有正面的意義，它開啓了西方人研究中國文化的熱潮，可以說「近代西方人認識中國文化是從中國禮儀之爭開始的」〔註14〕。只是爭論的結果卻以禁行中國禮儀收尾，嚴重打擊了耶穌會多年來的傳教心血，與論戰發生前天主教的榮景眞是不可同日而語。因此，有人說：「若沒有這爭論，若不因此觸怒中國皇帝，十八或十九世紀的中國，或者可以變成天主教國家。」〔註15〕由此可想見禮儀之爭影響之深遠。

二、禁教法律的制訂

　　雍正即位之後，沿襲其父禁教的政策，且更加的嚴厲〔註16〕。雍正元年

〔註13〕 1715 年的這道禁令被稱爲〈自那一天〉，因此禁令第一句話是「自那一天」（Ex illa die），而呈給康熙皇帝看時則被翻譯成〈禁約〉。其內容及康熙的批示參見《康熙與羅馬使節關係文書》，頁 87～96。李天剛：《中國禮儀之爭——歷史‧文獻和意義》，頁 76～77、355～357。

〔註14〕 李天剛：《中國禮儀之爭——歷史‧文獻和意義》，頁 6。

〔註15〕 劉鑑唐：〈清朝皇帝對基督教的態度與政策淺析〉，收入馮祖貽等編：《教案與近代中國》（貴陽：貴州人民出版社，1990 年），頁 261。

〔註16〕 雍正厲行禁教的原因，與傳教士捲入康熙晚年的奪嫡之爭有關。葡籍傳教士穆敬遠和信仰天主教的宗室蘇努，和與雍正爭奪帝位的皇八、皇九子來往密切，故雍正繼位後不僅迫害他的弟弟們，且將穆敬遠神父處死，蘇努全家被發配至西寧。因事涉傳教士和教徒，故雍正對天主教抱著懷疑和猜忌的態度。參見張澤：《清代禁教時期的天主教》（台北：光啓出版社，民國 81 年），頁 29～30。蘇努案的原委參見陳垣：〈雍乾時期奉天主教之宗室〉上篇，收入《輔仁學誌》第三卷第二期，民國 20 年。

（1724），閩浙總督滿保收到福安縣縣令的報告，提到境內有傳教士在村中修建教堂，且福安縣信教者頗多。由此引發契機，滿保上奏皇帝：「西洋人雜處內地，在各省起天主堂，邪教遍行，聞見漸淆，人心漸被煽惑。」建議「將各省西洋人，除送京效力人員外，餘俱安插澳門，其天主堂改爲公廨，誤入其教者嚴行禁飭。」〔註17〕最後決定將各州縣的天主堂改爲公所，各省西洋人集中居住在廣州的天主堂，不許外出傳教，也不准百姓入教，待外國商船到粵，隨即遣送回國〔註18〕。在雍正皇帝的支持下，掀起了全國性的教難，天主教事業遭受嚴重的打擊，在雍正繼位之初全國約有三百多座教堂，不數年的時間，除北京的四大教堂之外，全國教堂幾被廢毀。〔註19〕

乾隆時期，因皇帝本身對天主教並無惡感，故名義上雖是禁教，但對於散佈在全國的秘密傳教活動置若罔聞，禁教令的執行頗爲鬆懈〔註20〕。因是之故，傳教活動逐漸復甦，遂又引起官吏的注意，一再的上奏查禁天主教。乾隆皇本身對如何處置天主教並無定見，只是因官員的一再上奏，乃不得不重申禁教之令。乾隆時期兩次大規模的查禁天主教，都是在這種情況下興起的。一次是乾隆十一年（1746），另一是乾隆四十九年（1784），皆是因傳教士潛入內地傳教，被地方官查獲，而興起全國性查緝傳教士的活動〔註21〕。

〔註17〕清‧王之春：《清朝柔遠記》（北京：中華書局，1989年），卷三，頁56。

〔註18〕雍正元年十二月壬戌，閩浙總督滿保奏、二年十二月庚寅，兩廣總督孔毓珣奏。《雍正實錄》卷十四、二十七。

〔註19〕張澤：《清代禁教時期的天主教》，頁42。

〔註20〕北京主教樊國樑在回憶乾隆朝的禁教政策時寫道：「按乾隆皇帝對於傳教士，祇好其學而不尚其教，然非督撫大員忌妒捏奏，則軍民人等，尚得隨意奉教，並不禁阻。故乾隆之世，天主聖教，猶得隨時傳授也。」可見，在乾隆時期是採取一種寬鬆的禁教政策。樊國樑：《燕京開教略》中篇（光緒三十一年救世堂排印），頁10。

〔註21〕乾隆十一年的教難，是肇興於福建省。當地巡撫查獲幾名傳教士在福安縣傳教，乾隆知悉後下諭：「天主教久經嚴禁，福建如此，或有潛散各省，亦未可知。可諭各省督撫等，密飭地方官嚴加訪緝，如有天主教引誘男婦，聚眾誦經者，立即查拿，分別首從，按法懲治。」由此引發全國性的大緝拿。乾隆四十九年，爲因應內陸傳教的需要，澳門主教稟承羅馬意旨，先後派出三批傳教士潛入內地。結果在湖北襄陽被士兵拿獲，當時正值清朝閉關自守時期，嚴禁外國人進入，再加上三年前發生了西北回民叛亂事件，時機敏感，以致乾隆帝懷疑西洋人此次進來，是想勾結陝甘回民作亂，對抗朝廷。於是大感憤怒，遂令全國各將軍督撫對教士、教民「迅速嚴拿，一併解京，歸案辦理。」在全國各省搜捕教士、教民。參見張澤：《清代禁教時期的天主教》，頁65～116；莊吉發：〈清代乾嘉年間（1736～1820）官紳對天主教的反應〉，收入鄭

因此，在乾隆時期當禁教令執行鬆懈時，傳教行動轉爲活躍，引起官吏的嫉視，遂展開大規模的查緝行動；整肅之後，禁教執行又鬆懈，傳教又活躍，此起彼伏，循環不已。

　　嘉慶年間情況發生了改變。天主教歷經乾隆四十九年的大教難後，又經歷幾十年風平浪靜的時刻。在嘉慶十年（1805）發生了德天賜事件，不僅引發了嘉慶朝第一次的教難，並且爲制訂天主教傳教治罪專條埋下了伏筆。事件的起因是，傳教士德天賜（Adèodat de St.-Augustin）畫了一張「自廣平府至登州府路徑圖樣」，交由廣東教民陳若望私下帶至澳門送回西洋，德天賜製作此圖的目的，是因「圖內山東登州至直隸廣平府，又自曲阜至直隸景州，俱係傳教地方，近日各堂爭要前往傳教」所以「他想把這張地圖呈送至教廷傳信部，請傳信部傳諭各堂，不許競爭」〔註22〕。陳若望在江西省被拿獲，清廷懷疑這些地圖意欲洩漏山川形勢給外夷知曉，由此引發大規模查禁天主教的行動〔註23〕。嘉慶帝甚至怒斥天主教爲異端邪教，要求教民「勿再聽信邪言」，否則將「不齒於人類」〔註24〕。嘉慶十六年（1811），給事中甘家斌奏聞四川有無爲老祖等教與天主教大略相同，「煽惑人心」恐至蔓延。因此，具摺奏請嚴定天主教傳教治罪專條，嘉慶帝對此發佈諭旨：

> 諭刑部議覆甘家斌奏請嚴訂西洋人傳教治罪專條一摺，西洋人素奉
> 天主，其本國之人自行傳習，原可置之不問，若誑惑內地人民，甚
> 或私立神甫等項名號，蔓延各省實屬大干法紀，而內地民人安心被
> 誘遞相傳授迷惘不解，豈不荒悖，試思其教，不敬神明，不奉祖先，
> 顯畔正道，內地民人聽從習受，詭立名號，此與悖逆何異，若不嚴
> 訂科條，大加懲創，何以杜邪術而正人心，嗣後西洋人有私自刊刻
> 經卷，倡立講會，蠱禍多人，及旗民人等向西洋人轉爲傳習，並私
> 立名號，煽惑及眾，確有實據，爲首者，竟當訂爲絞決，其傳教煽

樑生主編《中外關係史國際學術研討會論文集──思想與文物交流》（台北：淡江大學歷史系，民國78年），頁167～198。

〔註22〕穆啓蒙著、侯景文譯：《中國天主教史》（台北：光啓出版社，民國81年4月四版），頁112。

〔註23〕關於德天賜事件的因由，參見徐宗澤：《中國天主教傳教士概論》，頁267；清・王之春：《清朝柔遠記》，卷六，頁149～152；張澤：《清代禁教時期的天主教》，頁162～164、177～179。

〔註24〕嘉慶十年五月癸卯上諭，《大清十朝聖訓・仁宗睿皇帝》（台北：文海出版社，民國54年），卷九十九〈靖奸宄〉，頁1787～1788。

惑而人數不多亦無名號者，著定爲絞候，其僅只聽從入教不知悛改
者，著發往黑龍江給索倫達呼爾爲奴，旗人銷除旗檔，至西洋人現
在住居京師者，不過令其在欽天監推步天文，無他技藝足供差使，
其不諳天文者，何容任其閒往滋事，著該管大臣等即行查明，除在
欽天監有推步天文差使者除仍令供職外，其餘西洋人，俱著發交兩
廣總督，俟有該國船隻至粵，附便遣令歸國，其在京當差之西洋人，
仍當嚴加約束，禁絕旗民往來，以杜流弊，至直省地方，更無西洋
人應當差使，豈可容其潛往，傳習邪教，著各該督撫等實力嚴查，
如有在境逗留，立即查挐，分別辦理，以淨根株。〔註25〕

嘉慶帝的諭旨經刑部等衙門議奏後，正式寫入《大清律例》中。其條文內容
爲：

西洋人有在內地傳習天主教，私自刊刻經卷，倡立講會，蠱惑多人，
及旗民人等向西洋人轉爲傳習，並私立名號，搧惑及眾，確有實據，
爲首者擬絞立決，其傳教搧惑而人數不多，亦無名號者，擬絞監候，
僅止於聽從入教不知悛改者，發新疆給額魯特爲奴，旗人銷除旗檔。
如有妄布邪言，關繫重大，或持咒蠱惑污婦女，並誆娶病人目睛等
情，仍臨時酌量，各從其重者論罪。至被誘入教之人，如能悔悟，
赴官首明出教者，概免治罪，若被獲到官始行悔悟者，於遣罪上減
一等，杖一百徒三年，儻始終執迷不悟，即照例發遣，並嚴禁西洋
人不許在內地置買產業，其失察西洋人潛往境內並傳教惑眾之該管
文武各官，交部議處。〔註26〕

從此，各地方官員在取締天主教上有了法源的依據，且將天主教視同邪教，
其爲首者皆與傳習白蓮、白陽等民間秘密宗教一般，科與刑罰。嘉慶在上諭
中解釋傳教士是因「諳習算法可以推步天文，備欽天監職官之選」，故獲准留
在北京，至於「外省地方本無需用西洋人之處，即不應有西洋人在境潛往。」
〔註27〕要求地方官確實取締潛入內地的傳教士，對取締不力的官員也有相應

〔註25〕嘉慶十六年五月丙午上諭，《大清十朝聖訓‧仁宗睿皇帝》，卷一〇〇〈靖奸
究〉，頁1801～1802。

〔註26〕此條列在同治十二年續纂《大清律例》時被刪除，此處援引條文見薛允升：
《讀例存疑》（台北：成文出版社，1970年），卷十八〈禮律祭祀〉，頁425。

〔註27〕嘉慶十六年七月十六日上諭。參見程宗裕編：《教案奏議彙編》（台北：國風
出版社，民國59年），頁14～15。

處分的措施加以處罰。因此，在嚴格查禁天主教的政策下，至嘉慶十六年在北京的西洋人只剩七人。這七人有官職出入皆有兵丁監視，不能隨便與民人相接觸，而年老多病者則在北京天主堂中養老，不准擅出教堂。天主堂外有弁兵巡邏，外人亦不准擅入，清廷對傳教士的防範可謂滴水不漏〔註28〕。道光十七年（1838）欽天監監正高守謙（Serra C. M. Lusitanus）辭職回西洋後，從此欽天監不復見西洋人蹤影。〔註29〕

三、禁教政策的崩潰

　　鴉片戰爭清廷慘敗，因英國關注的焦點，在於改善中英間的貿易環境以及獲取兩國平等交往的權力，對於改善基督教在華地位並不十分注意。然基督教畢竟是西方各國所共同信仰的宗教，對於中國視基督教為「異端邪教」嚴厲取締，自然無法坐視不理。因此如何促使中國開放教禁，讓基督教能夠合法傳習，就成為爾後列強乃至於在華教士關注的重點。自康熙四十五年（1707）至嘉慶十六年（1811），所形成的禁教政策便逐漸走向瓦解。首先是在通商口岸的外國人獲准建立教堂，接著清廷同意准許華民信仰基督教，地方官不得騷擾、歧視、迫害，並同意歸還禁教時期被沒收的教產，最後允許持有執照的傳教士可自由入內地傳教與置產建堂。基督教至此獲得完全的解放。

　　通商口岸的外國人建立教堂的權力，首見於中美《望廈條約》第十七款：「合眾國民人在五港口貿易或久居或暫住，均准其租賃民房或租地自行建樓，並設立醫館、禮拜堂及殯葬之處」〔註30〕。然此項規定僅是為了方便在通商口岸的外國人從事宗教生活，並無意於改變清王朝的宗教政策，真正正面要求改善基督教地位的是隨之而來的法國剌萼尼使團。

　　當道光二十年（1840）中英發生衝突時，法國也密切關心情勢的發展〔註31〕。等到中英簽訂《南京條約》後，法國也渴望能分享《南京條約》給

〔註28〕同註27。
〔註29〕黃伯祿：《正教奉褒》，頁144。
〔註30〕國風出版社：《清初及中期對外交涉條約輯──康、雍、乾、道、咸五朝條約》（台北：國風出版社，民國53年5月初版），頁100。
〔註31〕當戰爭期間，法國派遣真盛意（Adolphe Dubois de Jancigny）率領二艘軍艦來華觀察中英戰況。在道光二十二年，中英雙方在南京下關江面的英艦上舉行《南京條約》簽約儀式時，其中一艘法國軍艦的艦長，也登船見證了此一儀式。參見楊元華：《從黃埔條約到巴拉迪爾訪華》（福州：福建人民出版社，

英國人帶來的商業及政治利益，乃派出刺萼尼使團出使中國。而法國以《南京條約》爲基礎，給予使團的訓令：「不僅要求得到同樣的利益，而且首先取得相同的保障——談判和締結一項和好、通商和通航條約」〔註32〕；並不含有宗教問題。然等到道光二十四年（1844）刺萼尼抵達中國後，卻發現因有英美兩國作爲先例，要求制訂與《南京》和《望廈》條約內容相去不遠的條約是輕而易舉的事，遂將注意力放在基督教在華傳教方面，希望中國皇帝公佈馳禁天主教上諭。〔註33〕

因此，中法雙方遂將大部分的時間放在討論宗教問題上。然因刺萼尼未奉有討論宗教問題的訓令，不能明目張膽的提出馳禁基督教的要求。遂採迂迴戰術，提出中國方面絕不可能答應的要求，諸如使臣進京朝覲皇帝、遣通曉天文之士赴欽天監當差、建議中國派人前往法國學習修船、鑄炮以及准許法國人在虎門建樓居住等事〔註34〕，企圖換取清廷對基督教問題的讓步。刺氏軟硬兼施，一方面利用正值鴉片戰爭後，清廷懼怕與外國開戰的心理，威脅將進行軍事干預；另一方面暗示法國將與中國成立同盟關係，共同對付英國〔註35〕。就在這種半威嚇半誘惑的情況下，道光皇帝以貼黃述旨的方式，公佈了馳禁上諭。在上諭的前半部，首先解釋朝廷並非禁止基督教，乃是因「中國習教之人，每有藉教爲惡……，於嘉慶年間始定爲分別治罪專條。原所以禁中國藉教爲惡之人，並非禁及於西洋各國所崇奉之教也。」，現在據法國使臣之請所以：

> 嗣後無論中外民人，凡有學習天主教並不滋事者，仰懇天恩，准予免罪。如有誘姦婦女，誆取病人目睛及另犯別項罪名，仍照定例辦理。至至佛蘭西及外國習教之人，止准其在通商五口地方建堂禮拜，不得擅入內地傳教煽惑。倘有違背條約，越界妄行，地方官一經拿

1995年），頁13～14。

〔註32〕法・衛青心著、黃慶華譯：《法國對華傳教政策》（北京：中國社會科學院出版社，1991年），頁248～249。

〔註33〕道光皇帝也乾脆的說：「該夷使請頒英米兩國貿易章程，自應查照前議條約，令其仿照辦理。」參見文慶等纂：《籌辦夷務始末》（二）道光朝（台北：國風出版社，民國52年），卷七十二，頁1512～1513。

〔註34〕道光二十四年九月十一日兩廣總督耆英摺。中國第一歷史檔案館編：《清末教案》第一冊（北京：中華書局，1996年），頁2～3。

〔註35〕《籌辦夷務始末》（二）道光朝，卷七十二，頁1511～1512。又參見法・衛青心：《法國對華傳教政策》上卷，頁350、374。

獲，即解送各國領事官管束懲辦，不得遽加刑戮，以示懷柔，庶良

莠不至混淆，而情法亦昭平允。〔註36〕

就這道諭旨性質而言，僅只是對基督教從之前的「嚴禁」改變爲「寬禁」，受惠的只是在鄉守法的教民，強調教民若從事不法活動仍應受國法制裁。至於傳教士依然是不准進入內地傳教，僅限於在通商口岸建堂禮拜。

但潛藏在內地的傳教士卻將這道諭旨，視作中國的「米蘭敕令」〔註37〕。在風聞皇帝准許華民信教，便興高采烈的從事慶祝活動；甚至公然的闖入地方衙門，要求釋放被關的教民，渾然忘記此時傳教士在內地活動依然是違法的。就在這種認知的差異下，很快的在雲南、四川、江西、南京出現了一連串的教案〔註38〕。剌萼尼乃再向兩廣總督欽差大臣耆英提出照會，並提出四項要求：將天主教何者爲善，何者爲惡一一指明；將馳禁諭旨公布天下；釋回禁教時期被流放的教民；准許華民教徒建立天主堂。隨後，再提出歸還禁教時被沒收的教產。〔註39〕

此時清廷正爲了英國因廣州入城問題，有意拖延歸還鼓浪嶼和舟山群島的時程而頭痛不已〔註40〕。在指望法國介入調停或至少不橫加干預的心理

〔註36〕 道光二十四年十一月五日兩廣總督耆英貼黃述旨摺。中國第一歷史檔案館編：《清末教案》第一冊，頁9～10。

〔註37〕 君士坦丁（Constantine）和馬克森希厄斯（Maxentius）爲了爭奪帝位，雙方在西元312年陳兵羅馬近郊，準備進行決戰。在大戰爆發的前夜，君士坦丁在夢中見到基督姓名第一個字母的縮寫，並寫有「以此符號制勝」的幾個字，他急忙在自己的頭盔和士兵盾牌上劃上此記號。後來果真獲得決定性的勝利，君士坦丁相信他的勝利是基督徒的上帝給予他的，乃在313年初發佈命令，宣布基督教擁有信仰自由與帝國內其他宗教置於完全同等的法律保護之下，是爲「米蘭敕令」。參見美·威力斯頓·沃爾克：《基督教會史》（北京：中國社會科學院出版社，1991年），頁126～128。

〔註38〕 法·衛青心：《法國對華傳教政策》下卷，頁411。另耆英在道光二十五年七月十七日，上給皇帝的奏摺也提到：「剌萼尼因聞江西、湖北等省有學習天主教，被地方官查拿責打，銷毀圖像，心中甚懷怨望。」參見中國第一歷史檔案館編：《清末教案》第一冊，頁11。

〔註39〕 中國第一歷史檔案館編：《清末教案》第一冊，頁11～12、15～16。

〔註40〕 英國在鴉片戰爭期間佔領了鼓浪嶼和舟山群島。按照《南京條約》條約的規定，清廷需賠款二千一百萬元，且需開放五口通商，等到賠款全部付迄及港口開關後，方將兩地交還給清廷。當清廷正準備付完最後一筆賠款時，英國卻以廣州市民拒絕英國人進城爲藉口，有意拖延。因此在道光二十五年十二月底，付完最後一筆款項後，英國人是否能如約歸還，便成爲清廷十分關注的問題。參見美·馬士著、張匯文等譯：《中華帝國對外關係史》第一卷（上

下，負責與外夷談判的耆英，對法方所提的條件幾乎是照單全收〔註41〕。連續上了幾道奏摺勸說皇帝同意法方的要求。道光皇帝乃在二十五年八月十九日，下達了同意教徒可供奉十字架及設立教堂的上諭〔註42〕；二十六年一月二十五日在改爲廟宇民居者除外的條件下，也同意將康熙時期各省舊建之天主堂，歸還給該處奉教之人。〔註43〕

在這些諭旨的命令下，大清帝國已承認基督教確係勸人爲善之教，與別項邪教不同。但這些諭旨的公布，皆是以不准外人入內地傳教和堅持必須區分教徒良莠爲兩大前提，也就是說最重要的傳教權仍是被嚴厲禁止。外人不准進入內地不僅在條約上有明文規定，在皇帝的馳禁諭旨裡也一再強調，傳教士便被這兩道枷鎖限制在通商口岸〔註44〕。不過就算是違法私入內地，因《黃埔條約》的規定，中國官員只能將其解送至最近的領事館，收管而不能隨意毆打、傷害及虐待，傳教士的人身安全較能獲得保障。至於區分教徒良莠，雖然是清廷畏懼秘密會社藉信仰天主教爲名，而行造反之實所做的未雨綢繆之舉。但未嘗不能視之爲清廷對教民管轄權的堅持，教民犯法仍須按律處罰並不因其「教民」的身份而有所改變。從這方面來看，清廷對於國家主

海：上海書店出版社，2000年），頁428～429。

〔註41〕 剌萼尼自己也承認，舟山群島的問題，對於要求清方在天主教問題上做更大的讓步，有一定的幫助，他寫到：「我認爲，基督教傳教之所以能不斷取得進步，這在欽差大臣的思想中，恐怕與請求法國在英國不能恪守諾言時從中斡旋的打算，有著間接的關係。」又説：「假如舟山交還中國了，我就沒有取得信教自由的把握了。」參見法・衛青心：《法國對華傳教政策》下卷，頁537。

〔註42〕 道光二十五年八月十九日上諭，中國第一歷史檔案館：《清末教案》第一冊，頁13～14。

〔註43〕 道光二十六年正月二十五日上諭，中國第一歷史檔案館：《清末教案》第一冊，頁14。

〔註44〕 道光朝馳禁天主教的關鍵性諭旨，皆在諭旨的後半段加上了區分教民良莠和禁止外人進入內地的但書。如道光二十四年十一月初五上諭：「……。於滋事爲非者，仍治以應得罪名，於外國習教者，仍禁其擅入內地。」道光二十五年八月十九日上諭：「……。其設有供奉天主處所，亦可聽其便，但不得招募遠鄉之人，勾結煽誘，並不法之徒藉稱習教結黨爲非，及別教之人溷跡假冒，俱屬有干法紀，仍各按舊例治罪。」道光二十六年正月二十五日上諭：「……。其有藉教爲惡及招集遠鄉之人勾結煽誘，或別教匪徒假藉天主教之名藉端滋事，一切作奸犯科應得罪名，仍照定例處理。仍照現定章程，外國人概不准赴內地傳教以示區別。」參見中國第一歷史檔案館編：《清末教案》第一冊，頁10、13、14。

權仍是有所堅持的。

　　整個傳教權馳禁的問題要到咸豐八年才獲得轉機。適年英法聯軍兵臨城下，清廷迫於無奈與英法美俄四國締結《天津條約》，外人合法入內地傳教才藉由條約的形式確定下來。如中法《天津條約》第八款：

> 凡大法國人欲至內地及船隻不准進之各埠頭遊行，皆准前往。然務必與本國欽差大臣或領事等官領中法和寫蓋印執照，上仍應有中華地方官鈐印以爲憑。。

第十三款：

> 天主教原以勸人行善爲本，凡奉教之人皆全獲保佑身家，其會同禮拜誦經等事概聽其便。凡按第八款備有蓋印執照，安然入內地傳教之人，地方官務必厚待保護。凡中國人願信崇天主教而循規蹈矩者，毫無查禁皆免懲治。向來所有或寫或刻奉禁天主教各明文，無論何處概行寬免。〔註45〕

咸豐十年，英法聯軍再度犯境，清廷又和英法等國簽訂《北京條約》。在條約中除肯定各國在天津條約中所獲得的權利外，最重要的是中法《北京條約》第六款：

> 應如道光二十六年正月二十五日上諭，即頒示天下黎民，任各處軍民人等傳習天主教會合講道建堂，且將濫行查拿者予以應得處分。又將謀害奉天主教之時所充之天主教學堂、塋墳田土房廊等件，應賠還法國駐紮京師之欽差大臣轉交該處奉教之人。並任法國傳教士在各省租買田地建造自便。〔註46〕

將道光二十六年的上諭，白紙黑字寫進條約之中，更規定所謂濫行查拿者予以處分。但「濫」字的定義又見仁見智，無一嚴格的標準，完全取決於傳教士的認定，清政府處於相對不利的地位。將以前充公之天主教財產，交由法國駐京欽差大臣，更無異認同法國政府在宗教事務上的特殊地位，甚至無形中承認法國在華有保教權的意味。事實上，禁教時期所充公的財產年代久遠，有些已無從查證，現在卻要交還給該處奉教之人，造成地方上無比的困擾，給予教士在經濟上予取予求的機會。最嚴重的是開放教士在各省租買土地，

〔註45〕于能模等編：《中外條約彙編》（台北：文海出版社，民國 53 年），頁 76～77。
〔註46〕同註 45，頁 88。

從此中外間有關基督教事務的交涉，日漸增多，民間與教會的衝突與日遽增，規模也越來越大。

　　基督教合法的地位於同治十二年（1873）續纂的《大清律例》中，再度獲得確立。在這次續修的法典中，於禮律祭祀門內特別載明，「凡奉天主教之人，其會同禮拜誦經等事，概聽其便，皆免查禁。所有從前或寫或刻奉禁天主教各明文，概行刪除。」〔註 47〕從此天主教不論在法律上、條約上，皆獲得合法的地位，並得到清政府的保護。

第二節　士紳對基督教的認識

　　士大夫、官僚和紳士，這三個名詞的涵意相疊重複的地方很高。士大夫泛指綜合的整體，官僚和紳士則是其中兩個個體。官僚是士大夫居官時的稱呼，而紳士則是官僚離職、退休、居鄉，以致於未到官以前的稱呼〔註 48〕。紳士是相當獨特的社會集團，其身份乃是通過功名、學品、學銜、和官職而獲得；功名、學品、學銜表明此一集團擁有相同的受教育背景，官職則是授與那些受過教育且通過考試的人。他們具有人們所公認的政治、經濟和社會特權以及各種權力，並有著特殊的生活方式，支配著中國民間的社會和經濟生活。由儒學體系的教育獲得管理社會事務的知識，具備這些知識正是士紳在中國社會中擔任領導作用的主要條件；他們同時也是儒學教義綱紀倫常的衛道士、推行者和代表人〔註 49〕。這個特殊階層又可以稱之為不為官的儒家知識份子。他們知書達禮，常常是地方上最有權威的人物，也是中國社會的意見領袖，一般升斗小民皆以他們的意見為依歸，在傳統中國社會中享有崇高的地位。他們是社會輿論的主要製造者，在中央法令不能到達的鄉村社會，士紳便理所當然的成為法律的解釋者和仲裁者，也是公共工程的推行者，在民間擁有巨大的影響力。就連最基層的地方行政長官——縣令，在執行政策時都需要士紳的配合，甚至委託他們去籌辦某些事物。因此，士紳對基督教的觀感與認識，正足以影響全社會對基督教的看法。本節將從質疑傳教動機、

〔註47〕姚雨薌原纂、胡仰山增輯：《大清律例會通新纂》（台北：文海出版社，民國76年），卷十五〈禮律祭祀〉，頁 1415。

〔註48〕吳晗：〈論紳權〉，《皇權與紳權》（天津：天津人民出版社，1990年），頁 49。

〔註49〕張仲禮著、李榮昌譯：《中國紳士》（上海：上海社會科學院出版社，1998年），頁 1。

基督教與邪教形象的重疊、傳教士對士紳特權的侵犯，三方面說明士紳對基督教的態度。

一、士紳對傳教動機的質疑

綜觀晚清所發生的大大小小教案，其過程通常是由大量的匿名揭帖製造反教輿論，激起平民對教會的仇視，進而發生攻教、打教事件。而這些揭帖的作者，絕大部分皆是基層的地方士紳。傳教士對此種情形也頗有認識：「反教揭帖通常是由士紳寫成，並且經過地方官的詳細審閱，只是落款時才打著民眾的稱號。」這與當時中國人自己說的「凡謀與洋人為難者，非進士，即舉人，非舉人，即秀才，從未聞無功名之士，能煽動愚民，為其效力。」〔註50〕不謀而合。由此可見這些深受傳統文化薰陶的士紳，在清末形形色色的教案中所發揮的作用。

而中國士紳反教的傳統起源甚早，可遠溯至唐朝景教。但是因為景教的旋起旋滅，並未在中國社會中留下太大的波折。明季耶穌會士重入中國，遠渡重洋來華的傳教士皆是一時之選，他們受過良好的教育，著重在知識份子之中吸收教徒。這些舉動引起當時保守官僚的反感，紛紛撰寫反教言論。崇禎十二年，浙江徐昌治將這些言論編輯成《破邪集》一書，成為明季反教言論的集大成之作。至清初，楊光先撰《不得已》又形成另一次反教言論的高潮。

楊光先是傳統的儒家知識份子，對於傳教士利用西洋天文學上的知識，壟斷欽天監的作法，甚為不滿。康熙三年，楊氏藉口傳教士所呈上的時憲曆有「依西洋新法」字樣，且只編了二百年，暗示天下以大清奉西洋之正朔，有叛國之嫌，就此掀起了瀰天大獄，此即所謂的「康熙曆獄」〔註51〕。而為了要與傳教士相對抗，楊光先勢必要有一套完整的反教理論依據，乃於康熙四年出版了《不得已》一書，共分上下兩卷。上卷主要是楊氏對於西洋曆法的攻擊，下卷便是其個人反教思想的總結晶，尤其是上卷的〈闢邪論〉上、中、下三篇，更是對後代起了莫大的影響。楊氏最主要的攻擊點在於質疑教

〔註50〕顧衛民：〈十九世紀中國社會排拒基督教的原因〉，《江海學刊》，1991年第二期，頁111。

〔註51〕這次楊光先掀起反教的心路歷程，及其經過參見林東陽：〈楊光先及其反教事件〉，《歷史與宗教——紀念湯若望四百週年誕辰暨天主教傳華史國際學術研討會論文集》（新莊：輔仁大學出版社，民國81年）。

士前來中華傳教的動機，目的在於廣結人心，以便陰謀造反。並且對於天主教的神學理論一一加以批駁，舉凡創世說、聖母童貞生子、耶穌受難說等，皆加以強烈駁斥。〔註52〕

　　道光以降，基督教伴隨著西方列強的武裝力量，重新打開中國門戶。此時士紳階級對基督教的疑慮，逐漸將傳教活動與西方列強的侵略，聯想在一起。而某些傳教士的舉動，更加深了此項疑慮，如郭實臘（Charles Gutzlaff）、裨治文（E. C. Bridgman）、伯駕（Peter Parker）等著名傳教士，為實現其「中華歸主」的目的，竭力配合其本國政府的侵略活動，分別協助英、美、法等國，脅迫清政府締結不平等條約。〔註53〕

　　因此，在士紳的心目中，就逐漸將單純的傳教活動、列強的軍事行動與西方商人在經濟上的掠奪，劃上等號。郭嵩燾便曾說：「夷人之與中國交涉者，一曰商、一曰教、一曰兵，三者相倚而各異用。……屈抑其教，必求以兵，脅之兵不得，商人之助其費。」〔註54〕這種觀念等於是將商人、傳教士、外交官視同三位一體。因此，隨著國勢日下，亡國滅種的危機便一直橫亙在士紳階級的心中，對基督教的認識也就特別強調劃分中外之別的「夷夏」觀念。而這種對基督教侵略野心的疑慮，其實早在雍正禁教時便明白指出。他曾向在京供職的耶穌會士解釋禁教的理由：「……教友惟認識爾等，一旦邊境有事，百姓惟爾等之命是從，雖實在不必顧慮及此。然，苟千萬戰舟來我海岸，則禍患大矣！」〔註55〕楊光先在《不得已》一書中也一再強調，傳教士「立天主堂於京省要害之地，傳妖書以惑天下之人」。目的即在「內外勾連、圖為不軌」〔註56〕，陰懷吞併中華的野心。咸豐八年，中英《天津條約》開放內地傳教後，傳教士不斷的湧入內地，更加深士紳的憂慮。夏燮曾評論：

　　西人矜其教法，驅除異己，各小國有不從者，脅之以兵。如五印度

〔註52〕楊光先：《不得已》，民國18年己巳中社影印出版。魏源的《海國圖志》、王之春的《國朝柔遠記》，甚至是在清末流傳最廣的反教揭帖，屬名天下第一傷心人的《辟邪紀實》，都曾將楊光先〈闢邪論〉一文收錄其中。

〔註53〕楊天宏：《基督教與近代中國》，（成都：四川人民出版社，1994年8月），頁13。

〔註54〕郭嵩燾：《養知書屋文集》，卷十〈與曾中堂書〉，收入沈雲龍主編：《近代中國史料叢刊》第十六輯（台北：文海出版社，民國57年），頁487～492。

〔註55〕徐宗澤：《中國天主教傳教史概論》，頁255～256。

〔註56〕楊光先：《不得已》上卷〈請誅邪教狀〉。

及回疆之役屬於英者，今悉改行耶穌教，甚至如東洋之日本、暹羅
向與西洋人天主教爲仇者，近年英人日強，皆藉通商之約，傳教於
其國，而日本、暹羅亦畏其強，不敢詰。今又欲此強中國，豈非欲
用夷而變夏哉。〔註57〕

所謂「英法吞噬海外，率用此謀」〔註 58〕，代表了傳統士紳對於傳教動機的
認知。

二、基督教與邪教形象重疊

康熙晚年和雍正相繼禁教以後，基督教的傳教活動漸從公開的形式，轉
爲秘密進行。教會正常的宗教儀式無法公開舉行，教徒只好利用晚上的時間
以掩人耳目，所謂「其教按七日致齋入廟禮拜，大都黑夜」〔註 59〕。雖這只
是權宜之計，但在教外人士看來卻充滿了神秘感。再加上傳教士刻意借用民
間秘密宗教的傳播方式〔註 60〕，致使一般社會輿論，將基督教與同屬非法狀
態的民間秘密宗教相混淆，從而給予人們「邪教」的印象。基督教的形象與
邪教相互重疊，更加深了士紳認爲傳教士是來華「謀朝篡位」的疑慮。清高
宗之所以屬行禁教政策，很大的程度上是把基督教與民間秘密宗教等同視
之，認爲天主教雖無悖逆情詞，但既有教名，即屬邪說，自應嚴加究治。而
西洋人懷挾重貲，潛匿傳教，招致男女，禮拜誦經，創建教堂，設立會長，
簡直與與邪教無異〔註 61〕。嘉慶皇帝更是多次頒發上諭，指斥天主教爲「異
端邪教」。而考諸中國歷史，幾次大規模的叛亂或起義，都與秘密宗教脫離不
了關係。因此，在地方士紳的心目中，「邪教」幾乎是叛亂、異端及動亂的代
名詞，當然要給予嚴厲的打擊。基督教尤其是在列強武力的威嚇下，才取得

〔註57〕　夏燮：《中西紀事》（台北：文海出版社，民國 51 年 10 月），卷十六，頁 6。

〔註58〕　王炳燮：《毋自欺室文集》，卷六〈上湘鄉曾侯相書〉，收入沈雲龍主編：《近
　　　　代中國史料叢刊》第二十四輯，頁 263～267。

〔註59〕　夏燮：《中西紀事》，卷二，頁 23。

〔註60〕　如傳教士在面對嚴厲的禁教政策，不能進行公開的活動，只好利用中國傳統
　　　　的家庭、家族作爲傳教的基地，實行所謂的「家傳」型式的傳教方式，以擴
　　　　大教徒的數量。且因不能舉行公開的宗教儀式，教義的傳達甚至不能訴諸文
　　　　字，只好採行所謂的「口傳心授」的方式。這些皆是傳統民間秘密宗教傳教
　　　　的形式，致使清政府更加認定基督教爲邪教。冉光榮：〈清前期天主教在川活
　　　　動與清政府的查禁〉，《社會科學研究》，1985 年第四期，頁 64～65。

〔註61〕　莊吉發：〈清代教案史料的搜集與編纂〉，《幼獅月刊》第四十七卷第二期，頁
　　　　33。

合法的地位，故而一開始便在士紳的心目中，與「夷狄」的叛亂扯上了關係。道光三十年所爆發的洪秀全太平天國運動，又助長了基督教是邪教的印象。雖說拜上帝會與基督教有本質上的差異，但在表面上都是信仰上帝、尊崇十字架，對於一般中國人而言兩者很難區分異同，甚至可以說將二者視為一體。葉名琛在一份奏折中便說道：「伏思連年倡亂，蔓延數省，即由廣西上帝會而起，上帝會乃天主教之別名」〔註62〕，代表了官紳對於拜上帝會的普遍認識。一般民眾更是擔心傳教士會招引太平軍，「長毛都是信奉天主教的，他們（指傳教士）必定會在城內及近城地方傳教，譬如勾引長毛進來，我們身家性命不都休了」〔註63〕。且直接將天主教視同國史上著名的宗教叛亂團體五斗米教和白蓮教：「漢之黃巾五斗米，其教匪之濫觴乎？明之白蓮無為，其天主教之倀使乎？」〔註64〕甚至把天主教看得比秘密宗教更為可怕：

> 或謂天主教與白蓮教等，白蓮教蔓延北方，其積極不過如林清，視現止矣，何能為？是大不然，白蓮教殆古五斗米吃菜事魔之類，為之教首即至愚無教之民，州官但出一示禁之，輒伏不敢動。……今揆弗夷情勢，儼然與中國并大，方且要索挾持，不為我皇上，何況群有司哉？〔註65〕

既認定基督教是邪教，遂視其宗教活動與民間秘密宗教的儀式，如「歃血結盟、異性結拜」別無二致，夏燮在《中西紀事》有這樣的描述：

> 結拜之時，設一紙張城，城上所供，未知何牌位。旁坐一白衣白帽者，謂之亞媽，入會之人俱穿刀門而入，跽聽亞媽教授隱語，各以縫針，針其指頭出血，血水一鐘各飲一口，亞媽高聲難悖逆之語，眾皆齊聲答應而起云云。按西洋人崇事天主，有亞尼瑪之學，亞尼瑪者華言靈性也，天主之母曰瑪利亞，義亦如此，此皆襲西洋人之唾餘，而張皇其教法者。〔註66〕

加以國人對天主教儀式主觀的臆測，遂出現許多駭人聽聞的傳言。而謠言內

〔註62〕咸豐五年八月戊申，欽差大臣兩廣總督葉名琛奏，《籌辦夷務始末》（三）咸豐朝，卷十一，頁220～222。

〔註63〕同治元年十二月十六日，江西巡撫沈葆楨奏片，附密訪問答一件。中研院近史所編：《教務教案檔》第一輯（二），頁948。

〔註64〕夏燮：《中西紀事》，卷二，頁27。

〔註65〕王棟：〈道咸經世派基督教觀述評〉，《北方論叢》，1990年第二期，頁93。

〔註66〕夏燮：《中西紀事》，卷二，頁28。

容大多荒唐污穢，不堪入目。主要原因在於國人對西方科學技術與一般社會習俗的認識不深，教士的行為若與中國常情或有不合之處，輒妄加懷疑，各種傳言遂隨之而來。此種謠傳難免會依附在久已深入社會人心的各種迷信傳說，最後乃在傳教士身上產生種種令人難以置信、宛若鄉野奇談的情節。

　　檢視清末數量頗多，且流傳甚廣的反教揭帖，主要篇幅往往集中於對教會禮儀習俗的評擊。其中最引人注目之處，是常將教士的行為與男女交歡的情事聯想在一起。著名的〈湖南合省公檄〉曾摘錄出所謂的天主教最惡最毒之「十害」，而關於教士淫穢行為的指控就佔了二條。

1. 伊傳教人偽為無邪，正襟危坐，婦女皆跪前羅拜之。彼授以丸藥，名曰仙丹，時媚藥也。服之，慾火內煎，即不能禁，自就之。而伊與淫，名曰比臍運氣。伊原習房術善戰，而婦女亦貪戀之而甘悅之，故被採戰者視本夫如糞土。

2. 該教有取黑棗探紅丸者，處女名紅丸，婦媼名黑棗。探取之法，傳教人囑從教婦女與伊共器洗澡，皆裸體報登床上，先採捻婦女腰脊，至尾閭處，以小刀破出血，伊以股緊靠其際，取其氣從血中貫通，名曰握汗，而婦女已昏迷矣。自為仰臥，則子宮露出，已生子者，狀若花開，其間有顆粒，黑班脂膜，伊以刀割取入盒；未生產者，如含苞吐蕊，鮮若珊瑚，伊探其中之似珠者，珍而藏之。其餘仍納入陰竅，而該婦女並不知其為，但氣神消阻，縱以藥保不死，而終身不孕。

而每七日群集教堂做禮拜是為了可互相姦淫以盡歡，「此日百工悉罷，男女老幼齊集天主堂……事畢，互相姦淫以盡歡」；受洗是為了便於姦淫，「欲入天主堂，不問男女，主教者，必先為淋浴，曰淨身，蓋借此行其奸污」；視行終傳禮為「奸屍」或「挖睛」；對於最難理解也最容易被誤解的密室告解，也就理所當然的視為「密室宣淫」。幾乎所有關於教會的傳言，都宣染修女（童貞女）與傳教士之間有不可告人的關係，進而傳說教民也需將女兒留當「童貞女」，名叫「開箱老女」，「傳教者至，即與伴宿」。〔註67〕

　　而士紳對於傳教士熱心奉獻傳教活動，積極勸人入教，甚至以武力相脅迫的行為，殊感不可理解。在他們看來，真正的明善之教，如堯舜禹湯文武

〔註67〕以上引文見〈湖南合省公檄〉、〈天主教邪教集說〉，王明倫編：《反洋教書文揭帖選》，頁 1～10。

周公孔子之教，是「不言而信，不待勸而自成」，不需別人呶呶不休，而民眾
自願信之。然基督教傳教士卻奔走四方，這在士紳看來「必其中有不可信之
道」〔註68〕，「這不可信之道」除了質疑教士敗壞人心以圖謀不軌外，更傳言
是爲了便於取得中國人的眼睛，「取眼之故，是以中國鉛百斤，可煎銀八斤，
其餘九十二斤，仍可賣還原價」，煞有介事的解釋，「惟其銀必娶中國人睛配
藥點之，西洋人睛罔效」；且教士還精通搬運之術，可輕易獲取財寶；西洋人
所創辦的慈善機構育嬰堂，目的在攝取童精，以小兒之心肝眼睛配藥。〔註69〕

　　傳教士這種淫、惡、邪的形象，透過大量的匿名揭帖，深植於平民百姓
心中。終於在同治九年爆發震動中外，引起嚴重對外交涉的天津教案。天津
教案發生的原因便是民眾相信，教堂拐騙丁口、挖眼剖屍、奸污婦女，群聚
攻教在盛怒之下造成外人遇難達二十人，死亡名單之中包括法國駐津領事豐
大業（Henri Victor Fontanier），波及法、俄、比、義、英等五個國家。直隸總
督曾國藩奉命調查此案，透過一連串的明查暗訪，最後斷定天主教教會，並
無所謂的「采生折割、練銀入藥」的情事〔註70〕。但廣大的士紳百姓卻不信
政府調查的內容，甚至認爲曾國藩是賣國以媚外，在京的湖南同鄉甚至氣憤
的拆毀他所書寫，懸掛在湖南會館的楹聯〔註71〕。可以想見天主教的負面形
象多麼的深植人心。

三、傳教士對士紳特權的侵犯

　　除了將基督教定位爲「邪教」，導致士紳反教的作爲。傳教士入內地傳教
也有意無意間，侵犯到地方士紳的特權、打擊了士紳的尊嚴，使得士紳對基
督教毫無好感可言。清代的社會有階層的區分，統治者與被統治者在飾物、
頂戴、服裝、儀式及禮節上，都有嚴格的分際。但傳教士傳教的過程中輕忽
這些社會習俗，濫用服飾禮儀，侵犯到這個運作已有百年的社會制度，使得
士紳大感憤怒。如咸豐十一年的貴陽教案，便是貴州主教胡縛理（Louis S.
Faurie）「忽乘大轎，招搖過市，導引騎從，儼然顯赫，並與督撫分庭抗禮，

〔註68〕蔣敦復：〈論傳教〉，王明倫編：《反洋教書文揭帖選》，頁32。

〔註69〕這些對教士的指控，參見〈天主教邪教集說〉，王明倫編：《反洋教書文揭帖
　　　　選》，頁7～10。

〔註70〕直隸總督曾國藩等奏爲查明天津教案滋事情形摺，參見中國第一歷史檔案館
　　　　編：《清末教案》第一冊，頁809～812。

〔註71〕易孟醇：〈曾國藩在辦理天津教案中的心理矛盾〉，《近代史研究》第一期（1990
　　　　年），頁84。

小民為之駭異，士論積不能平」〔註72〕，就在有損士紳尊嚴的情況下，發生
了打教事件。在當時人的觀念裡，傳教士雖受條約的保護，享有治外法權，
但仍然是民而非官。既然是民，就要遵守民的服儀規範，不可僭越。中國一
向自詡為禮儀之邦，重視禮儀名器，因此教士越是僭越禮儀，便越是容易發
生衝突。

　　此外，擁有功名的士紳在法律上享有一定的特權。士紳可自由見官，不
用行平常百姓的下跪禮，地方官的司法審判在很大的程度上，往往也禮遇或
受制於他們。士紳們「憑藉門第，倚恃護符，包攬錢糧，起滅詞訟。出入衙
門，武斷鄉曲」的情況可說是比比皆是，甚至經他們之手交付官衙的犯人，
可以不經審訊而直接正法〔註73〕。一般百姓在怕見官的心理因素之下，遇有
糾紛，皆是由地方士紳加以調停。經由士紳所解決的爭端，往往要多於知縣
所辦理的〔註74〕。而基督教在各地建立教堂，吸收信徒，造成地方上分成教
民與非教民兩種群體。教會為保護教民，遇有訴訟，教民直接求助於教會，
而不再聽從地方士紳的仲裁，甚至在教會的支持之下與士紳抗爭。尤其是天
主教的傳教士認為「給予教民的司法地位應高於施捨少數救濟品的非教民」
〔註75〕，為確保傳教活動的順利及吸引更多中國人信教，傳教士常將僅適用
於在華外人的治外法權，擴及奉教華人身上，並大量干預訴訟和地方官吏的
判決，導致是非不分的情況「凡教中犯案，教士不問是非，區庇教民；領事
亦不問是非，區庇教民。遇有民教爭鬥，平民恆屈，教民恆勝。」〔註76〕由
於有利可圖，使得魚肉鄉民之輩競相以入教為護符，作奸犯科，無所不為，「訛
詐鄉愚，欺凌孤弱，佔人妻，侵人產，負租項，欠錢糧，包攬官事，擊斃平
民，種種妄為，擢髮難數。」〔註77〕本來循規蹈矩的百姓，在教士的庇護之
下，變得悍如猛虎，敢於反抗士紳的權威。這對士紳而言是一大打擊，也是

〔註72〕同治元年十一月二十八日，軍機處交出二十七日奉上諭據崇實、駱秉章遵查
　　　　教民案件情形摺，中研院近史所編：《教案教務檔》第一輯（三），頁1382。
〔註73〕王先明：《近代紳士——一個封建階層的歷史命運》（天津：天津人民出版社，
　　　　1997年），頁64。
〔註74〕張仲禮著、李榮昌譯：《中國紳士》，頁61。
〔註75〕孫江：〈儒家思想與近代士大夫反基督教〉，南京大學學報，1988年第一期，
　　　　頁181。
〔註76〕同治九年大學士調補兩江總督曾國藩等奏，《籌辦夷務始末》（七）同治朝，
　　　　卷七十六，頁1766。
〔註77〕鄭觀應：〈傳教〉，王明倫編：《反洋教書文揭帖選》，頁422。

造成士紳反教的重要原因。

經濟利益受到損害，則是士紳對基督教不存好感的另一原因。道光二十六年，在清政府同意歸還禁教時期所查禁的天主教舊址，隨後在中法北京條約中又以條約的形式確定下來，全國各地颳起了歸還舊產的風潮。這些在禁教時期所查抄的教產，早已幾度滄桑，要正確的查還本來就十分困難，而教士往往不顧實際的情況，恣意指還。因年代久遠，無從查考者，往往直指士紳房屋爲教產，令其退還。甚且，還指定對士紳具有特殊意義的建築物，如書院、會館、倉廠、寺廟及地形險要之處，要求給還。總理衙門對此也知之甚詳，曾評論道：

> 近年各省地方抵還教堂，不問民情有無窒礙，強令給還，甚至紳民有高華巨室，硬指爲當年教堂，勒逼民間讓還，且於體制有關之地以及會館、公所、庵堂爲闔省紳民所最尊最敬者，皆任情需索，抵作教堂。況各省房屋，即屬當年教堂，而多歷年所，或被教民賣出，民間轉轉互賣，以歷多人，其從修理之項，所費不貲，而教士分文不出，逼令讓還。〔註78〕

清末就有多起的教案，就是因爲教士這種不合理的要求而引起，如四川教士范若瑟（Eugéne J. Desfléches）執意要求拆除重慶長安寺，另外興建教堂，引起民眾的憤怒，發生了群眾打毀教堂及教民房產的事件〔註79〕。而伴隨著「給還舊產」而來的，即是一連串的土地侵佔行爲，傳教士主要是藉著強行霸佔、盜買盜賣、教徒捐獻或賤價收買的形式，兼併了大量的土地〔註80〕。據四川洋務局的統計，宣統元年（1909）英、法、美、德四國之在川教會已佔有地產 17386 畝，房屋 857 套又 419 間；僅彭山一縣，在光緒十五年（1889）時，教會所佔的田產已多達千餘畝〔註81〕。教會已成爲中國境內的大地主，而在

〔註78〕劉錦藻：《清朝續文獻通考》（台北：新興書局，民國 52 年），第三五〇卷，頁 10938。

〔註79〕中法間有關重慶長安寺（即崇因寺）的交涉，參見《教務教案檔》第一輯（三），頁 1139～1216。

〔註80〕因侵佔田產，而發生的教案，在清末可說是不絕於屢，據《中國教案史》所做的統計，從 1860～1900 年，因土地房屋而起的民教糾紛，總共有七十三件。張力、劉鑑唐：《中國教案史》，附錄〈中國教案及民教糾紛簡表〉，頁 776～850。

〔註81〕楊天宏：《基督教與近代中國》（成都：四川人民出版社，1994 年 8 月），頁 16。

中國這個農業社會裡，土地是主要的資本來源，地方士紳更是仰賴土地的收益，來支持本身生活之所需。一般而言，士紳絕大部分皆是地主，只有大小之別；現在外來的基督教會，卻憑藉著背後列強的支持和條約的保護，肆無忌憚的掠奪土地，成爲他們強大的競爭者，無怪乎士紳對之殊無好感。

第三節　道咸朝的基督教政策

　　道光二十四年到咸豐十年期間，清廷對基督教從視爲「邪教」到承認其爲「勸人爲善」之教，態度有了巨大的轉變。不過，這十餘年的時間，基督教並未得到眞正的宗教自由，重要的傳教權仍被清廷懸之爲禁令。清廷所執行的是所謂的「限教政策」，以下將論述此項政策的內涵。

一、嚴禁傳教士進入內地

　　嚴禁傳教士進入內地，是道咸兩朝基督教政策最核心的部分，道光皇帝正是以此爲前提作爲答應法使馳禁天主教的要求。因此，在道光二十四年同意華民信教及道光二十六年同意歸還教產的論旨，仍是一再強調禁止傳教士私入內地，可見清廷重視這個問題的程度。

　　而傳教士不准進入內地，不僅在皇帝的論旨中反覆提及，也明文條列於中外條約中。例如中法《黃埔條約》規定，傳教士只能在通商口岸建堂禮拜，絕對不准越界傳教。「如有犯此例禁，或越界，或遠入內地，聽憑中國查拿，但應解送至近口佛蘭西領事官收管」〔註82〕。傳教士在通商口岸的活動一如普通洋人，「自通商口岸出外遊玩，至遠不過一百華里，定期不過五日爲限」〔註83〕，除了在沿海口岸附近進行短途、零星的佈道旅行外，外國傳教士不允許進入內地傳教和生活〔註84〕。等於是以國際條約和國內法雙重的規範，將傳教士的活動限制在通商口岸的範圍。如此一來，傳教士私入內地不僅是違反清朝的法律，也觸犯了國際條約。

　　清廷之所以如臨大敵般的嚴禁教士進入內地，乃是因懷疑傳教士久居中國，通曉各地山川文物，會將這些情報洩漏給外國。此事早在嘉慶年間便有

〔註82〕 于能模等編：《中外條約彙編》，頁74。

〔註83〕 顧維鈞著、吳琴孫譯：《外人在華之地位》（出版地、者不詳，民國14年），頁219。

〔註84〕 Paul A. Cohen, *China and Christianity: The Missionary Movement and the Growth of Chinese Antiforeignism*, 1860~1870.（台北：虹橋書店，民國61年），頁35。

先例，傳教士德天賜將山東、直隸一帶的地圖，交由廣東教徒帶往澳門送回西洋。雖說德天賜寄地圖回西洋的動機，是在請教廷裁決傳教領域的劃歸，以彌平在華各傳教會的爭議。但不免使清廷君臣懷疑將山川形勢洩漏給歐洲國家，便利他們侵略中國〔註85〕。這種憂慮在鴉片戰爭期間得到證實，英軍將領親口證實，從傳教士方面獲得不少情報。在進攻廈門時，美國傳教士雅裨理（David Abeel）和文惠廉（William Jones Boone）參與了軍事行動；而英軍佔領舟山群島後，也一度任命傳教士郭實臘（Charles Gutzlaff）擔任民政官，清廷對這種情況不可能一無所知〔註86〕。況且，將外國人限制在通商口岸，是自乾隆實施閉關鎖國以來所形成的傳統。故而就在國家安全以及符合傳統的考量下，遂對傳教士在沿海口岸活動嚴格規範。

當道光二十四年耆英在與法使談判時，必已知道內地有傳教士隱匿，故為了避免日後緝拿時產生爭議，故在「定議時特於約內注明，不許夷人遠赴內地傳教，以便將來遇有拿辦，免致藉口」〔註87〕。但這種作法，等於是以准許內地華民信教為條件，換取嚴禁傳教士進入內地，以此取得了查禁內地夷人的法源基礎，並得到法使的同意。清廷利用了條文的規定，得以名正言順的取締在訂約之前即已藏匿於內地的外籍傳教士。

但另一方面，雖然在法律上清政府嚴格禁止傳教士進入內地，但傳教士具有外籍人士的身份，受到條約中領事裁判權的保護。因此，就算是清政府官員查緝到藏匿於內地的傳教士，也只能將之遣送至法國領事手中嚴加管束。與禁教時期相比，此時的傳教士已獲得了相當大的人身保護，至少生命已無立即危險。況且，內地教民也需一位精通儀式及教義的傳教士，來擔任宗教生活的指導者。在這種情況下，傳教士也就無視清政府的禁令，前仆後繼的進入內地傳教。自道光二十六年起，便陸續傳出內地地方官查獲傳教士違法傳教的案件，至道光三十年止總共查獲了十人次；分佈的地區有西藏、湖北、山西等地，頻率不可謂少〔註88〕。而在這四年的時間，道光皇帝就下了三道諭旨，要求兩廣總督耆英諭知外人，「除五口地方准其建堂禮拜外，斷不准擅至各省，任意遨遊，務令各該夷目自行約束，恪遵成約，以息事端，

〔註85〕穆啓蒙編著、侯景文譯：《中國天主教史》，頁112。

〔註86〕顧長聲：《傳教士與近代中國》，頁52～54。

〔註87〕道光二十六年九月初三耆英摺，中國第一歷史檔案館編：《清末教案》第一冊，頁29。

〔註88〕此統計數字資料來源：《道光朝籌辦夷物始末》、《清末教案》。

而免藉口」〔註 89〕。可見清廷雖然作了相當多的努力，動用了條約和皇帝諭旨，希望將傳教士阻擋在通商口岸，可惜仍然無法阻止傳教士，進入內地以實現「中華歸主」的目的。

至於內地華民教徒方面，道光朝對於信教不滋事的教民，確是不予查辦。甚至，對掩護或接應傳教士藏匿內地的教民，頂多也只是遞回原籍嚴加看管，並未給予太多的處分。如道光二十六年，直隸總督納爾經額奏稱，拿獲民人程世直，帶領夷人牧若瑟欲往山西傳教，結果牧若瑟遣返廣東交該國領事嚴管，程世直則遞回原籍交保。隨後在道光二十七年、二十八年皆曾發生類似的案件，處置的原則皆是將夷人交還領事看管，民人遞回原籍。在查緝清蓮教匪的過程中，意外拿獲的天主教徒，也能訊明根由，將之釋放。地方官處理這類案件，所援引的法律依據正是道光二十四年的上諭：學習天主教為善之人免其治罪〔註 90〕。由此可知，清廷相當努力執行自己所承諾過的政策。

二、限制信教者的身份

咸豐皇帝繼位後，清廷對外態度漸轉為強硬。對外態度的轉變，其實在道光末年時即有跡可尋。促成清廷對外態度關係轉變的事件，便是層出不窮的華夷糾紛和英人要求進入廣州城。

廣州入城實屬枝微末節，在《南京條約》中規定：「大皇帝恩准英國人民帶回所屬家眷寄居沿海之廣州、福州、廈門、寧波、上海等五處港口貿易通商無礙」〔註 91〕。因此，入城與否雖不涉利害，但為條約權利，不准入城即是違約。故中國如不拒絕，不一定要入城；如被拒絕，英國就愈要堅持進入廣州。廣州入城問題，會演變成中外矚目的焦點，實種因於自鴉片戰爭後清廷蔑視外人的心理未嘗改變，並未在戰敗中汲取失敗的教訓，反而心有未甘亟思報復；而英國在鴉片戰爭後，愈信對華強硬實是解決問題的不二法門，因此動輒以武力相威脅。如在道光二十六年正月，有數名外人在佛山鎮被鄉

〔註89〕道光二十六年十月十六日，著兩廣總督耆英等諭知外人除五口不得擅至各省遨遊並傳教上諭道光二十七年十月十五日，著兩廣總督耆英向法國傳教士勸諭毋任越界至內地傳教事上諭道光二十八年一月十日，著兩廣總督耆英等向法人曉諭外國人不准擅入內地傳教事上諭參見中國第一歷史檔案館編：《清末教案》第一冊，頁 33、34、37。

〔註90〕中國第一歷史檔案館編：《清末教案》第一冊，頁 30、35、38、40、42。

〔註91〕于能模等編：《中外條約彙編》，頁 5。

民以石塊毆擊，英國公使隨即率領船艦進入省河，佔領了虎門砲台，宣稱將前往佛山進行報復〔註92〕。同年十月，又有六名英人在廣州黃竹岐地方被鄉民殺害，英使也立刻率艦來省，耆英雖立刻將四名兇犯就地正法，但英使還是提出將其他從犯全數處決，以及將黃竹岐和旁鄰二村概行毀壞的過份要求〔註93〕。使得清廷認為對外退讓並無法保證外人不來侵擾。就在這種氣氛下，廣州百姓又表現出團結的民氣，堅定的表示拒絕英人進入廣州城，愈發使清廷相信民氣可用。遂在道光二十七年解決了黃竹岐事件後，道光皇帝隨即撤換耆英，代以徐廣縉為兩廣總督兼欽差大臣負責對外交交涉〔註94〕。這個人事調動，便是清廷對外態度改變的具體表現。

由於廣州百姓表現出的強烈民意，以及為了入城問題已經屢次引發華民對英國的仇視行動，使英國思考到「為了像准許英國臣民進入廣州城這樣一種特權而採取敵對的方法，那是不合時宜的，的確我們是有權做這樣的要求，但是倘若用武力去強制執行的話，那我們也就很難享受安全或利益了」〔註95〕。因此做了折衷的辦法，把進城權力只限於公使或領事，由中國人護衛進入廣州。但並不意味著英國放棄此權力，只不過「爭執的問題一就像過去的情形一樣，並且必然是繼續處於懸而未決的狀態中」〔註96〕。但清廷卻將其解釋為，因英國不堪華商停止與其貿易的損失以及廣州市民所表現出的堅強意志，自知眾怒難犯，故主動放棄進城的要求〔註97〕。在耆英主持夷務三年多不能解決的問題，此時竟然迎刃而解〔註98〕。更加使清帝堅信對外不

〔註92〕道光二十七年三月丙戌穆特恩、耆英、官文奏，《籌辦夷務始末》（二）道光朝，卷七十七，頁1625～1627。

〔註93〕道光二十七年十一月壬寅兩廣總督耆英、廣東巡撫徐廣縉奏，《籌辦夷務始末》（二）道光朝，卷七十八，頁1644～1645。

〔註94〕道光皇帝在給徐廣縉的上諭中，特別交代「惟疆寄重在安民，民心不失，則外侮可弭。嗣後遇有民夷交涉事件，不可瞻徇遷就，有失民心。」再三強調不可有失民心。道光二十七年十二月甲戌上諭，《籌辦夷務始末》（二）道光朝，卷七十八，頁1648。

〔註95〕美‧馬士：《中華帝國對外關係史》第一卷，頁446。

〔註96〕同註95，頁453。

〔註97〕道光二十九年四月丁未，兩廣總督徐廣縉、廣東巡撫葉名琛奏。《籌辦夷務始末》（二）道光朝，卷八十，頁1674～1675。

〔註98〕耆英在道光二十二年（1842）被授與廣州將軍之職，便參與了夷務的處理。到道光二十四年三月（1844）開始擔任兩廣總督兼欽差大臣辦理「各省通商善後事宜」，至道光二十七年十二月（1848）奉調回京為止。這三年十個月的時間，耆英可視為當時的「外交總長」，主管一切對泰西各國的交涉事務。參

可過於軟弱。

　　咸豐皇帝繼位後，更是徹底的一改前朝「順夷」的政策，對外強硬的氣氛也波及到剛開禁的基督教。在咸豐繼位之初便下令對耆英展開調查，懷疑耆英當初與法國談判時，和西洋傳教士羅類思（Louis de Bési）相互勾結，才會做出天主教馳禁的建議。最後雖經徐廣縉的查證，證實耆英並未與羅類思相勾結〔註99〕，但耆英最後還是以「抑民以奉夷」的理由，被降為五品頂帶，以六品員外郎候補〔註100〕；並擬重新啓用鴉片戰爭期間被罷黜的林則徐。可以想見，這位年輕皇帝對外夷實無存有多大的好感，對基督教也是予以敵視，多次在諭旨中稱基督教為邪教、邪說。〔註101〕

　　另外，道光三十年十月（1850年7月）洪秀全在廣西金田舉事，未及三年的時間，已攻佔南京握有半壁江山，建號「太平天國」，頗有取代大清一統天下的聲勢。而洪秀全用以招攬百姓的拜上帝會，雖說其教義與主張寬恕忍耐的基督教有本質上的不同，但同樣是信奉耶穌、上帝和尊崇十字架，在表面上二者是十分類似的。因此，滿清官員一直分不清楚拜上帝會與基督教的差別，再加上各國使臣及傳教士絡繹不絕的前往天京訪問，更讓清廷有二者聯合，共謀改朝換代的疑慮〔註102〕。因此，咸豐朝一改道光朝對基督教鬆弛的政策，進一步緊縮，乃有〈天主教習教章程〉的制訂。

　　咸豐元年閏八月，兩江總督陸建瀛以法人索還松江府教產所引起的糾紛為導火線，總結從前辦理涉教事務的經驗，提出內地民人習教章程，即〈天

　　　　見梁伯華：《近代中國外交的巨變》（台北：台灣商務印書館，民國80年），
　　　　頁44～45。

〔註99〕道光三十年六月甲子耆英奏、道光三十年十月庚辰欽差大臣兩廣總督徐廣縉
　　　　奏，《籌辦夷務始末》（三）咸豐朝，卷二，頁43～44；卷三，頁61～62。

〔註100〕道光三十年十月丙戌頒硃筆罪穆彰阿、耆英諭，《大清十朝聖訓‧文宗顯皇帝》
　　　　（一），卷二十七〈用人〉，頁350～351。

〔註101〕如在咸豐元年浙江巡撫常大淳在奏摺中指稱天主教公然刊佈邪書，煽惑地方
　　　　愚民等事，咸豐御筆硃批「實情」二字；咸豐三年有人奏報欽天監有官員信
　　　　奉天主教，案件審結之後，特別發一上諭要求「嗣後仍隨時稽查，俾各官生
　　　　等各安本分，無為邪說所惑。」咸豐四年直隸省查獲傳教士私入內地傳教，
　　　　也說「直隸首善之區，豈容此等邪教搖惑人心」。參見中國第一歷史檔案館編：
　　　　《清末教案》第一冊，頁125、142、158。

〔註102〕樊國樑在《燕京開教略》中說道：「咸豐元年，髮捻為亂……，賊中無天主教
　　　　人，而於旗幟之上，卻繪十字架形，妄希洋人助己，……皇上為督撫所欺，
　　　　誤以為天主教人，故查拿教民尤劇於前。」可見鑑於太平天國的亂事，清廷
　　　　對基督教採取了緊縮的態度。樊國樑：《燕京開教略》下篇，頁27。

主教習教章程〉，在這份章程之中，清楚的體現這個時期清政府對基督教的政策。

該章程共分六條，內容如下：

1. 內地民人學習天主教並不滋事為非者，准免查禁治罪。如有誘污婦女、誆娶病人目睛及令犯別項罪名，即屬為非，仍應照例辦理。其有藉教為名招集遠鄉之人，勾結煽惑，或別項匪徒假托天主教藉端滋事，均許地方官查拿，治以應得之罪。

2. 內地民人習教為善，其設立天主，供奉十字架、圖像、誦經、講說，免其查禁。但只許自行供奉禮拜，不得擅建西洋天主堂，藉端招搖，有違定制。

3. 內地民人習教，私將祖父遺產及公共產業盜送盜賣，作為天主堂，准其祖父族人撿同契據，呈請追還，仍治其盜賣罪。

4. 內地習教民人與族親鄰里鄉黨，因錢債鬥毆，各項詞訟與教無涉之事，捏造虛詞，投向西洋國教頭，照會地方官查辦。除不准行外，先治捏詞人以誣告之罪，再為審理曲直，以杜干預。

5. 營兵、衙役、書吏，一切在官人等及貢監職員，皆與平民不同。如有入教，應照定例治罪。其尋常百姓，父兄不願其子弟入教者，聽從其便。若子弟故違，即治以違犯教令之罪，不准傳教人出頭庇護，以維倫紀。

6. 各外國習教之人，只准在通商五口地方建堂禮拜，不得擅入內地傳教。倘有違背條約，許地方官捉拿，解送各國領事管束懲治。
   〔註103〕

分析這份章程的內容，最突出的地方在於咸豐朝除了延續道光朝，准許華民信教的政策之外，更進一步的限制華民信教的條件。從前只要是習教為善，不論其是何種身份，皆免與治罪。現在則依據教徒的社會地位，區分出特定職業或身份的民眾不得信教。按照清廷的說法，這些特定身份的人就是「營兵、衙役、書吏，一切在官人等及貢監職員」，害怕這些人會因信教後與太平天國或外夷互通款曲，以致養癰遺患。咸豐元年，耆英之所以被徹查，就是懷疑他在廣東時與外國傳教士相來往。另在咸豐三年，欽天監五官司書王朝

〔註103〕咸豐元年閏八月初一兩廣總督陸建瀛奏，中國第一歷史檔案館編：《清末教案》
　　　　第一冊，頁 133～134。

柱，向定郡王載銓密報，欽天監中有信仰天主教者，其處置辦法就是按照舊例，令監正閣信芳等當面看習教者跨越十字，出具並未習教甘結，才准予消案〔註104〕。同一年察哈爾副都統盛桂奏報拿獲習教的三名旗人，其處置的方式即是按照嘉慶年間所制訂的天主教習教治罪專條，將不願出教的旗人，消除旗檔，發遣回城，給伯克為奴；而願意當堂跨越十字架出教者，則免與治罪〔註105〕。可見清廷對於旗人和官吏是否信教，是十分在意的。

　　另外對於內地教民，清政府也疑慮會與「粵匪」互相勾結。咸豐三年便曾發生大興縣民張德順，因京城內供奉天主教人數眾多，並且聽說京畿附近立有教中人往來公所數十處，因疑懼這些教民會與太平軍裡外勾結，乃向巡城王大臣僧格林沁告發。最後在軍務未靖必須安定人心的考量下，況且也查無實據，就此不了了之〔註106〕。另在直隸安肅縣，因距離京師太近且謠傳此地有信教民眾數百戶，也引起清廷的注意，屢次下令直隸總督徹查。後雖查得實際上信教民眾只有八十戶，並無不法情事〔註107〕。但為了更徹底掌握教民的動態，直隸總督那爾經額等人曾多次上書朝廷，提出將教民另行編保甲的建議。

> 天主教之不滋事者，雖經免其治罪，而每州縣有無習教及習教者若干人，地方官不可不知。但顯查則事涉痕跡，暗查則亦有疏漏。維編保甲，乃地方官應辦之事，借此案冊稽考，則既可得真實數，以後有無增添，有無別教混跡，不難分別妥辦。〔註108〕

透過編行保甲的過程，「何州、何縣、何人習教以及人數姓名，莫不記載分明」〔註109〕，不僅可預防其他秘密教門混跡其中，亦便於管束教民使其不敢為亂。

〔註104〕咸豐三年三月十六日上諭，中國第一歷史檔案館編：《清末教案》第一冊，頁140～142。
〔註105〕咸豐三年六月二十九日察哈爾副都統盛桂奏，中國第一歷史檔案館編：《清末教案》第一冊，頁151～152。
〔註106〕咸豐三年七月二十六日科爾沁親王僧格林沁等奏，中國第一歷史檔案館編：《清末教案》第一冊，頁152～154。
〔註107〕咸豐三年江西道監察御使孫鳴珂奏、咸豐三年五月十三日直督納爾經額奏，中國第一歷史檔案館編：《清末教案》第一冊，頁145～146、150。
〔註108〕咸豐三年三月二十日直督納爾經額奏，中國第一歷史檔案館編：《清末教案》第一冊，頁142～145。
〔註109〕同註108。

三、崇正學，以黜邪教

　　為了抑制基督教對平民百姓的吸引力，清廷採取兩方面來防堵：興辦義學，提倡中國傳統禮教、以及禁止傳教士干預公事，從現實面斷絕平民信教的動機。咸豐元年兩江總督陸建瀛便曾提出「崇正學，以黜邪教」〔註110〕的建議，隨後浙江巡撫常大淳指控法國教士「公然刊布邪書，詭稱勸人為善，誘令入堂聽講禮拜，內地無知愚民間有被其煽惑者，地方官礙難示禁」，其解決的辦法便是提倡傳統文化以茲對抗，「勸諭地方身世捐資，在於府城四門左近分設義學，傳集附近居民子弟，將正經書文暨聖諭廣殉教讀宣講」〔註111〕。浙江學政吳鐘駿也作類似的建議「飭令於鄉村市鎮勸諭集資，廣立義學」，且更進一步「傳集各學教官生員，為綱常名教之大，崇正黜邪之義，在明倫堂中諄諄開導曉諭」〔註112〕。以興辦義學，倡明教化，作為對抗異質文化的思想武器。而咸豐帝也認為此關人心教化，要「正人心必先息邪說，息邪說必先廣化導」，因此「降旨飭令各省地方，課士授徒均以御纂《性理精義》，《聖諭廣訓》為講習之本」並且大張旗鼓「命武英殿勒石拓印，頒行天下。各直省將軍、督撫、府尹、學政督飭地方文武官員，即各學教官欽遵宣布。無論官紳士庶，均准摹勒刊刻，以廣流傳」〔註113〕。其目的便是希望透過推行官方所認可的意識型態削弱基督教的吸引力，達到「人心咸知義理，趨向正路，不為異說所惑。庶期日漸月摩，經正民興，邪佞自無所施其伎倆矣」〔註114〕以牢籠人心，鞏固統治基礎。

　　另一方面，基督教之所以吸引百姓入教，就直接的因素而言，便是入教之後貧苦的平民可得到一些實益。如傳教士在司法上的庇護，使教民與非教民在興訟時，容易獲勝。傳教士大量干預地方官司法審判的行為，雖在咸豐十年（1860）之後才大量湧現，但在此之前，一些處於通商口岸的官員，已

〔註110〕咸豐元年七月丙午上諭，《大清十朝聖訓・文宗顯皇帝》（一），卷六〈聖學〉，頁103。

〔註111〕咸豐元年五月乙卯浙江巡撫常大淳奏，《籌辦夷務始末》（三）咸豐朝，卷四，頁90～91。

〔註112〕咸豐元年六月十七日浙江學政吳鐘駿奏，中國第一歷史檔案館編：《清末教案》第一冊，頁126。

〔註113〕咸豐元年七月二十二日上諭，中國第一歷史檔案館編：《清末教案》第一冊，頁131。

〔註114〕咸豐三年六月二十九日察哈爾副都統盛桂奏，中國第一歷史檔案館編：《清末教案》第一冊，頁151～152。

經意識到這種行為的嚴重性。如咸豐元年蘇松太道麟桂，便指控上海主教趙
芳濟（Francois Maresca）干預公事，偏幫教民，每遇訴訟即「轉使領事官與
地方官議論是非，意存偏護」，「鄰里有口角，該夷袒護，教徒逕向地方官扛
幫滋訟」〔註115〕，甚至嚴重到少數教民自認身份不同於一般平民，「遇有傳訊
之人，輒指稱係其教內，抗不交案，甚至業已傳到，亦欲強詞索回」〔註116〕。
此種破壞中國法度之事，清廷自然不可能容忍，乃明令「嗣後凡遇此事案件，
該夷從中阻撓干預，概不准理。則習教之人無可仰藉於該夷，其教不攻而自
解」〔註117〕，並由地方官傳諭各國領事，要他們對本國傳教士「嚴加管束，
不准干預」。〔註118〕

　　道光二十六年同意歸還天主教舊產的後遺症，此時也一一顯現。按照諭
旨的規定：「所有康熙年間各省舊天主堂，除改為廟宇民居者無庸查辦外，其
舊房屋各勘明確實，准其給還該處奉教之人」。但傳教士似乎是故意忽略諭旨
中的但書，常常以法國武力為後盾，強行要求地方官歸還舊產。如上述諭旨
公布後幾個月，傳教士羅類思便圖謀地方官歸還在上海城內已改為關帝廟的
天主教舊產，地方官原以諭旨明確規定改為廟宇者無庸查辦，而加以駁斥。
但教士竟以法國欲派一遠征軍來中國，虛詞恫嚇，地方官迫不得已乃另撥三
塊土地予以償還〔註119〕。可見此類索還教產的糾紛，一開始便與外國武力搭
上了線。

　　不過本時期各地方督撫，對於教士歸還教產的要求，頗能注意維護聖旨
的尊嚴，對於傳教士逾分的行為，一般皆採嚴屬的態度。如咸豐元年的松江
府歸還教產交涉，傳教士要求歸還已改為倉廠的舊產。當時的兩江總督陸建
瀛，便依據條約「松江距上海一百數十里，係屬內地，不在五口通商之列。
其倉廠為儲糧要地，較之廟宇民居更重，是否天主堂舊地已不可考，且既
經改作，亦非原舊之房屋，應即遵旨，無庸查辦。」駁斥了教士的要求。且
當法國兵船闖進吳淞江，「借兵要脅」時，仍堅持「諭旨內給還該處奉教之

〔註115〕咸豐元年二月十三日蘇松太道麟桂奏，中國第一歷史檔案館編：《清末教案》
　　　　　第一冊，頁113。
〔註116〕咸豐元年閏八月一日兩江總督陸建瀛奏：《清末教案》第一冊，頁133。
〔註117〕咸豐元年二月十三日上諭，中國第一歷史檔案館編：《清末教案》第一冊，頁
　　　　　114。
〔註118〕咸豐元年三月丁未兩江總督陸建瀛奏，《籌辦夷務始末》（三）咸豐朝，卷四，
　　　　　頁84。
〔註119〕法・衛青心：《法國對華傳教政策》下卷，頁584～588。

人，自指該處內地而言，並非給還佛蘭西。如果松江府屬奉教之人，要還此地，即令開具姓名住址，由地方官傳案指勘，照例嚴辦，佛蘭西不得過問。」〔註120〕此案發生後，引起松江府紳耆士庶的公憤，聯名要求嚴禁天主教，兩江總督不僅立案嘉獎，乃至於有爾後〈天主教習教章程〉的產生。此外，咸豐二年定海教案的處理上，浙江巡撫常大淳也根據朝廷的旨意，在當地民眾的支持下，對法國領事所提出的「嚴辦村民，押讓寺院」的無理要求「正言拒復」。同時不顧其「即飛調火輪兵船來此攻擊」的威脅恫嚇，飭令屬下官員要「團結民心，以資折服，斷不可任其挾制，致長凶鷙」。對霸佔寺院，引發教案的不法教徒，「查拿究辦，不加庇護」，並將所有被佔寺廟，盡行收回。〔註121〕

小　結

「禮儀之爭」在基督教傳播中國的過程中扮演著重要的關鍵，在此之前康熙皇帝對於基督教基本上是採取禮遇的態度，曾多次親臨天主教堂，並御筆提寫「欽天」二字，對南懷仁屢加誥封，經常召見與之講論西學。並且在南懷仁病逝後，特命賜葬，派員致祭，又御制碑文，以示悼傷和獎譽〔註122〕。更在康熙三十二年（1693），特地撥款賜地，讓傳教士在北京建立教堂（此即北堂），並為該堂親題「萬有眞源」匾額〔註123〕。辜且不論皇帝本身是否眞的信服基督教義，還是只是對傳教士所帶來的西學感到興趣，皇帝如此的優禮西教，無疑的起了風行草掩的效果。基督教遂在中國得以迅速發展，教徒人數不斷增加。但在中國禮儀之爭後，羅馬教廷強力的禁止中國信徒進行祭祖拜孔的活動，此舉不但是嚴重挑戰中華民族固有的思想基礎，也是對天朝尊嚴的蔑視，康熙皇帝作爲道統和法統的維護者，當然不能坐視不理。因此乃採取有選擇性的禁教措施，規定只要遵守「利瑪竇規矩」的傳教士可至內務府領取「紅票」，准予在華居住、傳教，否則一律驅逐。至 1721 年另一教皇特使，又攜來教皇的禁約，康熙乃不得不明令禁止傳布西教。整個禁教政策，

〔註120〕咸豐元年七月丙申兩江總督陸建瀛、江蘇巡撫楊文定奏，《籌辦夷務始末》（三）咸豐朝，卷五，頁 93。

〔註121〕咸豐二年二月壬寅浙江巡撫常大淳奏，《籌辦夷務始末》（三）咸豐朝，卷五，頁 102～103。

〔註122〕董叢林：《龍與上帝》（北京：三聯書店，1996 年 3 月），頁 77。

〔註123〕佟洵主編：《基督教與北京教堂文化》，頁 266～276。

就一直被繼任皇帝所遵守，但為了因應欽天監的需要，仍然准許有技藝的傳教士赴京效力〔註124〕。嘉慶皇帝開始，在《大清律例》裡正式加入了信奉天主教的治罪專條，清廷正式將天主教與其他秘密宗教等同，一律禁止傳習。情況一直要到道光年間，西方列強勢力進入中國才有所改變，從《黃埔條約》到《北京條約》條約，基督教藉著條約的規定，一步步的取得在華自由傳教的權力，但也因為這個緣故，基督教也就與國家屈辱劃上了等號，導致了越要中國人信教卻越引起抗爭的反效果。

在道咸時期，清政府對基督教基本上是採取限教的策略。不管是清廷與列強所簽訂的條約，抑或是皇帝所發佈的諭旨，只承認傳教士可在通商口岸設立教堂，此是為了因應來華西人的需要，而居住在口岸的中國人也可憑一己之喜好入教。在中國內地，教民可在家中自行信仰基督。嚴格禁止傳教士進入內地傳教，把傳教士限制在通商口岸，希冀將其影響的層面減至最低，便是這個時期限教政策的核心。對基督教的態度也較為寬鬆，只要大體不破壞《黃埔》和《望廈》兩條約的規定對法使剌萼尼有關傳教方面的要求，基本上是一一予以滿足，守住條約的規定為底線，一切皆可斟酌退讓。

到道光末年，因廣州入城問題的持續發酵，對外整體的氣氛轉向強硬。再加上發生了太平天國之亂，洪秀全用以號召群眾的「拜上帝會」與基督教有著極類似的外表，且聲勢頗為浩大，不消數年的時間席捲半壁江山。外國使節及傳教士絡繹不絕的前往天京訪問，更加深了清廷兩者合而謀我的疑忌，遂對基督教採取緊縮的態度。因此在咸豐皇帝即位後，為避免信仰教民與太平天國勾結，遂嚴格限制「公務人員」信教，乃有〈天主教習教章程〉的制訂，希望能將基督教信仰予以制度化、標準化。另外為了與西教對抗，清廷也鼓勵各地方興辦義學，以提倡傳統文化的方式，作為與西教對抗的思想武器，抑制西教對百姓的吸引力並加強灌輸百姓忠君愛國的觀念。

總之，在道咸年間清廷所採行的策略，不論是堅守和約、嚴禁教士進入內地、限制和約束民眾信教、不准教士干預訴訟偏袒教民等等，都顯現了清政府抑制基督教傳播的努力，也取得一定的成效。以教徒增加的數量為例，道光年間散佈在各省的天主教徒約有三十二萬人〔註125〕，但至同治九年

〔註124〕莊吉發：〈清代前期對天主教從容教政策到禁教政策的轉變〉，《歷史與宗教——紀念湯若望四百週年誕辰暨天主教傳華史學國際研討會論文集》，頁328～329。

〔註125〕德禮賢：《中國天主教傳教史》，頁150。

（1870）也不過增加至四十萬人〔註126〕；新教徒增加的速度雖較為快速，從咸豐三年（1853）的三百五十人，增加至同治八年（1869）的五千七百五十三人，但也不過是數千人之眾，且絕大份的新教徒皆分佈在福建、廣東等沿海省分〔註127〕。從教案的性質來看，本時期的教案交涉多是因傳教士私入內地傳教被地方官拿獲的案件，民眾打毀教堂、毆打或殺害傳教士的案件極少，可見清廷將傳教士限制在通商口岸的政策有其一定的成果。

〔註126〕 Kenneth Scott Latourette, *A History of Christian Mission in Chuna* (New York: The Macmillam Company, 1929). P182~183.
〔註127〕 Kenneth Scott Latourette, ibid, p479.

第二章　北京條約後的基督教政策

　　《北京條約》爲基督教爭取到自由傳播的權利，基督教在中國的處境進入了另一個里程碑。然而，條約雖爲傳播基督教大開方便之門，但其後遺症卻是十分巨大的，基督教在很長的一段時間內，不爲中國百姓所接受，就是因法國宣稱握有保教權，時時介入教務交涉，致使百姓誤認基督教爲「法國教」〔註1〕。基督教始終不能與外國侵略撇開關係，教案的發生也永無止息。因此，在咸豐十年至庚子拳亂期間，清廷的基督教政策便是本章所欲討論的重點。

第一節　英法聯軍後局勢的改變

　　咸豐十年第二次英法聯軍後，爲中國開創了千古未有之變局。中國從此不能自絕於世界之外，列強間的睥睨縱橫也羈絆著國內情勢的發展。就基督教而言，咸豐十年後最大的改變便是宗教自由的原則明訂於條約之中，清廷不能拒絕傳教士進入內地傳教。此後，不僅教案發生的頻率高於以往，也因法國聲稱自《北京條約》握有在華的保教權，處處以天主教護教者自居，教案的完結遂與西方強國的交涉離開不了關係，增加了清廷處理教務的困難度。而此時清廷也有感於以往與藩屬交往的模式已不能適用於挾強大軍力而

〔註 1〕　光緒十年中法越南戰爭期間，法國艦隊摧毀了停泊在福建馬尾的中國艦隊。福建百姓遷怒到教會身上，揚言要殺死神父修女，因爲他們宣傳「法國教」。至民國初年這種想法依然深植民心，如 1926 年 5 月宗座代表剛恆毅前往崇明島視察教務時，便有村民誤認教宗是法國皇帝，指天主教是法國教。參見剛恆毅：《在中國耕耘》上冊，頁 155、305。

來的西方列強，而有總理衙門的設置，以因應這種新的情勢。本節便欲從宗教自由的確立，法國取得保教權以及總理衙門的設置，三方面說明來英法聯軍後局勢的改變。

一、宗教自由的確立

　　道光二十四年《黃埔條約》中規定，嚴禁地方官虐待非法進入內地的傳教士，並需解送至通商口岸送交領事保護；皇帝的諭旨也再三強調，不准教士進入內地傳教。但多數的地方官對藏匿在其轄區的傳教士，基本上是採取睜一隻眼閉一隻眼的態度。法國公使布爾布隆（Alphonse de Bourboulon）在1852 年，呈交給巴黎的一份回憶錄中寫道：

> 　　按照條約第二十三款規定，許多在內地逗留的法國和其他國家的傳教士，都被送到了上海和廣州，而且他們對此很感意外。然而，更常見的還有地方官爲了支出費用，以及怕在押送過程中遇到麻煩，他們寧可置之不理，有時還暗中通知教士遠走。〔註2〕

一般地方官爲免招惹麻煩，對傳教士可說是避之唯恐不及。縱使在不得已的情況下必須逮捕，一般也能遵守條約和諭旨的規定，將傳教士送至口岸，交由領事管束。這種情形不僅耆英知道，連法國公使剌萼尼也知之甚詳。因此在道光末至咸豐六年（1842～1856），雖有十五名歐洲傳教士被捕或逐出清帝國內地，但仍有近百名歐洲教士在不同程度上，得到了地方官的寬容和照顧。〔註3〕

　　咸豐六年（1856）的突發事件，卻使傳教事業進入了另一個里程碑。廣西西林知縣張鳴鳳，在拿獲違約闖入內地的法國傳教士馬賴（Auguste Chapdelaine）之後，不是解交給該國領事，而是逞一時之憤，將他處死。這便違背了《黃埔條約》二十三款：「法蘭西無論何人如有犯此例禁，或越界，或遠入內地，聽憑中國地方官查拏，但應解送近口法蘭西領事官收管，中國官民均不得毆打、傷害、虐待所獲法蘭西人」〔註4〕之規定。此一不幸事件，反成爲開啓日後所謂宗教自由的契機。

　　馬賴被處死之後，法國公使顧思（De Courcy）、布爾布隆屢次提出照會，

〔註2〕法・衛青心著、黃慶華譯：《法國對華傳教政策》（北京：中國社會科學院出版社，1960 年），頁 639。
〔註3〕同上書，頁 482、630。
〔註4〕于能模等編：《中外條約彙編》，頁 74。

要求逞兇和賠款，葉名琛皆置之不理。至咸豐七年十月二十七日，法國特派頭等欽差全權大臣葛羅（Baron Gros），再次向葉名琛發出照會：

> 有本國傳教人馬神父，被貴大臣所屬廣西西林縣斃命……其擅入內地，固屬有違章程。惟章程明載，凡有擅入內地者，中國拿獲，應解送法蘭西領事官收管，中國官民不得毆打傷害虐待。今西林縣不守章程，有違上諭，忍心將馬神父拘拿鎖押掌嘴，又使之伏地笞撻無數，以致不能站立，隨地入監。越二日又使之跪鏈。二十三日使之入囚籠。二十四日斬首。想馬神父當死之際，亦且求上天赦彼無故虐待之罪，此天主教規也。查西林縣不獨上事而已，又使人將馬神父首級拋於路上，被禽獸吞噬，其使差役剖屍取心而食……貴大臣不即時處分西林縣，設人以西林縣所為，係貴大臣許之，豈不然乎。〔註5〕

葛羅要求將西林縣問罪、賠償和保證今後傳教士的安全，並欲對將屆滿十二年的《黃埔條約》進行修約。

　　葉名琛則以西林縣確實拘捕並正法了一名馬姓人犯，不過並非法籍傳教士馬神父，而是廣東人馬子農為回應：

> 據尖客村團長稟報，有匪徒馬子農等，到村妖言惑眾，糾夥拜會，並姦淫婦女搶劫村寨等情，當即會營督團，前往捕拿，隨將馬子農拿獲到案，據馬子農供係廣東人，與林八、鄧亞修均是同黨。林八等現在凌雲縣屬滋擾，伊來西林縣糾夥拜會，並搶虜姦淫等供不諱。是以訊明後，葉於剿辦股匪案內具報在案。茲奉飭查，實止拿辦馬子農正法，與札開馬神父既不同名，籍亦不合。〔註6〕

葉明琛列舉了馬子農在西林縣「妖言惑眾，糾夥拜會，並姦淫婦女，搶劫村寨」的惡行，這與天主教所強調的勸人為善的宗旨相違背，由此可知其人並非馬神父。既非馬神父，當然也就無所謂問罪、賠償的必要。進而他還列舉了道光二十六、二十八、三十年及咸豐元年、七年以來，地方官查拿違約進入內地的傳教士案例，說明地方官均依條約規定，訊明交回領事收領，實乃

〔註5〕咸豐七年十月二十七日，法使葛羅致葉名琛照會。中央研究院近代史研究所編：《四國新檔》（四），法國檔（台北：中研院近史所，民國75年再版），頁7～9。

〔註6〕咸豐七年十月二十九日，葉名琛致法使葛羅照會。《四國新檔》，法國檔，頁10～12。

情理兼顧。反而是外籍教士不斷違約闖入內地，藉以證明馬神父若係佛蘭西人，斷無不遞回廣東之理。至於修約一事，舊約既然是萬年和約當然也就無修約的必要：

> 查道光二十五年兩國所立章程，係奉宣宗成皇帝鑑定萬年和約，以其永守和好，定無更改之處。大皇帝因此萬年和約乃欽奉先皇帝所定，聖諭煌煌，無不懍遵。此時中國無論何等官員，均不敢稍有異詞，何能另派大員再議。〔註7〕

法國公使的各項要求，都被葉名琛以四兩撥千金的方式，一一回絕。

此時中英的關係也生變化。自從中英南京條約簽訂後，五口開放通商，英人起初頗覺滿意，但稍後又感到處處不便，主要有以下四事：（一）希望中國全部開放，增加口岸，以增加貿易額；（二）鴉片徵稅，使之成為合法的商品；（三）准許教士自由進入內地，並予以優待；（四）公使入駐北京，直接與清廷中央大臣接觸〔註8〕。因此，乃藉口中美《望廈條約》及中法《黃埔條約》皆規定，十二年後雙方得派代表和平交涉修改條約為由，援引《虎門條約》中：「將來大皇帝有新恩施及各國，亦應准英人一體均沾」〔註9〕最惠國待遇的規定，於咸豐四年向清廷提出修約要求，但為清廷所拒，咸豐皇帝乃下諭葉名琛：

> 當據理開導，絕其覬覦之心，如其堅執十二年查辦之語，該督等亦可擇其事近情理無傷大體者，允其變通一二條，奏明候旨，以示羈縻。〔註10〕

雙方故而展開了一連串談判的過程。咸豐六年（1856年10月8日），廣東發生了「亞羅船事件」，英國決定以此為藉口向中國動武。

〔註7〕同註6。

〔註8〕郭廷以：《近代中國史綱》（上冊）（香港：中文大學出版社，1994年第三版），頁119。

〔註9〕國風出版社：《清初及中期對外交涉條約輯——康、雍、乾、道、咸五朝條約》，頁69。英國此項要求甚不合理，在《虎門條約》中雖有一體均沾的規定，但前題是清廷有新恩於別國，英國才可提出，似不應由英國據此條款主動和清廷要求別項權利。故長蘆鹽政崇綸在駁斥英國所提要求時，便據理提出「設原定章程，係米國、佛國有十二年變通之說，至貴國立定萬年和約，不過奉有恩施別國一體均沾之語，更不得首先另生異議，致負前約」。中國史學會編：《第二次鴉片戰爭》（三）（上海：上海人民出版社，1978年7月第一版），頁56。

〔註10〕中國史學會主編：《第二次鴉片戰爭》（三），頁82。

　　當時法國正值拿破崙三世在位，爲了恢復拿破崙一世時代法國之光榮，同時爲鞏固本身在國內之地位，又亟需獲得天主教教會之充分支持，故對遠東之傳教事業，竭力鼓勵，尤以在中國方面爲然。馬神父事件既然無法通過外交交涉得到解決，法國便決定以此爲藉口，聯合英、美、俄等國，向中國提出修約及賠償的要求。四國陣線相同，其中英法兩國還以交戰國的姿態，向中國發動戰爭。

　　衰老的清廷當然無法抵擋列強的猛烈攻勢，戰爭結束後，咸豐八年清廷分別與四國簽訂了《天津條約》。四個條約雖內容有所不同，但都提到了基督教的問題。大體上強調基督教是以行善爲本，得在中國內地自由傳習，對此，中國官方需予以保護，不得苛待禁阻，再一次經由條約確立基督教的合法地位。〔註11〕

　　另外在英約和法約中，都有外人得以持領事所發的執照，進入內地遊歷的規定。如英約第九款：

　　　　英國人准聽持照前往內地各處遊歷、通商。執照由領事官發給，由
　　　　地方官蓋印，經過地方如飭交出執照，應可隨時呈驗，無訛放行……
　　　　如其無照，其中或有訛誤以及不法情事，就近送交領事官懲辦，沿
　　　　途只可拘禁，不可凌虐。

法約第八款亦然：

　　　　凡大法國人欲至內地及船隻不准進之各埠頭遊行，皆准前往。然務
　　　　必與本國欽差大臣或領事等官，預領中法合寫蓋印執照，其上執照
　　　　仍應有中華地方官鈐印以爲憑。如遇執照有遺失者，大法國人無以

〔註11〕如中俄《天津條約》條約第八款：「天主教原爲行善，嗣後中國於安分傳教之人當一體矜恤保護，不可欺侮凌虐，亦不可於安分之人禁其傳習。」中美《天津條約》條約第二十九款：「耶穌基督聖教，又名天主教，原爲勸人行善。凡欲人施諸己者，亦如是施於人。嗣後所有安分傳教之人，當一體矜恤保護，不可欺侮凌虐。凡有遵照教規，安分傳習者，他人毋得騷擾。」中英《天津條約》第八款：「耶穌聖教暨天主教，原係爲善之道，待人如己。自後，凡有傳授學習者，一體保護，其安分無過，中國官毫不得苛待禁阻。」中法《天津條約》第十三款：「天主教原以勸人爲善爲本，凡奉教之人皆保佑身家，其會同禮拜、誦經等事，概聽其便。凡按第八款備有蓋印執照，安然入內地傳教之人，地方官務必後代保護。凡中國人願信崇天主教，而循規蹈矩者，毫無查禁，皆免懲治。向來所有或寫、或刻，奉禁天主教各明文，無論何處概行寬免。」參見國風出版社：《清初及中期對外交涉條約輯》（台北：國風出版社，民國53年5月初版），頁159、175、194、218。

繳送而地方官無憑查驗不肯存留以便再與領事等官復領一件，聽憑
中國官員護送進口領事官收管，均不得毆打、傷害、虐待所獲大法
國人。〔註12〕

美國也向清廷發出照會，要求：

美國商民之進入內地，按天津所立條約有云：中國有何利權施及他
國，准美國一體均沾等語。是則美國人之進入內地既同他國所有請
執照等情，均應一體遵行，當如英法兩國一般。〔註13〕

自此，英美法三國皆取得了發照的權力，外人只要向口岸領事請領執照，便
可堂而皇之的進入中國內地遊歷。傳教士自然可以經由請領執照的方式，進
入內地傳教。經由條約規定，宗教自由的兩大要件：宗教的合法地位以及傳
教自由，皆獲得保障。甚至，清廷對這些領有執照的傳教士還得負有保護之
責，一旦他們出了什麼意外，就很容易引起外交糾紛。

二、法國取得保教權

　　所謂保教權（Religious Protectorate），狹義的說是指以國家的力量，保護
該國海外傳教士的權利。廣義而言則還包括了：以武力或傳教方式推廣天主
教教區、予傳教事業以金錢支柱、保護非天主教國家信徒和其他國籍天主教
徒之權益、處理教務糾紛、主導宗教典禮的進行以及任命教區主教等權利義
務〔註14〕。葡萄牙是最早取得東亞保教權的國家，十五世紀末西班牙與葡萄
牙為解決殖民地的領土爭議求助於教宗，1494 年在教宗的裁定下，簽訂托得
西拉斯條約（Tordeillas Treaty），將葡、西兩國殖民地的範圍予以劃分，不僅
承認兩國各對其屬地有統治權，並且授與保教權。此後，不管何國籍的教士
欲來東亞傳教，都必須赴里斯本宣誓效忠；東亞各地主教之人選，亦由葡王
推薦，再由教宗加冕；教宗命令如未透過葡王或未經其同意，不得在東亞生
效〔註15〕。而法國取得保教權，則肇基於道光二十四年所簽訂的《黃埔條約》，
完成於咸豐十年的《北京條約》。

　　《天津條約》的簽訂雖然對基督教的合法地位及教士傳教權皆有所幫

〔註12〕同註11，頁 194、217、218。
〔註13〕同註11，頁 189。
〔註14〕孫若怡：〈保教權的固守與教務的處理——法國公使施阿蘭在華的歲月之
　　　　一〉，《近代中國》第一二〇期，民國 86 年，頁 82。
〔註15〕英國樑：《燕京開教略》中篇，頁 36；龔政定：《法國在華之保教權》，頁 2～3。

助，但條約最後一款規定以一年爲期，雙方在北京換約，條約才會生效。因此，咸豐九年英使卜魯斯（Sir Frederick Bruce）、法使布爾布隆，攜帶條約欲進入北京換約。不料雙方在白河口引發衝突，英法兩國懷疑清廷執行條約的誠意，故準備以武力強迫清廷承認《天津條約》的效力。咸豐十年戰端重啓，這一次清廷更是一敗塗地，不僅首都被佔，經營百餘年的皇家花園──圓明園，也在戰火之中付之一炬。清帝有如喪家犬般，西狩熱河，留下恭親王收拾殘局，隨即與英法互換了《天津條約》並簽訂《北京條約》。

　　《北京條約》乃爲《天津條約》的再確定，故其又名《續增條款》。此約的主要精神爲確定天津條約之有效，故其內容與津約相去不遠。唯法約第六款：

> 應如道光二十六年正月二十五日上諭，即頒示天下黎民，任各處軍民人等傳習天主教，會合講道，建堂禮拜，且將濫行查拿者，予以應得處分。又將前謀害奉天主教者之時所充之天主堂，學堂、塋墳、田土、房廊等件，應賠還交法國駐紮京師之欽差大臣轉交該處奉教之人。並任法國傳教士在各省租買田地建造自便。〔註16〕

根據該款所列，法國獲得的權利總計有三：（一）由清廷重申前令，信教自由；（二）法國公使由中國政府手中歸還之教產，轉交給教徒；（三）法國教士在各省租買土地。前兩項權利，並非法國新得，早在道光年間中國已將其開放給教徒，只不過當初是經由皇帝上諭，現在則是明訂於國際條約之中。但其中亦有新增，如歸還教產一案，當初是言明還給「該處奉教之人」。按照地方官的理解，在內地這個奉教之人即是內地百姓，因此才有所謂必須開列姓名、籍貫，才能進行所謂的還產動作，若內地教徒無要求，當然也就無還產的必要〔註17〕。現在則所不同，法國公使變成「該處奉教之人」的代表，只要查明某處產業確實是禁教時期所查封，法使便有權要求清方交還。第三項則確實是法國新增的權利，不過獲得此項利權卻是通過欺瞞詐騙的手段而得。按照法文本翻譯的結果，並無「并任法國傳教士在各省租買土地，建造自便」這一句話，明顯是由當時負責翻譯的法國傳教士，私自添加的結果〔註18〕。

〔註16〕于能模等編：《中外條約彙編》，頁88。

〔註17〕咸豐元年七月十二日，兩江總督陸建瀛摺。中國第一歷史檔案館：《清末教案》第一冊，頁127～128。

〔註18〕將中法《北京條約》第六款翻成中文應爲：「按照1846年3月20日道光大皇帝頒發的上諭，凡在禁教期間被沒收的基督教徒的宗教和慈善事業的產業，

法國最遲在同治四年即已知道《北京條約》中文本與法文本有所出入，乃在同年與總署議定傳教士買地章程，藉以補強教士買地的法源基礎〔註 19〕。清廷則一直要到光緒二十一年，才發現遭受矇騙，但因時日已久，已無力回天。〔註 20〕

　　法國政府根據《天津條約》第十三款和《北京條約》第六款，聲明取代葡萄牙在華的保教權。法國保教權的行使，主要是透過核發教士執照的方式得到實現。當時潛藏在中國內地的傳教士以天主教居多〔註 21〕，而法國又是唯一發照的天主教國家，這意味著天主教傳教士皆向法國請照，接受法國的保護〔註 22〕。所以，一旦發生與天主教有關的教案，法國便可名正言順的與清廷展開交涉，維護傳教士的權益。另一方面，教產由法國公使轉交給原主之規定，也確立了法國在教務上的特殊性，法國漢學家高第（H. Cordier）便認爲此項規定無異是清廷對法國保教權之承認，不過，教廷直到光緒十四年（1888）才通令遠東各教區教士：爾後關於護照申請或任何要求，應請示法國的外交代表，才算正式承認法國在華的保教權〔註 23〕。保教權遂成爲法國

均應通過法國駐華公使發還業主，中國政府應將他們連同其他的附屬建築，一併交給法國公使。」中文本最末一項所多出來的部分，應是當時充當翻譯的法國傳教士艾嘉略（Louis Delamarre）所添。呂實強：《中國官紳反教的原因》，頁 100；羅光：《教廷與中國使節史》，頁 177；顧衛民：《中國與羅馬教廷關係史略》（北京：東方出版社，2000 年 9 月），頁 95。

〔註 19〕 傳教士買地章程的內容爲：法國傳教士如在內地置買田地房產，其契據內寫明立文契人某某，此係賣產人姓名，買與本處天主堂公產字樣，不得專列教士及奉教人姓名。參見同治四年一月二十五日，總署致法國伯爾德密函，《教務教案檔》第一輯（一），頁 52。

〔註 20〕 光緒二十一年經由南洋大臣錄送美國國會所刊各國交涉政書，才發現《北京條約》法文本內根本沒有「各省租買田地、建造自便」二語。《教務教案檔》第五輯（一），頁 223。

〔註 21〕 據統計天主教僅耶穌會至 1860 年爲止，在江南一帶已有教徒七萬七千餘人，傳教士五十餘人，而其他散佈在全國各地的天主教傳教士當不在少數。而全部新教傳教士在 1860 年則僅爲一百餘人，教徒則爲二千人。顧長聲：《傳教士與近代中國》，頁 107、117。

〔註 22〕 咸豐十年後，與清廷訂有傳教專條的國家，分別爲：德國（咸豐十一年）、丹麥（同治二年）、荷蘭（同治二年）、西班牙（同治三年）、比利時（同治四年）、義大利（同治五年）、葡萄牙（光緒十三年）等國。其中西、比、義、葡，專言天主教；德、荷並言天主教與耶穌教；丹麥則專指耶穌教。西班牙、葡萄牙、荷蘭無足輕重，德國與義大利則要到光緒年間才有足夠實力與法國爭奪保教權。

〔註 23〕 孫若怡：〈保教權的固守與教務的處理〉，頁 82～83。

擴展在華勢力的最佳利器。

三、總理衙門的成立

　　咸豐十年後的另一個變局，則是傳統以來處理對外關係方式的改變。長期以來中國總是以上國的地位，與周邊諸王國維持著關係，這種交往模式就是所謂的「中華世界秩序原理」。中華世界乃是中國勢力所及之處，分爲中國皇帝所直轄的領土──中國，以及向中國朝貢的周邊王國──藩屬。皇帝爲了要有效治理整個「中華世界帝國」，乃在中央政府之中設立禮部或理藩院，用以規範處理與藩屬的關係。藩屬乃是受皇帝冊封，並向中國朝貢的自治領域。因此，在某種意義之下，中國與藩屬間的關係可視爲中央政府與地方政府的關係〔註 24〕。這種富有濃厚主從關係的交往模式，自然爲強調平等關係的西方國家所不願遵循。因此在《天津條約》後，西方國家的使節便拒絕向任何省級的、名義上負責商務的官員，辦理國與國間的外交事務〔註 25〕，而亟思與清廷中央中樞所在的軍機處直接接觸，這便衝擊到傳統的天朝體制。爲避免外夷直接入軍機處交涉的局面出現，另外成立一個主管外交事務的機關，乃有迫切的需要。況且，英法聯軍之役清朝遭遇到前所未有的奇恥大辱，不僅國都被佔、歷經百餘年精心經營的皇家花園被焚、天子倉皇出走熱河、被迫訂定城下之盟。這一連串的厄運，官員們乃在檢討以往辦理夷務的教訓、討論今後處理的措施後，連銜向咸豐皇帝遞出奏折：

> 查向來夷務，由軍機處辦理。爲樞密之地，事物大繁，只能總持大綱，於細微曲折，不能詳細考察。即如新舊條約，該夷以爲據，偶有詰誤，即煩唇舌。此次換約之後，應請旨設立辦理通商處，以王大臣領之，分爲各司，辦理各國事務。則例案分明，是有專責，可以日久相安，實爲第一要務。〔註26〕

〔註24〕張啓雄：《外蒙主權歸屬交涉 1911～1916》（台北：中研院近史所，民國 84 年），頁 9～19。

〔註25〕在道光二十四年（1844）至咸豐十年（1860），這幾十年間，清廷負責對外交涉的官員是兩廣總督以兼欽差大臣的頭銜辦理外交，主要任務爲辦理「各省通商善後事宜」，咸豐八年十二月（1859）改派兩江總督爲欽差大臣，《北京條約》後西方各國得以駐使北京，直接與清廷中央交往，才結束了欽差大臣制度。梁伯華：《近代中國外交的巨變》（台北：台灣商務印書館，民國 80 年），頁 43～48。

〔註26〕中國史學會主編：《第二次鴉片戰爭》（五）（上海：上海人民出版社，1978

這是最早建議設立專門處理涉外事務衙門的奏片。日後留京辦理撫局的恭親王奕訢、桂良、文祥便在此基礎上，聯名向咸豐上奏「統計全局酌擬章程六條呈覽請議遵行摺」，總結以往所犯的錯誤，提出六條章程，作爲今後辦理外交的對策和措施。其中第一條即爲建議設立專責辦理外交的機構：

> 京師請設立總理各國事務衙門，以專責成也。查各國事件，向由外
> 省督撫奏報，匯總於軍機處。近年各路軍報絡繹，外國事務，頭緒
> 紛繁，駐京之後，若不悉心經理。專一其事，必致辦理延緩，未能
> 悉協機宜。請設總理各國事務衙門，以王大臣領之。〔註27〕

咸豐十年十二月知會各國使節，正式成立總理各國事務衙門，兩個月後從禮部領取大印，並擇北京東堂子胡同原鐵錢局爲官署。

在奕訢等人所上的章程中，這個新成立的衙門將取代軍機處的外交職能。各省督撫、通商大臣及欽差大臣，都需將辦理外國事務的摺報以及恭奉寄信諭旨，隨時咨報總理衙門，使之成爲外交情報的匯集地，主管外交事務的中央官署。但這個新衙門一開始設計時，便被定位爲臨時性機構「俟軍務肅清，外國事務較簡，即行裁撤」〔註28〕，「該夷視之，以爲總理之所，名目甚大，而在臣等則視同四譯館等衙門之列」〔註29〕有因陋就簡、外崇內卑的之嫌。故總理衙門的權力並非源自於總署本身，必須依附在軍機處的身上才有可能權重。奕訢的解決辦法便是通過人事的大量重疊，使兩個衙門同質化，如軍機大臣兼領總理大臣。例如奕訢在同治元年（1861）被授爲「議政王」，至光緒十年（1884）「甲申易樞」爲止〔註30〕，軍機處和總理衙門幾乎是同一批人在主事，重複性相當高；軍機章京兼領總理章京，在兩個衙門遊走，更便於查閱機密檔案。也就是說，總理大臣唯有身兼軍機大臣才算位高權重，唯有兼任軍機章京的總理章京，才能查閱秘密檔案。這反映出總理衙門法定地位的不足，既然無法從制度層面加以解決，奕訢只有從人事溝通上解決總

　　年7月第一版），頁228～229。

〔註27〕咸豐十年十二月壬戌，欽差大臣恭親王、大學士桂良、户部左侍郎文祥奏，《籌辦夷務始末》（四）咸豐朝，卷七十一，頁1439～1443。

〔註28〕同註27。

〔註29〕咸豐十年十二月二十四日，欽差大臣恭親王、大學士桂良、户部左侍郎文祥奏。《籌辦夷務始末》（四）咸豐朝，卷七十二，頁1463。

〔註30〕光緒十年，歲次甲申，慈禧與恭親王發生宮廷政爭。慈禧以清軍在越南北圻的北寧、太原之戰潰敗爲藉口，將奕訢所領導的軍機大臣全部撤職，史稱「甲申易樞」。

署權力不足的問題。這一套方法自同治元年至光緒十年的二十三年中，因奕訢身兼軍機處和總理衙門兩個總管大臣，的確形成了總署位高權重的事實；不過，這只是因人成事，待奕訢被黜，總署改由既非近親宗室、又無軍功的慶郡王奕劻主持，不僅聲望能力均不及奕訢，且又不兼軍機大臣，總署的權力便大幅滑落〔註31〕。然而此時隨洋務的日漸複雜，總署已成為全國洋務的指揮中心、一切新政的總匯，自《欽定大清會典》中所書錄的總署職能，便可窺見其重要性〔註32〕。總署是以「王大臣領之」，雖然機構的品級低下，但主管業務的人卻是天潢貴冑，身份崇高。故不論是南北洋大臣、各省督撫及出使大臣，給總署的咨文一般皆寫「咨呈」，則又顯示出其地位的獨特。光緒十年後，總署雖不若奕訢主政時可一言而決，但他的意見還是具有相當的影響力。各省督撫及南北洋通商大臣，遇有疑難仍必須與總署諮商。

　　另一方面，清廷雖成立主管洋務的中央官署，但仍然希望在地方上就能將外國事務解決，這在奕訢奏請設立南、北洋通商大臣時，便可看出。按照奕訢等人的想法，南、北洋通商大臣是總理衙門，指揮各通商口岸地方交涉機構的聯繫媒介，「臣等請設總理公所並天津通商大臣，原期與上海南北分理其事，而彙總於京師，以收身使臂、臂使指之效。若天津辦理得宜，則雖有夷酋駐京，無事可辦，久必廢然思返」〔註33〕，「凡交涉之事，則督所司理之，待其上以裁決」〔註34〕，清廷想盡方法藉以擋住外夷進入帝國中樞所在的京城進行交涉。清帝更下諭：「該省地方與各國交涉事件，遇有應辦者即奏明辦理，不得盡諉之總理衙門及通商大臣，致令紛紛進京，有所藉口」〔註35〕。

〔註31〕主管總理衙門之親王自咸豐十年成立至光緒二十七年改組為外務部為止，凡五易：（一）恭親王奕訢（1860～1885），在職二十四年；（二）慶郡王奕劻（1885～1895），在職十年；（三）恭親王奕訢（1895～1898）在職四年；（四）慶親王奕劻（1898～1900），在職二年；（五）端郡王載漪（1900～1901），在職大約一年。
　　　　羅炳綿：《總理衙門與滿族本位政策》，《清季自強運動研討會論文集》（上冊）（台北：中研院近史所，民國77年6月），頁169。
〔註32〕總理衙門的的職掌為：「掌各國盟約，昭布朝廷信德，凡水路出入之賦，舟車戶市之制，書幣聘饗之宜，中外疆域之限，文譯傳達之事，民教交涉之端。」《欽定大清會典》（光緒二十五年刊本，台北：中文書局，民國52年），卷九十九，頁999。
〔註33〕咸豐十年十二月壬戌，恭親王等又奏。《籌辦夷務始末》（四）咸豐朝，卷七十一，頁1444。
〔註34〕《欽定大清會典》，卷一〇〇，頁1013。
〔註35〕劉錦藻：《清朝續文獻通考》，卷三四九，頁10919。

光緒二十四年（1898），清廷諭令，各省督撫都加總理大臣銜，更明確清廷在地方上完結中外交涉的意圖。〔註36〕

　　清廷對於教案的處理，當然也希望在地方上就能處理妥當。尤其是晚清教案不管是民教間的衝突亦或是傳教士介入民教訴訟，皆是屬於地方官的權責範圍，只要官員秉公處理，應是很容易就能結案。但，就是因為地方官在心態上出了問題，不是過於曲民以從教，就是抑教以從民，兩不得其中，導致教案屢屢發生；而發生事件後，又牽累經年不得結案，這在傳教士看來便是地方官有意阻撓傳教的明證。故，教士為求速結或對官員施壓，往往向法使控訴官員處置不公，再由法使向總署提出交涉，總署再發函給各省督撫，要求督促所屬，按條約規定保護傳教。因此，處理民教交涉事件，遂成為總署的責任。按照《欽定大清會典》的記載，總署負責的業務其中之一即為「民教交涉之端」。而所謂的民教交涉之端，是指：保護教士教民、禁止教士干預詞訟、教士買地註明公產以及請見地方官吏使用稟呈等。負責此項業務的是總署中的「法國股」，由此行政組織的劃分也可知清廷對教案的認識，因法國以保護傳教為己任，總署歷年來處理教案皆是和法國交涉，且來華教士以法國人較多，故歸入法國股。〔註37〕

　　綜上所述，咸豐十年的巨變是「宗教自由」的內容，被列入了條約之中。道咸兩朝長期以來，對信教自由的限制已不復存在；《北京條約》則為宗教自由掃平了一切法律上的障礙，教士可憑著在條約中所規定的事項，順利的進入內地傳教，而不需擔心中國官方的阻饒。除此之外，教士還比一般外人多取得了內地租買土地的權利。從法律上而言，中華帝國的禁教法律已蕩然無存，傳教士一波波的湧向帝國內部，將震撼帶向中國社會的中樞。對這種嶄新的情勢傳教士喜形於色，對未來傳教事業的發展做出相當樂觀的評語。

　　　　就這樣，中國幾乎出乎意料之外的對傳教士、商人和學者開放了。
　　　　這個國家事實上落入我們的手中，一切早已在中國的傳教士和各自
　　　　國內的差會，如果他們不去佔領這塊土地，不在十八省的每一個中

〔註36〕光緒二十四年十一月二十二日上諭，中國第一歷史檔案館編：《清末教案》第二冊，頁805。

〔註37〕總理衙門在行政組織上分為五股，分別為：俄國股、英國股、美國股、法國股及海防股。其中法國股負責的業務為：掌與法蘭西、荷蘭、日斯巴尼亞、巴西各國交涉往來之事，凡保護民教及各島招工諸務皆隸焉。《欽定大清會典》，卷九十九，頁1001、1003。

心取得永久立足的地方，那將是有罪的。〔註38〕

另一方面，清廷也成立了總管中外交涉的官署，雖然在體質上先天上的缺陷。但舉凡對外事務，大至對外的基本方略，小至某件案件的具體處理方式，總署均可上奏，向皇帝陳述意見。而清廷在收到其他部門的官員有關對外問題的奏疏後，也下批到總署，迨議核後奏請皇帝定奪。而教案原本是地方官應辦的事務，但因牽涉到洋人且傳教自由列在條約之上，遂成為總署的業務範圍，而總署對教案處理的意見也往往具有關鍵性的地位，並且主導了晚清基督教政策的擬定。

第二節　中央政府對基督教的政策指示

咸豐十年北京條約簽訂後，正式確立了傳教自由的原則，傳教士只需藉著執照便可任意進入中國傳教、居住或建立教堂，地方官員還必須負起保護的責任。但基督教堂而皇之的闖入中國內地保守的社會後，隨即引發了一連串的衝突。姑且不論中國百姓如此厭惡教會是踵因於中西文化衝突、教士個人不適當的言行抑或不滿隱藏於教會背後的帝國主義勢力，咸豐十年後民教衝突案件的與日遽增，則是一件事實，且愈發暴力血腥。而每一件教案的了結，清政府都必須花偌大的力氣與列強交涉，並以一連串的緝凶、賠償、撫卹、甚至被迫交換國家利權，才能將案件完結。因此，每發生一件教案，無論經濟、國際聲望及人民的向心度上（由於絕大部分的百姓視反教人物為英雄），國家就遭受某種程度的損害。在這種情形下，清政府為求國家的利益，至少是省卻與列強交涉的麻煩，勢必有一套減少或消彌民間反教衝突的作法。本節即對此做進一步的論述。

一、處理教案的基本原則

宗教本是單純的民間活動，信與不信聽民由之，但清末的基督教情況卻相當特殊。由於傳教的權利是載諸條約之中，因傳教而發生的糾紛，自然而然和西方列強扯上了關係，教務遂成為外交的重點工作。所以，辦理教務就必須符合清朝外交的最高指導原則，此項原則便是咸豐十年，奕訢在「通籌洋務全局酌擬章程六條折」裡面所說的：

臣等綜計天下大局，是今日之御夷，譬如蜀之待吳。蜀與吳仇敵也，

〔註38〕顧長聲：《傳教士與近代中國》，頁 66。

而諸葛亮秉政，仍遣使通好，約共伐魏，彼其心豈一日而忘吞吳哉？
誠以勢有順逆，勢有緩急，不忍其忿忿之心而輕于一試，必其禍有
甚于此。今該夷雖非吳蜀與國之比，而為我仇敵，則事勢相同。此
次夷情猖獗，凡有血氣者，無不同聲忿恨，臣等粗知文理，豈忘國
家之大計。惟捻熾於北，髮熾於南，餉竭兵疲，夷人乘我虛弱，而
為其所制，如不勝其忿而之仇，則有旦夕之變，若忘其危害而全不
設備，則貽子孫之憂。古人有言，以和好為權宜，戰守為實事，洵
不易之論也。……若就目前之計，按照條約不使稍有侵越，外敦信
睦而隱示羈縻，數年間偶有要求，尚不遽為大害。〔註39〕

將清末的情況類比三國時的蜀國，而將西方列強比作吳國。蜀雖與吳有大仇，
但面對更重要的敵人，就必須不記前嫌，與吳和好，傾全力應付大敵。就清
朝而言，這個大敵就是席捲半壁江山的太平天國及為患北方的捻亂。為此，
清廷就必須確實遵照條約的規定，讓西方列強再無侵略的藉口。況且以時勢
而論，也無拒絕或推翻列強要求的能力。在彼強我弱的情況下，對西方傳教
士或教會的活動，若以暴力對付，一味的驅逐排拒，其結果不但不能產生預
期的效果，反而會使西方列強以不遵守條約為藉口，製造事端造成更嚴重的
後果。所以：

方今多事之秋，勢難中止，惟有就從前條約中議定各節，堅持勿失，
仍通飭各省辦理交涉事件，務須平心靜氣，不以爭理見長，而以審
勢為務，庶幾不違條約之中，隱寓轉移之述。〔註40〕

清廷也屢屢向各省督撫說明，傳教士進入內地已成為事實，且列在條約之中，
國家也無立場更無實力禁止傳教。故，解決教案最法方法，便是各省都能按
照條約行事，秉公處理民教衝突〔註41〕。「審時度勢，依照條約辦理教案」，
就成為清廷處理民教糾紛的重要原則。當然，遵守條約並不是意味著事事退
讓，條約既是雙方同意實施，對兩照而言皆具有約束力。故清方照理需履行

〔註39〕咸豐十年十二月壬戌，欽差大臣恭親王、大學士桂良、戶部左侍郎文祥奏。《籌
辦夷務始末》（四）咸豐朝，卷七十一，頁1439。

〔註40〕同治六年十一月庚午，署湖廣總督江蘇巡撫李瀚章奏。《籌辦夷務始末》（六）
同治朝，卷五十二，頁1248。

〔註41〕如同治七年的上諭，清廷便通飭各省「惟思傳教一案載在條約，自難顯為禁
止」，因此「遇有交涉事件，尤當持平辦理，當行者就案完結，當拒者按約辦
明。」劉錦藻：《清朝續文獻通考》，卷三四九，外交考十三·傳教，頁10923
～10924。

條約的規定，但列強或傳教士若提出與條約不合的要求，自然也可照約嚴拒之。誠「中外交涉事件，凡載在條約均可通行；其條約所不載之事，即屬所不准之事」〔註42〕。同治三年，法國傳教士前往吉林傳教，竟然向地方官要求體面公館、發給路引，以便前往東北其他地方傳教。然而，《北京條約》中只載傳教士向總署請領執照，並無向地方官請發路引的規定；而條約中也只規定傳教士入內地傳教，地方官只需查驗護照並妥善保護，並無另外替他準備寓所，甚至派遣隨護的規定。上述要求均與條約不符，自然被總署以及吉林將軍一一駁斥。〔註43〕

　　清廷對於已在條約中讓與外人的利權，則透過制訂施行細則來加以挽救。中法《北京條約》中規定：任法國傳教士在各省租買田地建造自便。然而對於「各省」二字是指「各省的通商口岸」抑或包括「各省內地」，中法雙方的解釋各有不同。總署擔心內地地產一旦為外國所租買，那麼內地之地遂為外國所有，故而有「內地」與「各口」之辯。但因法國堅持各省二字包含「內地」，因此，為防止此項流弊的出現，遂要求賣地契約內只寫上奉教民人的姓名，並特別聲明是賣與教中做為公產。百姓欲賣土地予傳教士，必須於未賣之先，先報明地方官查核請示，不能將產業私自賣與外人，如有違者立加懲處〔註44〕。然而，關於要不要在賣地之先先報明地方官，日後又引發了中法兩方的爭議。在總署與法使協議的內容中，並未寫明賣業之先必須報明地方官一事。但總署在發給各省督撫以及通商大臣的信件中，卻又明文規定必須報明地方官，兩者因而產生了矛盾。不過，長久以來也一直相安無事，直到光緒二十年施阿蘭（A. Gérard）擔任法國駐華公使期間，此事才再被提起。依總署的考慮賣地報官，目的在查明此項產業有無重賣或盜賣，以防止日後產生糾紛，是站在保護傳教士的立場。而法國則認為賣地必須報官，一旦全國地方官皆不同意賣地給教會，那麼《北京條約》中的規定遂成空談。因此，乃強烈要求總署必須確實遵照同治四年與法使柏爾德密協議的原文，

〔註42〕溫廷敬編：《丁中丞政書》，〈巡滬公牘〉，卷四，收入沈雲龍主編：《近代中國史料叢刊續編》第七十七輯，頁1068。

〔註43〕同治三年三月二日，吉林將軍景綸文。《教務教案檔》第一輯（三），頁1635～1636。

〔註44〕這就是總署與法使柏爾德密在同治四年，以互通信件的方式所制訂的買地章程，或稱〈柏爾德密協議〉或〈柏大臣章程〉。《教務教案檔》第一輯（一），頁52～54。

實施買地章程，不得私自添加字句。最後，賣地必須報官的規定遂被刪除，但賣地契約內仍只准列奉教人姓名，不准專列傳教士姓名，以明產業仍爲中國人所有。

此外，在《北京條約》內亦有規定：外人請領執照後，可以前往中國各處遊歷。但在執照上必須寫明傳教士欲前往何地遊歷，不准超越執照上開列的範圍。同時，註明傳教士不准進入發生戰亂的地方；逕自前往而生變故，中華地方官不負保護之責。然有些傳教執照，卻只籠統的寫到「前往天下十八省」遊歷。因此，光緒八年，總署乃照會各國駐京公使，聲明嗣後各國駐華使館所發前往內地之護照，不得泛稱「十八省」，必須註明前往何地、取道何路，以便查驗而易於保護〔註 45〕。爲免護照上洋人姓名因漢譯而呈現字音分歧的情況，導致辨別不易或在管理傳教士人數上產生困難，故進一步要求各國，在發照上除了將姓名譯成漢字外，也必須開列原文，以利查照而免疏虞。〔註 46〕

二、制訂傳教章程與保護教堂

（一）制訂傳教章程

咸豐十年北京條約後，基督教在中國已經完全解禁，並且獲得自由傳教的權利。在這項權利之中，最爲緊要的便是如何保障傳教士的人身安全，惟有安全獲得保障，傳教士才能安心的傳教，基督教義才能廣披中國，這也是西方列強對教務交涉的主要目標。傳教士常因傳教喪命或遭受折辱，引來列強的外交交涉而使國家遭受重大損失，故清廷對於傳教士及傳教活動採取保護的立場，要求地方官要給予傳教士相當的禮遇。這項要求被寫進當時發給傳教士收執的「通行傳教諭單」之中：

> 均係端方之士，在伊本國皆爲人所敬重，其意原係勸人爲善，況現際中國與法國誠心友睦，自應格外厚待，以敦契誼。〔註 47〕

〔註 45〕清・蔡乃煌等編：《約章分類輯要》（二）卷七下，傳教門，遊歷類，頁 2。

〔註 46〕光緒十年一月十三日，北洋大臣李鴻章文；一月二十五日總署給各國公使照會。《教務教案檔》第五輯（一），頁 35～36。

〔註 47〕「通行傳教諭單」是北京法籍主教孟振聲親撰文字，送交總署蓋印，發交傳教士收執，做爲傳教士進入內地傳教的護身符。其內容主要是重申中法天津、北京條約中有關護教的內容，以及皇帝頒佈持平對待教民的諭旨。《教務教案檔》第一輯（一），頁 8～9。

並藉以說明傳教士只是負責傳播基督教，並非外國派駐在中國的官員，故不能干預一切別項公私事件。清廷在表明對於傳教士禮遇的同時，也希望傳教士能謹守分寸，不要介入中國的內政。對於傳教士要求面見地方官，清廷則告誡地方官員必須秉持友好的原則，以禮相待。

> 查外國傳教係知禮之人，今在中國傳教，於地方親民之官有主客之
> 義。況傳教意主勸善，並不干預地方公事。如有要件，欲與地方官
> 會晤，自係賓主來往之常，在地方官不得推託不見，如有公務未能
> 分身，亦可商明另定期會，傳教者亦不得因偶爾未晤生疑。〔註48〕

若有教務的問題必須向地方官申述，雙方可互相通信，但嚴禁傳教士使用外交官員所用的「照會」。必須按照「中國士人之例，概用稟呈，不得擅用照會。如有事晉謁中國督撫，主教則用紅呈，上書主教某某。傳教士則用手本，上書傳教士某某，亦不得任用愚弟等項稱謂。」〔註49〕此一規定乃將傳教士的身份，界定在外籍平民而非官員，雖可給予一定的禮遇，但官民之間的分際卻需嚴守。

不過，這種對傳教士禮遇的政策，並不能緩和民教之間的緊張關係，各地仍因傳教士不合時宜的舉動，而頻傳民教糾紛的事件。故在決定對傳教士禮遇的同時，也設法制訂傳教規章，希望能將傳教活動納入政府的管理。同治四年，四川主教洪廣化（Jean T. Pinchon）與成都將軍崇實，議定了十四條傳教規條，主要內容為：申明天主教為正當宗教，並無異端邪術、書符念咒等事；傳教士乃端方廉潔之士，只負責傳播教義，並不干預地方公私事項；地方官需持平對待教民，教民若不守規矩，則由地方官按例懲辦，並逐出教外；各地的傳教士和教民必須登記註冊，以利保護和防止冒名頂替等〔註50〕。同年十一月二十八日，總署給法國照會，決定選取其中十條，通行各省一律辦理。十二月四日，法國回覆，盛讚總署對於維護民教和平相處的用心，並認為此章程為公平和讓，原則上對此章程並無意見，唯必須徵詢各地主教的意見，若無異議，將就此試行二、三年後，再就是否修改進行會商〔註51〕。

〔註48〕同治元年八月十日，總署給法國照會。《教務教案檔》第一輯（一），頁25。
〔註49〕同治二年三月二日，總署給法國照會附擬定章程。《教務教案檔》第一輯（一），頁45～46。
〔註50〕同治四年總署收成都將軍崇實文，附傳教規條。《教務教案檔》第一輯（一），頁60～65。
〔註51〕同治四年十一月二十八日，總署給法國照會；十二月四日，總署收法國照會。

在獲得法使原則同意施行的承諾下，總署於十二月十八日通行各省督撫，一體遵辦。不料，同治五年五月二十五日，法使卻照會總署，宣稱去歲所同意的洪主教章程，乃是偽造。四川官員根本並未與洪主教會商，而洪主教也因不通曉漢語，受到下人劉元弼的愚弄，整個事件洪主教並不知情，故請註銷此次傳教章程。但總署提出洪主教移交給四川大憲的原始信件，皆有洋字圖樣，這是中國人所偽造不來的，說明整個事件不但洪主教知情，且是由洪主教主動提起〔註 52〕。雙方就這樣各說各話，而推測法使之所以前後態度南轅北轍，主要擔心的是，傳教章程中所謂「各處習教之人宜遞花名冊於地方官」以及「傳教士遷移居處亦宜呈報」的兩項規定，一旦實施，必會限定傳教士的活動範圍，而教民也會因登記有案而受到歧視；況且驅逐出教等教內情事，也非傳教士所能為，須由教皇來做出決定〔註 53〕。然而，畢竟法使先前曾同意施行此項規章，就此出爾反爾，總需有光明正大的理由。因此，除一口咬定是劉元弼盜用主教印信，偽造傳教章程外，更向清廷言明：

> 天主教事乃教宗專主，教宗所定各等章程，各處傳教士無不遵從其命……如貴國欲立教務久經允諧之規條，應將擬定中國主教並傳教士與地方官，及中國習教之人，交涉往來一切規條，先知會本署，以便轉致教宗核酌，斯實本大臣心意所願。〔註 54〕

這並不是鼓勵清廷直接向教廷交涉教務，仍強調在華教務須由法國居中協調，只是要將此次協議不成的責任推向教廷。清廷在無可奈何的情況下，乃於同治五年十月二十五日，通行各省：「但據條約辦理教案，勿再援引此項章程。」〔註 55〕這是清廷第一次嘗試以傳教規章的模式，俾使傳教行為有一規則可資遵循。

同治七年，揚州教案發生，此案的起因是當地百姓，懷疑法國教會所創辦的育嬰堂，誘拐嬰兒、挖眼剖心。此事本與在揚州的英國內地會傳教士無涉，但百姓分不清英、法兩國傳教士的差別，終而波及到內地會，不僅焚燬

《教務教案檔》第一輯（一），頁 65～67。

〔註52〕雙方交涉的過程，參見《教務教案檔》第一輯（一），頁 92～139。

〔註53〕同治五年五月二十八日，總署收法國照會。《教務教案檔》第一輯（一），頁 93～94。

〔註54〕同治五年十月六日，總署收法使伯洛內函。《教務教案檔》第一輯（一），頁 140。

〔註55〕同治五年十月二十五日，總署發各省總督、巡撫、將軍文。《教務教案檔》第一輯（一），頁 149。

傳教士的寓所，還毆辱傳教士。案發後馬上引起軒然大波，英國駐上海領事麥華陀（Walter H. Medhurst）隨即率領軍艦前往揚州，並扣留江南製造局新製成的第一艘輪船「恬吉」號做為抵押，直到達成結案協議並獲得賠償六千兩，才將之釋回。這本是單純的民眾誤信謠言而引發的打教事件，想不到卻引起英國如此大的反應，致使清廷極思約束傳教士。乃於同治八年五月十七日，致函英國公使阿禮國（Sir Rutherford Alcock），內附清方制訂的「傳教節略」：

> 各國之教宗派不同，然民間無從分別，概目為西洋教士。聞訛言，
> 群起為難，不復細加察訪，如揚州一案，即為明徵也。倘不設法防
> 維，必至釀成大患。自應妥定章程，使習教之人不得藉端訛詐平民，
> 不習教之人，不得恃眾欺凌教民，且必使傳教士如中國僧綱道紀等
> 司，均歸地方官管轄。緣傳教士既欲久居中國，漸廣其傳，不欲中
> 國人民歧視，自當與中國人民平等。如佛教亦來自西域，其與中國
> 人各習其教，日久相安者，以教雖不同，傳教之人則同歸地方官管
> 轄也。〔註56〕

希望傳教士如同佛教的僧侶，歸入地方官管轄。清廷也瞭解通商才是英國在華最大利益之所在，並不願因傳教的問題造成中國的動盪，況且，天主教在華滋事也有礙通商活動。因此，盼望趁阿禮國返英的機會，將此傳教節略帶回，刊載在各國新聞紙上造成輿論效果，以迫使將來與法國重新修約時，或可制訂詳細的傳教章程，徹底解決目前教案頻生的亂象〔註57〕。就在清廷等待英國回復消息的同時，卻又在同治九年五月發生了天津教案。原因一樣是懷疑傳教士迷拐小兒及成人，以備挖眼剖心之用。此次波及的國家不再僅限英法，而是擴及五國，遇難的外人多達二十人。各國駐京公使連銜照會總理衙門，說明他們的憤怒與震悼，更準備採取必要的武力。清廷意識到「若再不籌善後之方，則教中之氣焰逾張，吾民之怨憤愈積，禍患正不知所止」〔註58〕。同治九年年底，勉強辦結此案後，隨即向各國公使提出「傳教節略」及「傳教章程八條」，並在章程內列舉傳教士劣跡，藉以說明制訂章程的

〔註56〕同治八年五月十七日，總署發英國公使阿禮國函。《教務教案檔》第二輯（一），
　　　　頁15～16。
〔註57〕同治十年七月乙巳，恭親王又奏。《籌辦夷務始末》（七）同治朝，卷八十二，
　　　　頁1879。
〔註58〕同註57。

必要。其主要內容為：

1. 教中所立育嬰堂向未報官立案而收養嬰孩，其中事難其白，因此釀疑起釁者有之，何不將育嬰堂概行裁撤，以免物議。

2. 各教堂內凡中國婦女概不准入堂，即外國修女們亦不准在中國傳教。

3. 傳教士居住中國當從中國法律風俗，不得自立門戶，尤不可有違國法官令，……遇有教民涉訟，聽憑地方官從公審斷，傳教士不得插手幫訟。

4. 中外相居密邇，用法兩無所偏。若遇命案當抵償者，中國人照中國例，外國人照西例，以服民心。無論中外辦案，當就本案定罪，不得於辦罪之外另議賠償，且不得於本犯之外，任意牽連無辜。

5. 教士所往何省傳教，於所領護照內必將某省某府詳注照內，指定在某省傳教，不得暗赴他省，並注明某人收執，不准轉給他人。

6. 傳教士本系勸人為善，當於收人入教之先，細訪其人，有無作惡犯罪之事，當收者收之，不可收者去之。應照中國所有廟宇，知會地方保甲登記冊內，便於查核之。

7. 洋教士在中國，當照中國規矩，不可干名犯義，擅用官防印信於大小衙門送遞照會……准照中國儒教士子之例，繕稟呈明地方官核辦；如欲晉見中國大憲，亦與中國士人見大憲之例同。

8. 嗣後教士不得任憑私意指請索還教堂，以免啟釁。所有教中買地建堂或租賃公所，當與公正原業主在該管地方官呈報查明於風水有無妨礙。〔註 59〕

然而，各國政府對此章程皆不表歡迎，尤其是對總署所提的教士不法事蹟，深感不能相信：「歐洲各國不甚嘉納，意謂中間所指教士劣跡無據非真，且謂總署所見得一失二，偏而不該」〔註 60〕。但對於總署致力防止教案再度發生的立意，則表示肯定。德國公使李福斯（M. von Rehfues）便曾表示「貴大王大臣此次來文所擬，欲將傳教一事辦理妥協，本大臣甚為欣慰，而且在京各

〔註 59〕《籌辦夷務始末》（七）同治朝，卷八十二，頁 1880～1885；《教務教案檔》第三輯（一），頁 1～6；李剛劉錦藻：《清朝續文獻通考》，卷三五〇，外交考·傳教，〈總理衙門致各國公使書〉，頁 10935～10937；李剛己：《教務紀略》，卷三下，頁 145～159。

〔註 60〕郭嵩燾：〈使西紀程〉，李剛己：《教務紀略》，卷三下，頁 161。

國同僚官員，無不同心歡喜」〔註61〕。雖說如此，但對於總署所擬的傳教章程，則認爲窒礙難行，一條一條的加以批駁。尤其是對第二條，更是遭到了全體的反對，「天主教人入堂認罪，與教中婦女入堂。此二事均令除卻，是即不令天主教在華傳教之意」〔註62〕。英國公使更認爲在傳教章程中所疑懼的事情，只要認眞執行歷年來清廷與傳教各國簽訂的條約即可防弊，根本不需要另外制訂章程以節外生枝〔註63〕。光緒十七年，薛福成回憶此次事件，也認爲總署所提的傳教章程，有些的確是無法實施，「如限定各堂華民入教之數，撤去女教士、女塾、恤孤局及非教民子弟不得入男塾之類」〔註64〕，無怪乎此傳教章程俱經該使駁回。而對於傳教士而言，接受這些章程無異是完全接受清廷的控制，因此對於傳教章程，傳教士也不表好感。英國傳教士楊格非（Griffith John）便認爲接受傳教章程將對基督教在華事業，產生巨大而負面的影響：

> 要求進入內地的傳教士服從中國法律的用意不僅是爲了阻止基督教的擴張，而且也是爲了拆掉現存的內陸基督教措施。因爲中國人完全清楚，在這種條件下，沒有傳教士敢進入內地。進入內地不僅愚蠢而且是自殺的行爲。成爲中國的臣民就意味著處在幾乎沒有任何形式審判的情況下，遭受監禁、嚴刑拷打和處死。傳教士將只允許教授清政府認爲正確和合適的東西，他們經常爲間諜和密探索包圍，他們的活動將會不時地受到政府官員的干擾，華人傳教士助手將被逮捕和逼供，異教徒將遠離傳教士。……非常清楚，中國政府下決心要把基督教趕出其國土。〔註65〕

此次制訂傳教章程的試驗，雖遭到各國的一致反對，但在章程所敘及的天主

〔註61〕同治十年二月七日，總署收布國公使李福斯照會。《教務教案檔》第三輯（一），頁18。

〔註62〕同註61。美國公使也認爲禁止婦女進入教堂以及不准修女來華傳教，不僅不可能獲得各國同意，同時也是清廷最愚蠢的政策，見 L. M. Wheel, "Epitome of the Chinese Despatch", *The Chinese Recorder and Missionary Journal*, (Nov. 1871), p.p 148~149.

〔註63〕同治十年九月二十九日，總署收英國公使威妥瑪照會。《教務教案檔》第三輯（一），頁41。

〔註64〕薛福成：《庸菴文編》，卷一〈分別教案治標治本之計疏〉。收入沈雲龍主編：《近代中國史料叢刊》第九十五輯，頁1137～1146。

〔註65〕Griffith John, "The Chinese Circular on Foreign Mission", *The Chinese Recorder and Missionary Journal*, (Nov. 1871) , p.p 149~151.

教傳教士的種種劣跡，卻也得到某些傳教士的認同。如曾任同文館英文教習的包爾騰（John Shaw Burdon）說道：

> 儘管文祥在《傳教章程》中提出的那些指控的準確性尚值懷疑，但有足夠的事實證明羅馬天主教傳教士所代表的基督教已經頗像一個政治實體了。天主教的主教們根據自己的聲明實行官方的禮儀，擺出官方的氣勢，這對中國政府官員是一種挑釁行為。……缺少保護固然會導致很多的不公平和痛苦，但是，保護教徒會產生更惡劣的後果。它會導致許多偽善之徒加入我們的隊伍，將使我們更易遭受到指控，而這種指控可能正孕育著中國社會對基督教的敵視，還將會在我國政府與中國政府中製造連續不斷的政治糾紛。〔註66〕

（二）清查教堂以利保護

在希望與外國制訂傳教章程的努力失敗後，總署轉向由自身著手，希望透過自身的行政系統，清查全國境內的教堂數量、樣式、位置以及分屬何國籍教會所辦。先行一步要求教堂所在的州縣，加意保護教堂，且若不幸發生教案，總署在與法使在談判教堂賠償事宜時，也比較有數，以避免法使漫天要價。

光緒十七年四月至八月間，長江流域各省相繼發生教案，以安徽蕪湖為先，次為江蘇丹陽等六縣，湖北武穴、宜昌再繼之，幾成燎原之勢，全國為之騷動。長江流域教案的原因依然為民眾相信，教堂誘拐嬰孩於育嬰堂中，並挖眼製藥；再加上周漢等人刊印反教揭帖的推波助瀾、及哥老會匪乘機起事，以致於一發不可收拾〔註67〕。清廷乃於同年五月發佈上諭，要求各省督撫盡速緝拿首要滋事份子，並在諭旨之中再次聲明，朝廷保護教堂教士的決心，要求在有教堂的府州廳縣，黏貼保護教堂告示，俾使百姓不再聽信浮言，而使民教相安〔註68〕。然而，分佈在全國各地的教堂總數到底有多少，不僅總署不知，連處在第一線的基層行政機關，也無案可查〔註69〕。故在六月二

〔註66〕 John Shaw Burdon, "Causes of Hostility to Missionaries", *The Chinese Recorder and Missionary Journal*, (March. 1872), p.p 263~267.

〔註67〕 王文杰：《中國近世史上的教案》，頁97～113。

〔註68〕 程宗裕編：《教案奏議彙編》，頁17～18。

〔註69〕 如津海關道便表示不知境內共有多少教堂，以致不知該寫多少告示，呈送北洋大臣衙門蓋印。只好致函各國駐津領事官查明後見復。《教務教案檔》第五輯（一），頁76。

十五日，總署向全國總督、巡撫、將軍發出命令，要求徹查境內教堂以及分屬的國籍：

> 洋人建堂設教，載在條約，豈能置之度外。而各省教堂共有幾處，設在某縣某鄉，各該管上司衙門恐無案可稽，本署向未准咨報有案，遇有茲鬧教堂之事，茫然不辨，甚非思患預防之意。本年四、五月間，長江上下游一帶會匪聚眾滋擾教堂，竟有一縣焚燬數處者，大約各教士於奉經教堂外，又將育嬰施藥各處所概名曰教堂，以致地方官無從稽查，一旦便起倉卒，防不勝防，而洋人已嫁詞饒舌。若先經分別查明，當不至舛誤，卒難因應。相咨行貴大臣分飭該管地方官，將境內共有大教堂幾處、小教堂幾處、堂屬某國某教、各堂是否洋式、抑或華式、教士是何名姓、係屬何國之人、是否具係洋人、堂內有無育嬰施藥各事，分別確查，按季冊報本衙門，以憑稽核。〔註70〕

此外，更特別向傳教士解釋此次清查教堂一事，乃是爲了要「備他日保護起見，切勿另生疑慮」；並警告官員在清查行動時「不可稍涉矜張」，「更不得假手胥吏，致多騷擾」〔註71〕。但此次的清查行動，時機上處於長江各省教案並未辦結，官府又大張旗鼓的調查境內各教堂數，難免引起百姓的揣測，誤以爲官府有意禁教。故法使分別於七月二日、八月十四日向總署發出照會，要求在此時機上概行停止稽查教堂的行動，以免輿情妄生猜測，再生事端〔註72〕。總署迫不得已，乃於九月十八日行文各省，在教案未辦結前暫緩稽查各處教堂〔註73〕。一直要到光緒十八年，清廷將宜昌教案的賠款付清、長江及熱河一帶的教案完結，減緩了來自法國方面的阻力之後，才於同年八月三十日，再次發出命令，要求再次清查各省教堂，特別強調「不必干預堂內教規，致茲口舌」〔註74〕。總署十分重視清查全國教堂數目的成效，更在光

〔註70〕光緒十七年六月二十五日，總署行北洋大臣李鴻章等文。《教務教案檔》第五輯（一），頁81～83。

〔註71〕同註70。

〔註72〕光緒十七年七月二日、八月十四日，總署收法國公使林椿照會。《教務教案檔》第五輯（一），頁84、113。

〔註73〕光緒十七年九月十八日，總署行各省督撫文。《教務教案檔》第五輯（一），頁120～121。

〔註74〕光緒十八年閏六月七日，總署給法國公使李梅照會；八月三十日，總署行南洋大臣劉坤一文。《教務教案檔》第五輯（一），頁141～142、144～145。

緒二十年行文若干省分，催促他們盡快完成清查，造冊茲報總署，以利保護〔註75〕。甚至，爲了徹底嚇阻百姓打毀教堂，在光緒二十一年湖廣總督向總署建議：「以後通商口岸以及內地，凡有教堂處所，地方百姓尋仇兇鬥，但過五十人外，不服官兵彈壓者……如該犯持械抗拒，准地方官照律，格殺勿論。」以嚴刑峻法的方式，阻止百姓攻教。然此種不問教案因由，一律予以強力鎮壓妄殺無辜，只會激起更大的事端，因此經刑部覆議後予以批駁〔註76〕。血腥鎮壓不可行，但三年後左都御史裕德建議設立保甲局以保護教堂，則被清廷所採用實施，他建議：在有教堂的州縣由鄉紳成立「保甲局」，設立巡勇在教堂外巡邏，遇有民眾欲向教堂生事，隨即就地排解；教士外出，亦由巡勇護送，以免發生意外。並且分別賞罰，以促使鄉紳盡力保護教堂教士。總署認爲裕德的建議「均中竅要」，請旨施行〔註77〕。顯示出隨著教案發生的頻率不斷的增加，列強的壓力與日遽增之際，清廷迫不得已組織保甲局、動用巡勇巡邏的方式，傾全力保護教堂教士，以避免發生糾紛。

三、試圖削弱法國保教權

（一）德、義挑戰法國在華保教權

法國在咸豐十年的《北京條約》中，取得收回天主教產以及單獨發護照的權力，無形中已然成爲在華天主教的保護國，法國更利用此一取得的權力，作爲擴大在華政治影響力的工具。而法國保教權的具體表現，便是由法國公使館發給各國天主教傳教士護照。藉由發照，使法國的政治勢力，隨著散佈在各地的天主教傳教士而擴散至全中國。不論何國籍的天主教傳教士一旦受到壓迫或凌虐，法國一定攘臂而起，與清廷進行交涉，進而在交涉的過程中攫取巨大的政治、經濟利益。其他歐洲國家，尤其是統一後的德國和義大利，眼見法國在華運用保教權不斷的擴張勢力，不禁也亟思仿效，欲從法國手中收回自行頒發護照的權力。

發照的權力源於中英《天津條約》條約的規定：外人自通商口岸出外遊玩，至遠不過百里，其在三、五日內，如果超越此限，進入內地遊歷就必須

〔註75〕光緒二十年四月二十日，總署行兩廣總督李瀚章文。《教務教案檔》第五輯（一），頁163。

〔註76〕光緒二十一年十一月九日，總署收刑部文。《教務教案檔》第六輯（一），頁260～263。

〔註77〕光緒二十四年七月二十九日，總署奏。《教務教案檔》第五輯（一），頁18。

持有執照。中法《天津條約》則言明，若備有地方官蓋印執照，則准予前往內地遊歷。當時，法國是在中國最具影響力的天主教國家，一般的天主教傳教士皆向法國使館請領執照，遂至相沿承襲〔註78〕。同治七年（1868），另一個天主教國家日斯巴尼亞（西班牙），曾經致函總署：以後日國所有傳教士執照將自行發給，日籍傳教士也將自行保護。不過此項圖謀，最後因日國傳教士的反對而不了了之〔註79〕。中法越南戰爭期間，中法處於交戰狀態，此時關於天主教傳教士的發照業務，由法國轉交俄國辦理。義國公使認為，此時是義國傳教士脫離法國保護的最佳時機，乃前往湖北漢口，在義籍傳教士的護照上加蓋國籍印，聲明在湖北的傳教士是義大利人而非法國人〔註80〕。戰後清廷圖謀與羅馬直接通使，派遣敦約翰前往羅馬，在停留義大利期間，義國領袖便向敦約翰轉達，今後義國政府將自行發照給義籍傳教士，不再假手於法國。〔註81〕

　　1870 年普魯士完成國家統一大業迅速成為歐陸強權，在俾士麥的主政下，削弱及孤立法國成為德國的基本政策。面對法國藉著保教權獲致不小的利權，德國自然不會坐視不理。天津教案後，總署向各國發出傳教章程，德國於同治十一年（1872）做出回應，文中提及反對總署所提傳教章程的立場外，並指出過去因德國並未在中國設立使館，故德籍傳教士向法使館請領護照，原無可厚非。但目下既然德國已經設立使館，德國人民自不能再以他國執照為憑，聲明「嗣後凡遇天主教傳教人，地方官務需查明其執照是否係其本國官所發。倘若有德意志人所執者非德意志國官員所發之印，即飭其向德意志國公館取其執照，以便日後可以管理其事。」〔註82〕爾後光緒十四年（1888），德、義兩國先後向總署發出照會，要求兩國所發出的護照，與法國

〔註78〕傳教士申請護照一般是由居住在上海、香港或天津的教會或主教代為申請，除極少數例外，並不由傳教士自行申請。而所有的護照皆須經總理衙門蓋章後，才由法國公使發給各傳教士。龔政定：《法國在華之保教權》，頁44。

〔註79〕顧維鈞：《外人在華之地位》，頁 246。

〔註80〕這是因法國使館所發出的護照，於持照人籍貫處，其法文為空白，華文則不問是何國籍一概填為法人，不像英國護照，每於持照人姓名後，書寫「英國臣民」，美國護照則寫「美國人民」字樣。顧維鈞：《外人在華之地位》，頁247。

〔註81〕吳汝倫編：《李文忠公全集》（六）（台北：文海出版社，民國 73 年），頁 3400 ～3401。

〔註82〕同治十一年四月二十五日，總署收德國公使安納克照會。《教務教案檔》第三輯（一），頁 50。

所發出的護照其保護效力應一視同仁。兩國的傳教士所領取的護照應交由本國使館辦理，義大利甚至表明以光緒十四年十月十七日為期，若義國傳教士再領取他國所發出的護照，應視為廢紙，中國地方官不得蓋印〔註83〕。隨即德國宣稱，山東省之兗州府、曹州府、沂州府、濟寧州等處，只有德國天主教傳教人；義國則宣稱陝西、山西、河南、湖北四省，以及山東除兗州、沂州、濟寧州，湖北省除其府城在阮江以北者，只有義國天主教傳教之人。如有傳教士前往以上各處請領護照，應由德（義）國官知會中國辦照蓋印，若有他國所發護照欲進入以上地區亦可，唯必須載明係屬何國之人，抑或載明該傳教士非係德（義）國人，而在上述地區「天主教傳教之人，特來如有稟稱受害賠償等事，均由德國欽差公署照會貴大臣，方可辦理……並請咨行以上所論之該省大吏地方官，於省內天主教傳教之事，只應與德國欽差或德國領事會辦。」〔註84〕義大利也發出類似的照會。清廷原則同意德義兩國所提的辦法，但聲明若前往上述地區傳教士的籍貫如有錯誤，事歸兩國查辦，不與中國相涉。如有他國傳教士前往以上各處傳教遊歷，出有爭訟事故而與該地教堂無干者，仍歸該教士之本國官辦理，而中國人有被外國教士傷害等事，則由中國官查明該教士之護照是由何國所發，即向該國理論。〔註85〕

　　從此，義大利甚為注意其國民是否再向法國使館請領護照，如有違定章，隨即向總署提出抗議。如光緒十五年（1889），義國傳教士梅若望向法國請領護照欲前往河南，而天津關道不察予以蓋印，義國公使聞知此事後，立即向總署提出抗議，並且要求中國將該教士拏回，交由駐津義國領事處置〔註86〕。光緒十五年十二月，義國主教率領五名教士搭乘法國輪船來到上海，義國公使馬上向總署聲明此五人為義大利籍，並且開列五人姓名，要求總署注意此五人若領取他國所發護照，應不予蓋印，視同廢紙。二、三個月後，其中三名領取俄國駐漢口領事代法國事務所發出的護照，前往陝西；另一名則領取法國駐天津領事所發出的護照，兩者皆有中華官員的蓋印，義使為此特別向

〔註83〕光緒十四年八月二十四日，總署收義國公使盧嘉德照會。《教務教案檔》第五輯（一），頁4。

〔註84〕光緒十四年十月二十四日，總署收德國公使巴蘭德、義國公使盧嘉德照會。《教務教案檔》第五輯（一），頁18～19。

〔註85〕光緒十四年十一月十六日，總署給德國公使巴蘭德、義國公使盧嘉德照會。《教務教案檔》第五輯（一），頁23～25。

〔註86〕光緒十五年三月二十日，總署收義國公使盧嘉德照會。《教務教案檔》第五輯（一），頁45～46。

總署提出抗議，要求確實遵守在光緒十四年所達成的協議〔註87〕。不過受到教廷的影響，義籍傳教士大部分仍向法國使館請領護照，向義國公使館請領護照者甚少〔註88〕，一直要到光緒二十五年（1899），經教廷同意後，義籍傳教士才開始接受義國公使館所發之護照。〔註89〕

　　至於德國方面，光緒十四年與總署議定山東南境各州府德籍傳教士領照的程序，光緒十五年正式照會總署，內稱羅馬教皇已經同意山東省南界德國天主教傳教局暨該局傳教士歸本國辦理〔註90〕。剛好此時山東主教安治泰（Johann Baptist von Anzer）為了在兗州買地建堂，而與當地百姓起了糾紛。自光緒十三年起，安治泰即請法國公使代為向總署交涉，不過一直拖延無甚進展〔註91〕。至光緒十六年，本身即為德國籍的安治泰趁著返回柏林之便，轉向德國請求保護。德國乃趁著此一事件，順理成章的取代法國，代表山東南境的天主教教會與清廷展開交涉〔註92〕。從此在山東南境所發生的民教衝突，皆由德國出面與總署展開交涉，並且比照法國主教在遷移北堂案所獲得的榮典，也為安治泰爭取到一副二品頂帶。〔註93〕

　　經由德國的努力，法國在山東南境的保教權便轉手落入德國手中，此後發生在山東的教案，乃由德國出面與清廷展開交涉。德國也在教案交涉的過程中，攫取了相當大的利益。最為明顯的便是光緒二十三年（1897）的巨野教案（或稱曹州教案）。德國便以中國殺害了兩名德籍教士為藉口，向清廷提

〔註87〕光緒十五年十月六、八日總署收署義國公使賈照會；十月十五日，總署行北洋大臣李鴻章、湖廣總督文，給義國署公使賈照會；十二月三十日，總署收署義國公使賈照會；光緒十六年一月十日、二月十七日，總署給署義國公使賈照會。《教務教案檔》第五輯（一），頁55～58、62～65。

〔註88〕光緒二十四年義國公使在爭辦山東梨園屯教案時，總署回憶與當初與義國制訂義籍傳教士請領義國使館所發護照時，說道：「乃自訂議之後，貴國駐京公署所發護照，函送本衙門蓋用順天府印者，甚屬寥寥。」《教務教案檔》第六輯（一），頁201。

〔註89〕龔政定：《法國在華之保教權》，頁71。

〔註90〕光緒十五年一月二十一日，德國公使巴蘭德面遞照會。《教務教案檔》第五輯（一），頁443～444。

〔註91〕光緒十三年主教安治泰欲在孔孟故鄉，買地蓋教堂，引起軒然大波，總署以「兗州係屬孔孟故里，為儒教根本之地，若欲在該處建立教堂，非但本地人忿忿不平，天下人亦必文而驚駭」。以此為理由，回絕了安治泰在此建堂的要求。相關的交涉參見《教務教案檔》第五輯（一），頁413～442。

〔註92〕《教務教案檔》第五輯（一），頁474、479～480。

〔註93〕光緒二十年十月二十七日，總署給德國公使紳珂照會。《教務教案檔》第五輯（一），頁575。

出完結教案的六項條件，其中之一影響極大的規定便是：如在山東省如有製造鐵路之事，中國先准德國商人承辦。如有鐵路就近開礦之事，亦應先准德國商人承辦〔註 94〕。這是第一次在交涉教案的過程中，將國家利權與教案的完結扯在一起；同時，這一次的教案也為德國強佔膠洲灣，提供了藉口。在此之前，德國便曾屢次向清廷要求租借沿海港灣，清政府總以「恐他國援例效尤」而拒絕。在沒有藉口的情形下，德國也不敢貿然以武力強取，只得靜待機會，德首相荷亨諾（Hohenlohe）就曾說過：「教案問題可以給予德國進行之藉口」〔註 95〕。巨野教案就扮演了這樣的角色，案發後一個多禮拜，德國軍隊便佔領了膠洲灣，次年三月，與清廷簽訂了《中德膠澳租借條約》。從此也激發了所謂的「瓜分風潮」，西方國家紛紛向清政府要求割讓沿海的港灣、港口，如俄國要求租借旅大、英國要求租借威海衛、九龍、法國要求租借廣州灣。一年之內，中國沿海險要盡入外人之手。中國隨時有亡國滅種的危險，在此種悲憤的氣氛之下，遂爆發了震驚中外的義和團事件。

（二）嘗試與教廷通使

清廷開始對羅馬教廷產生興趣，肇始於同治四年交涉四川洪主教章程。當時法國是以天主教乃由教宗專主，一切傳教規章皆須教宗同意為遁詞，否決了此項章程。然此一經驗，也使清廷對於教宗的權力有所認識，隔年總署乃致函兩江總督：

> 駐京公使於各口稅務及地方公事，尚可主持。至各省教務惟主教之言是從，彼竟不能摻其炳。即本處與之往返辯駁，終亦於是無濟。
> 緣公使統於該國君主，而主教則轄於教皇。〔註 96〕

表明清廷瞭解教宗在處理教務上握有無上的權威，並對於歐洲政教分離的情況，有了基本的認識。況且教廷在中國並沒有強大的軍事力量，若發生教案，與教廷交涉總比與法國動輒出動船艦相威脅來得有利〔註 97〕。而清廷與教廷

〔註94〕光緒二十三年十月二十七日，恭親王奕訢等奏為恭呈德使有關曹州教案照會等件摺，附件二德使海靖照會。中國第一歷史檔案館編：《清末教案》第二冊，頁 682。

〔註95〕張文杰：《中國近世史上的教案》，頁 139。

〔註96〕同治五年六月八日，總署致兩江總督函。《教務教案檔》第一輯（二），頁 883。

〔註97〕李鴻章在〈致譯署遣英士敦約翰赴羅馬〉一信中說道：「至與羅馬教王商辦教案，彼此派使互駐一節，亦係歐洲通行之例，藉可潛移奉教各國包攬挾制之權……教王兵餉兩缺，斷不能因教案興戎。」

通使交涉的關鍵則是北堂遷移案。北堂位於北京西華門外，因其地名為蠶池口，故又名蠶池口教堂。康熙三十二年，皇帝感染瘧疾，群醫束手無策，當時在京城的天主教傳教士獻上西藥金雞納霜，居然治癒了康熙皇帝的疾病。故皇帝為感激傳教士，親賜土地及經費，於蠶池口建立天主堂。後清廷執行禁教政策，北堂因長期無傳教士居住而荒廢，道光七年被沒收入官，道光十八年朝廷下令拆除北堂教堂。咸豐年間因中法《北京條約》的規定，北堂舊址土地重新交還給天主教味增爵會（亦稱遣使會 Lazarists），隨後教會在原址重新建蓋教堂〔註98〕。但新蓋的北堂卻有清廷官員質疑太靠近宮廷，且所建成的鐘樓過高，俯瞰整個宮禁瞭如指掌，而鐘樓樓頂為平台可供砲台之用，可能會危害皇室安全〔註99〕。故建成後不久，總署隨即與法國展開拆低北堂鐘樓的交涉。

同治五年起展開交涉，不過一直得不到傳教士的回應。天津教案後，陝甘總督左宗棠派遣福州船政監督德克碑（Paul Daipuebelle）前往法國，名義上是前往法國購買軍火，實際上是與法國商議天主教在華傳教事，向法國提出六條節略（內容與總署提出的傳教章程類似）並交涉西華門外鐘樓事。德克碑在路過羅馬時，將清政府欲遷移北堂教堂的事情稟告教廷。教廷回應必須與法國總理大臣知照辦理，法國則回應北堂之事似可商辦，但必須與駐華公使、北京主教會商辦理〔註100〕。同治十二年六月，總署與法使對拆低北堂鐘樓一事達成六項協議，而當時的北京主教田壘思（L. G. Dolaplace）則懷疑中國是藉此一事件，而行驅逐之意，故對北堂遷移事件心生懷疑，故拖延無權，必須返歐與教皇、教會領袖與法國外交部商議後方可定奪。田壘思本定於同治十三年九月赴天津由上海搭船返國，隔年二月間將結果寄信至法國公館以轉交總署，本人則預定於同治十四年四、五月間返回中國〔註101〕。不料同治皇帝卻於同治十三年駕崩，清廷乃以太后的名義宣布一切三海工程及議辦西

　　　吳汝倫編：《李文忠公全集》（六），遷移蠶池口教堂函稿一卷，頁3387。

〔註98〕佟洵主編：《基督教與北京教堂文化》，頁268～271。

〔註99〕同治四年七月十九日，軍機處抄交御史朱學篤附片。《教務教案檔》第一輯（一），頁171。

〔註100〕同治十二年五月一日，總署收北洋大臣李鴻章文。《教務教案檔》第三輯（一），頁96。

〔註101〕同治十二年六月十日，總署收委員黃維煊呈遞節略；同治十三年九月二十日，總署收崇成二大臣與法主教田壘思問答節略。《教務教案檔》第三輯（一），頁102～104。

安門內蠶池口教堂事一切暫停〔註102〕。這是清廷與羅馬教廷方面的第一次接觸，最後卻因同治皇帝駕崩而不了之。〔註103〕

　　光緒十年（1884）中法雙方因越南問題而發生戰爭，戰後李鴻章負起與法國談判的責任。次年，中法越南條約簽訂後，便有稅務司向李鴻章建議，清廷應該和教廷直接通使，避免日後法國再藉教案從中勒索。恰好當時羅馬教宗致函清帝，感謝戰爭期間保護傳教士和教堂，並聲明在華的傳教士無論原籍何國，俱係羅馬教宗所派，他們的傳教任務也是受教宗所委任。雖無明確的反對法國保教權，但很清楚的指出傳教士和傳教事業與羅馬教宗的關係〔註104〕。羅馬教宗的信件和稅務司的建議，致使李鴻章於光緒十一年（1885），向清廷建議直接與教廷通使〔註105〕。而此時光緒皇帝即將成年，太后將還政於皇帝，必須爲太后修建一處頤養天年的場所，而慈禧太后本人也十分討厭鄰近宮禁的北堂，因此拆除北堂以擴建宮腋，再度被提出台面。而德國公使巴蘭德（Max August Scipio von Brandt）聞知此事，乃乘機向清廷建議直接與教宗接觸此事〔註106〕。兩事合一，清廷遂命李鴻章辦理此事。李鴻章命稅務司敦約翰（John George Dunn）前往羅馬，商辦遷移北堂教堂以及與教廷通使事。同時李鴻章也命稅務司德璀琳（Guetar Detring）與北堂教士樊國樑（Alphonse-Marie Favier），商議遷移北堂的合同，並言明等到羅馬方面同意即行生效。〔註107〕

　　遷移北堂及與教廷通使的交涉，一開始頗爲順利，光緒十二年三月二十八日就接到敦約翰自羅馬來電，內述教皇已經同意派遣公使駐京，並應允遷讓北堂地方〔註108〕。隨即在羅馬方面的要求下，北堂教士樊國樑攜帶與德璀琳議定的合同，前往羅馬交由教宗批閱。且李鴻章爲防止異日反悔，特別將

〔註102〕同治十三年十二月二十二日，總署致法國公使羅淑亞照會。《教務教案檔》第三輯（一），頁107。
〔註103〕樊國樑：《燕京開教略》下篇，頁56。
〔註104〕顧衛民：《中國與教廷關係史略》，頁102～104。
〔註105〕光緒十一年十月一日，〈致譯署遣英士敦約翰赴羅馬〉，吳汝倫編：《李文忠公全集》（六），頁3387。
〔註106〕樊國樑：《燕京開教略》下篇，頁64；龔政定：《法國在華之保教權》，頁63。
〔註107〕光緒十二年五月六日，總署收軍機處交出李鴻章奏摺，附德璀琳、樊國樑商訂移堂辦法合同。《教務教案檔》第四輯（一），頁86～89。
〔註108〕光緒十二年三月二十八日，〈譯敦約翰羅馬來電〉，吳汝倫編：《李文忠公全集》（六），頁3396。

遷移合同譯成中法文兩種版本，令兩人畫押存證，並奏請清廷批准。〔註109〕

　　中羅欲通使的消息，傳到法國政府的耳中，馬上引起法國政府的反對，原因是一旦教廷派遣公使常駐中國，那麼一切與教務有關的事項，顯而易見的都將轉向與教廷公使交涉，法國在華的保教權將名存實亡，嚴重影響到其在中國的政治勢力。故法國政府極力阻止羅馬派遣擁有外交頭銜的公使前來中國，轉而要求以所謂土耳其小公使的模式，教廷派遣的宗座代表只負責處理教務，若牽涉到外交事件的處理，則仍是交由法國公使來交涉。

　　　　羅馬派使駐華一事，法廷現擬准照准，須按照土耳其小公使之式，
　　　　專理教門內事。如與中國有交涉要務，由該小公使稟候法公使與中
　　　　國辦理。〔註110〕

一旦按照法國的作法，只派遣宗座代表前來中國，那麼，就無法抑制法國藉教要挾的企圖，也違反了李鴻章當初建議與教廷通使的目的：

　　　　羅馬派使駐華專管教務一節，明白洋務時局者多持此論，原以分法
　　　　人藉教挾制之權，西洋各國無國不行天主教及無國不有羅馬專使，
　　　　歸法國管轄者僅土耳其小國有羅馬小公使乃由法使統率，最為各國
　　　　所詆笑。查咸豐十年法國和約第十三款，但指明傳教請執照一層，
　　　　並未載明天主教歸法國保護之語。厥後遇有教案，法使輒攘臂而
　　　　爭，甚至調兵船要挾，推波助瀾氣焰日張，皆由羅馬無使駐華，法
　　　　人得以攘竊其權而中國不揣其本，亦復習安之，墮入殼中而不覺
　　　　也。〔註111〕

不僅中國反對教廷派遣宗座代表前來北京，教廷本身也對法國的建議不表認同，依然堅持派遣使節前來，乃命愛格利阿爾提總主教（Antonio Aglardi）為駐華公使，並向敦約翰表明此次教宗所派使節「有全權字樣，不受他人約束，惟教皇之言是聽」〔註112〕。法國乃於西曆八月致教廷哀的美敦書（最後通牒），言明教廷派使赴華，法國政府將撤回駐教廷大使，聲明法國與教廷所訂的條

〔註109〕光緒十二年五月三日，〈議移北堂奏稿〉，吳汝倫編：《李文忠公全集》（六），
　　　　頁3398。

〔註110〕光緒十二年六月二十八日，〈譯敦約翰致羅馬外部總辦加林貝爾函〉，吳汝倫
　　　　編：《李文忠公全集》（六），頁3399～3340。

〔註111〕光緒十二年六月二十八日，〈致譯署論羅馬派使管教〉，吳汝倫編：《李文忠公
　　　　全集》（六），頁3399。

〔註112〕〈譯敦約翰倫敦來函〉，吳汝倫編：《李文忠公全集》（六），頁3401。

約作廢，停止法國政府給與法國教會每年的津貼費。就在法國的強大壓力下，教廷宣布無限期延後派使赴華的任務，中羅交涉通使也就胎死腹中。〔註113〕

　　至於遷移北堂的交涉，在通使事敗後，此事的交涉，清廷的態度也從原先的強硬，轉而認清事實，認為遷移教堂若不得法國政府的首肯，也是無濟於事。故從原先堅持只和羅馬教王和巴黎會首商議，事成後再通知駐京法使的態度，轉而直接要求法國同意遷移北堂。但這並不表示，清廷同意法國握有在華的保教權，只是認清實際現實，在華的天主教事務若無法國的同意將無法實施，因此堅持與法國交涉北堂遷移「乃係中國託一友邦辦理之意」，至於北京條約內有無同意法國保教權之意，「法國以為有此語意，中國以為無此語意，現在均可無庸置辯」。教務因教廷停派使節來華，故「教務向與法國官商辦者，仍照舊章」〔註114〕。就在清廷的讓步之下，法國政府也很快的同意北堂遷移，北堂於是從原來的西華門外蠶池口地方，遷移至較遠離宮禁的西什庫，興建所需的費用則由清方支出，一切有功的人如樊國樑、敦約翰、德璀琳等，皆賞給頂戴、寶星以資鼓勵。光緒十四年，西什庫北堂興建完成，北京主教還邀請清廷王公重臣前往參加開堂禮拜〔註115〕，並在北堂左邊十二柱雙頂黃亭裡塑碑，詳細敘述遷建北堂的經過。〔註116〕

第三節　教案處理地方化

　　清廷將教案地方化處理，最明顯的好處就是可以避免列強借端要挾，提出更多不合理的要求。恭親王便曾明白表示：「傳教各案，牽涉民人，即係地方官份內應辦之事」若事事交由中央來處理，會「令該國使臣藉兵要挾，……倘各國聞而效尤，後患伊于何底？」〔註117〕就清廷的立場而言，當然是以不

〔註113〕光緒十二年八月十九日，〈譯敦約翰來電〉，吳汝綸編：《李文忠公全集》（六），頁3404。

〔註114〕光緒十二年十月二十二日，〈致法國林領事〉，吳汝綸編：《李文忠公全集》（六），頁3408。

〔註115〕光緒十四年十月二十七日，總署收法國主教達里布等函。《教務教案檔》第五輯（一），頁316。

〔註116〕石碑的正面敘述遷建北堂交涉的經過以及事後嘉獎的有功人等，背面則是德璀琳與樊國樑議定的遷移北堂合同，最後還聲明此項合同是經過大清國皇帝、大羅馬大教皇和大法國伯理錫天德、聖味增爵會總統費雅德先後批准施行。碑文參看佟洵主編：《基督教與北京教堂文化》，頁271～274。

〔註117〕《籌辦夷務始末》（六）同治朝，卷七十一，頁1650。

要發生民教衝突事件為最好，但若不幸發生，最理想的解決方式，便是地方官與傳教士達成協議，自行解決，不要擴大致總署與公使間的交涉。因為，當某一教案被外國公使提及時，便意味著教案由一個地方上的衝突事件，轉而擴大成國與國間的外交事件。所以，清廷越將教案交涉局部化對其越有利，教案處理的地方化，遂成為晚清基督教政策的另一特色。

一、加重地方官員處理教案的責任

　　清廷所面對的基督教問題史無前例，中央政府在執行基督教政策時，往往需要地方官員的配合，才有成效。如清帝三番五次的下諭旨，要求地方官平等對待教民與非教民，只問遵不遵守法律，不問信不信教。強調平等對待教民，某一種程度的反映出清廷認為，教案頻傳與對待教民是否公正有莫大的關係；而另一方面也反映出，地方官員並沒有認真的執行政府的政令，才需要朝廷如此三令五申的強調。恭親王總結教案發生的原因，認為地方官不當的處理民教關係，需負很大的責任：

> 各地方官，或堅執成例，而未揆諸時事之宜，則有偏苛教民之失。或顧全大局，而不准曲直之平，則有偏護教民之失。其甚者並非持正，而以刻待教民為易沽令名之具。又其甚者，並非顧全大局，而以徇庇教民為挾制式司之計。其失愈甚，而釀患益深。各省民教生釁之由，總不離乎此。〔註118〕

因此，教案的正本清源之道，便在於各地方官對於外人之傳教一事，是否能操縱得宜，剛柔互濟。對於怠忽職守，惹出偌大風波的地方官，清政府要拿出何種方式來處罰呢？最初在教案發生時，清廷追查地方官的責任並無成例，最常只以「參辦」、「奏參摘頂」或「限期破案」來警告官員。但隨著教案越來越多，列強的壓力越來越大，清政府對於發生教案地區的官員，處分也就越來越嚴厲。光緒二十二年，御史陳其璋向朝廷建議，制訂專門處罰地方官辦理教案不善的治罪專條，朝廷令總理衙門議處，總署乃會同吏兵二部研議後上奏，皇帝批示依議：

> 臣等公同酌議，嗣後如更有教堂被毀之案，除實係有心故縱，釀成巨案，貽誤大局者，由臣部酌量案情隨時奏明，請旨辦理外，其事

〔註118〕同治九年九月二十日，總理各國事務恭親王等奏。中國第一歷史檔案館編：《清末教案》第一冊，頁 943～944。

關倉猝，竭力保護而勢有所弗及者，擬請於該地方官照防範不嚴降
一級留任公罪例議處，其保護未能得力，自屬辦理不善，應查照歷
成案，以不應重公罪降二級留任例定議。其武職處分，兵部查近年
各省教案迭出，地方武職人員，誠不能不明定處分章程。今該御史
奏，係爲先事預防起見。臣等公同商酌，擬請嗣後遇有拆堂殺教之
案，除有心故縱以致釀成巨案者，應由臣部酌量案情，隨時奏明請
旨辦理外，如係事起倉猝，迫不及防，應將地方照防範不嚴降一級
留任公罪例議，以降一級留任。其保護未能得力，自係辦理不善，
應照不應公罪降二級留任例議，以降二級留任，俾示懲戒。均俟命
下之日，由臣部通行各直省、各出使大臣，遵照辦理。〔註119〕

此一治罪專條之所以分「有心」和「無心」二類，在於避免地方官因無力阻
止教案發生，而乾脆放任不管，或一昧屈從傳教士要求，而使民教之間的裂
痕越來越大。在教案發生後所引發的賠償問題，總署也決定交由地方來加以
分攤。光緒十七年，長江沿岸爆發了大規模的打毀教堂事件，安徽蕪湖是此
一連串毀教事件的起點。教案發生的原因是民眾懷疑教堂誘拐幼兒所致，蕪
湖天主教堂、傳教士住所皆被群眾焚毀，連英國領事署也被波及而有損害
〔註120〕。最後教案議結的結果，清廷必須因焚燬教堂而付出十一萬一千兩的
賠償。兩江總督劉坤一向朝廷建議，此一賠銀由蕪湖道、縣分認一半，即銀
五萬五千兩。蕪湖關道每月賠五百兩、蕪湖知縣每月賠一百兩，分七年半賠
完，開啓了地方官分擔賠款的先例〔註121〕。光緒二十二年，總署認爲教案的
賠款僅由道縣分擔不盡公平，乃擴大分擔的範圍至省的層級：

辦理不善，該管官均難辭咎，僅責道縣分賠不足以昭公允而重考成。
應請嗣後如遇教案賠償之款，議結後由該管督撫藩臬及府廳州縣，
分年按成償還歸公，並分咨戶部及臣衙門備案。庶幾眾擎易舉，亦
可互相告誡。〔註122〕

光緒二十二年後，清廷制訂了明確的議罪章程來處罰平時不留意而釀成大

〔註119〕李剛巳編：《教務紀略》，卷三，頁 177～180。

〔註120〕蕪湖教案發生的過程參見王文杰：《中國近世史上的教案》，頁 97。張力、劉
鑑唐：《中國教案史》，頁 432～434。

〔註121〕因蕪湖縣無力負擔此一款項，而減免至五十兩，蕪湖關道則增加至五百五十
兩。但七年半的期限，地方官仍無力如期償還，光緒二十一年，在當時兩江
總督張之洞的建議下再展延五年。《教務教案檔》第五輯（二），頁 923。

〔註122〕李剛巳：《教務紀略》，卷三，頁 180。

禍，處理教案不善的文武官員。但朝廷也非一味的處罰，也細心的為地方官員設想各種的情況，其目的便是希望地方官不再視處理教案為畏途，事事推給總署來處理，以致延誤處理教案時機。除了行政處分外，教案的賠款以往皆由國庫一肩承擔，加重了中央政府的負擔。如今地方必須分賠賠款，不僅可以減輕中央財政的重擔，也可以迫使地方官能夠盡心盡責的辦理教案，希望在地方醞釀打教風潮時便能防範於未然。

二、地方自行設立處理教案的機構

　　基督教傳入中國後，各地紛傳大大小小的民教糾紛，這些衝突事件，位處第一線的地方官員便直接負起協調、交涉的首要任務。若能在地方上便處理完畢，當然也就不用麻煩到位階處於中央層級的總理衙門。在中央政府三令五申的要求地方官確實處理教案的命令之下，各地方官員也設立專責處理教案的機構。如同治三年，四川成棉龍茂道奉上級命令成立「委審局」。成都將軍崇實解釋委審局成立的原因，是因：「天主教自奉文弛禁後，川省各屬辦理民教交涉之件，以事屬創始，無所折衷，往往彼此紛歧，鮮能持平定斷，遂至互相訐訟，案牘繁興。」因此，為了能儘速解決堆積如山的民教糾紛，以及加快行政效率，故「設立總局，專派正佐各員駐局審辦。仍由藩臬兩司集成棉龍茂道會核轉詳，以期案歸速結，而免至延累」〔註123〕。而這個機構負責的業務，僅限於教務交涉方面，比如說駐省鑒牧（主教）收到教民向其呈訴受到地方官員的欺壓等有關教務方面的事物，准許鑒牧將案件轉遞送局辦理，而分散在各地的傳教士姓名也必須按年註冊，送往委審局查存，以杜冒濫。至於一般百姓與教民的民刑事訴訟，就必須按照正常的司法程序，「其有尋常詞訟無關傳教之事，即令具呈，毋庸干預」〔註124〕。並不容許傳教士動輒越過地方直接前往省城控訴地方處理不公，破壞了清廷原有的司法體系和司法威信。〔註125〕

〔註123〕同治五年二月一日，總署收成都將軍崇實函。《教務教案檔》第一輯（一），頁71。

〔註124〕同治四年十月二十日，總署收成都將軍崇實文。《教務教案檔》第一輯（一），頁61。

〔註125〕清廷的地方司法體系是縣、府、司（按察使司，習稱臬司）、院（即督、撫，在清代官場習稱為督院、部院）四級制，中央政府另有三法司（刑部、都察院、大理寺），構成國家整體的司法體系。當然這些機構並不能等同於現代意義下，獨立審判的司法機構。地方上是由各級的行政長官負責司法業務，而

　　光緒八年，時任山西巡撫的張之洞，也成立了類似的機構——「教案局」，也是由道級的官員——冀寧道，主其事。張之洞考量成立教案局的原因，也是因為教民恃教為護符，老是越過州縣衙門，直接向巡撫衙門申訴案件。地方官員若要求傳教士按照正常的程序來辦理，則稱地方官遇事推諉，逕行向各國駐京公使要求主持公道，再施壓於總理衙門，處理地方官的推諉。所以張之洞要成立教案局，「遇有教案，令教堂函至該局，衡量事理，依據條約分別准駁。其來臣處徑瀆者，斥之不答。」要求傳教士依照正常的程序來申訴案件，不可一下躍升至省的層級。要做到這點，關鍵點即是要保證各州縣地方官能確實秉公處理民教糾紛，故「飭令各州縣遇案必秉公剖斷，其逞刁之教民，飭其驅逐出教；生事之教士，責令主教撤換；教堂之安分講理者，亦即施以嘉獎。」而對於不守此項流程的傳教士，直接進京找該國公使控訴者，張之洞認為這些都是教民意圖矇騙主教、公使，依恃公使為其後盾，故能在其間翻雲覆雨，釀出滿城風雨。

> 察看晉民最稱良懦，斷不存與教堂為難之心。詳核新舊各案，皆係教曲民直，又皆地方事體，無關傳教之事。大率各州縣教民來省矇聳主教，省城主教又到京矇聳該國公使。但使該公使不受矇聳，則教堂無所依恃，不能干預扛訟，自然相安無事，庶免幾成眾怒，轉難收拾。仰懇敕下總理衙門，遇有晉省教案捏詞矇聳該國公使，向總署攪擾者，一切據理駁斥。切囑該公使不可偏聽受欺。臣於外間斟酌操縱，斷不容其成此氣焰，亦不致茲生事端。〔註126〕

要求總署將這些不守正常程序的傳教士予以駁斥。

　　除了四川、山西省之外，也有一些省份成立所謂的「洋務局」處理涉外

中央的三法司也沒有獨立審判權，一切的判決皆須奏准皇帝才能發生法律效力。州縣是司法審判的第一級，《大清律例》裡規定：「軍民人等遇有冤屈之事，應先赴州縣衙門具控。如審判不公，再赴該管上司呈明，若再屈抑，方准來京呈訴。」不准越級控訴，「凡軍民詞訟皆須自下而上陳告。若越本管官司，輒赴上司稱訴者，笞五十。若迎車駕及擊登聞鼓，申訴而不實者杖一百，不實事者從重論，得實者免罪」，若地方官胡亂受理越級控訴的案件則會受到行政處分「詞訴未經該管衙門控告，輒越控院司道府，如院司道府濫行准理，照例議處」。鄭秦：《清代司法審判制度研究》（長沙：湖南教育出版社，1988年），頁24～41；吳吉遠：《清代地方政府的司法職能研究》（北京：中國社會科學出版社，1998年），頁54～55。

〔註126〕以上引文見光緒八年十二月二十四日，總署收軍機處交出山西巡撫張之洞抄摺。《教務教案檔》第四輯（一），頁327。

的事物，雖然其成立的目的並不是專門處理民教間的交涉，但與教堂間的交涉折衝，仍是其業務的一部份。這是因爲自鴉片戰爭後，隨著不平等條約的簽訂，帝國主義勢力步步滲入中國，各地通商、傳教、租借、實業、以及其他交涉事項與日遽增，各省紛紛成立機構以應付這一新局面，雖然成立的名目不同，但所負責的業務皆是大同小異。〔註127〕

　　不管是委審局、教案局、洋務局等，這種「局」嚴格講起來並不是體制內的機構，其性質皆是督撫的幕僚單位，完全是由地方督撫視情形的需要來加以增設。中央並不知情地方設立此一專責機構。如四川的委審局，一開始總理衙門並不知道四川有這樣的組織，面對法國公使的詢問，茫然不知所謂，還要發函給成都將軍崇實要求解釋「委審局」的由來〔註128〕。然這種臨時性的機構，眞的對清末千頭萬緒的民教衝突有所助益嗎？那倒也不盡然，因其不正規，所造成的權責不符的情況也日益凸顯。地方州縣在正式體制之下，乃實際牧民之官，地方上的教堂當然要由地方父母官負責保護審理，省所成立的各種局所，其負責的官員皆是由道級的官員負責，對知縣而言，這就是他們的長官，只能束手聽從指揮，有功歸各項局所，有過則由地方知縣來背。清末便有一位御史提到這種狀況，「一毀教堂，及謂爲保護不力，而償款抵命，州縣且革職矣。交涉、洋務各局則無所責也。」〔註129〕因此，爲解決此種權責不相符的情形，清末在議定改革地方官制時，便決定將這種牽涉對外交涉的地方洋務機構，統一成立交涉使司，成爲外務部的派駐在外省的分支機構，目的除了中央集權外，還可以使中央確實掌握情勢的發展。〔註130〕

三、地方官員自行商訂傳教章程

　　基督教自咸豐十年完全解禁以來，在傳播中國的過程中，因百姓對教會的猜忌及部分傳教士、教民的不當行爲滋生了許多的流弊，轉而釀成大大小小的教案。清廷爲徹底解決這些引起教案的原因，希冀將傳教活動納入正

〔註127〕劉子揚：《清代的地方官制考》（北京：紫禁城出版社，1994年8月第二版），頁142。

〔註128〕《教案教務檔》第一輯（一），頁67、68、71、75。

〔註129〕光緒三十二年十二月十二日，御史史履晉奏請外省撤局所裁幕友摺。佚名編：《清末籌備立憲檔案史料》上冊，收入沈雲龍主編：《近代中國史料叢刊續編》第八十一輯，頁489。

〔註130〕王立誠：《中國近代外交制度史》，頁184～186；劉子揚：《清代地方官制考》，頁142～144。

軌。乃於同治十年，將基督教在傳播中國的過程中，引起百姓不滿的舉措，列舉八條傳教章程，希望各國政府能夠同意實施。不料事與願違，同治十年的傳教章程，被西方列強所拒絕。但這些問題依然存在，既然中央政府不能與各國使臣達成共識，制訂全國遵守的章程，各省督撫遂自行與各地主教、領事，商議雙方都能接受的協議，以解決當下的問題。總署對地方督撫自行商議協議的情形也知之甚詳，對這種情形不僅未阻止，反而暗中與以支持、嘉獎。

以督撫與各地領事、主教制訂育嬰堂章程為例。教堂開辦的育嬰堂雖說是教會所舉辦的慈善事業，但因送入育嬰堂的幼兒未受到良好的照顧，死亡率偏高。且幼兒死亡後，傳教士並未對遺體做良好的處置，往往是隨地掩埋〔註131〕。遂引起百姓對育嬰堂種種荒誕不經的猜忌，清末所發生的教案，有一大半便是百姓懷疑育嬰堂誘拐幼兒、挖眼剖心所致。因此為徹底解決此一問題，在同治十年總署所提交給各國的傳教章程中，便曾向各國建議禁止開辦育嬰堂以釋群眾之疑，但皆受到各國的反對無疾而終〔註132〕。但各地因育嬰堂的問題而發生的打教風潮仍方興未艾，實際的問題仍然存在。故各地督撫，為徹底解決此一問題，乃有自行與傳教士或領事制訂育嬰堂協議的舉措。一方面可以將教會開辦的慈善事業置於官府管理之下，另一方面也是為了要釋地方百姓之疑，各種有關於傳教士駭人聽聞的傳言，自然可以不攻而破。

首先與領事制訂育嬰堂章程的是兩廣總督張之洞。光緒十五年，廣東番禺縣有民眾發現一民人陳亞發挑嬰屍七具，據陳亞發所供是傳教士育嬰堂收

〔註131〕育嬰堂幼兒死亡率過高的原因，是在於傳教士，尤其是天主教的傳教士，運用獎金的方式，鼓勵養不起孩子的窮人將孩子送入堂內，即使是已病入剛膏肓，瀕臨死亡的幼兒也來者不拒。而傳教士便趕在孩子死亡之前為其受洗，以增加教徒的人數。所以，在育嬰堂內死亡的嬰兒人數相當多，據替揚州法國育嬰堂掩埋屍體的民人供詞，光是同治七年五月底至六月，就埋了十二具嬰屍。在加上掩埋時往往為避免引人注意，草草了事，屍體容易外露，或者被野狗拖出，自然容易引起人們的疑忌。

《教務教案檔》第二輯（二），頁 586；馬士：《中華帝國對外關係史》第二卷（上海：上海書店出版社，2000 年 9 月），頁 265。

〔註132〕同治十年的「傳教章程」第一款：「教中設立育嬰堂向未報官立案，而收養幼孩，其中事難共白。因此釀疑起釁者有之，何不將外國育嬰堂概行裁撤，以免物議。」參見劉錦藻：《清朝續文獻通考》，卷三五○，外交考十四‧傳教，〈總理衙門致各國公使書〉，頁 10936。

養，病死拖往掩埋。一時之間，民情浮動，謠言四起，皆稱洋人殘害嬰孩，
證據確鑿，各地遍出匿名揭帖，欲焚毀教堂，盡殺洋人。而各國領事則請求
地方保護，並調動兵船以備不時之需。雙方劍拔弩張，一觸即發。幸地方官
彈壓得宜，遂不致發生流血衝突。事件結束後，當時的兩廣總督張之洞爲徹
底解決育嬰堂問題，遂與法國領事于雅樂（C. Imbault-Huart）商議育嬰堂章
程，雙方議定：

> 令教士將所設育嬰堂每日收養及病故嬰孩各若干名，按月列單具
> 報。每月由臣派員到嬰堂查看一次，如育養未得其法，或乳媼照顧
> 不力，隨時商令更改。如有病故，立即填寫報單，報油管禮遇嬰堂
> 委員親往驗明，加蓋驗戳，給還該嬰堂存據，然後用棺木殮埋，不
> 得仍前用物包裹。〔註133〕

光緒十七年，長江沿岸各省發生大規模的民教衝突事件，在漢口的義國教堂
也受到百姓的驚擾，爲徹底以釋群疑，受託交涉的英國領事乃與江漢關道商
議章程，每月由地方官帶同公正士紳二人，赴堂察看，以表明教堂並非藏污
納垢之處。在荊州的法國教堂，傳教士一樣商請地方官前往察看，並且與法
國領事議定今後法國教堂所開辦的育嬰堂，必須將每月收養幾名、病故幾
名，詳細開單函送或面送地方官查閱，並且同意先由漢口、沙士、宜昌三處
先行試辦，若成效良好再推廣至全省〔註134〕。此外，江蘇省的一位候補道趙
濟川在揚州與主教康治泰，也爲了教堂收養幼兒的問題，議定了類似的章程
〔註135〕。駐天津美國領事更向李鴻章建議，未滿十二歲的幼童不准送入傳教
士所開辦的育嬰堂，清廷爲此還嘉獎了美領事，並將其建議登載上海洋文報
紙上，希望能獲得各國的認同〔註136〕。可知，清末各地官員爲了解決教案的
紛擾，紛紛與各地領事或傳教士制訂雙方都能接受的協議。

　　但各地官員的舉措，也引起了法方的不滿，因若放任領事或傳教士與地
方督撫簽訂協議，無異是架空公使的權限，也逾越了領事的職權。在光緒十

〔註133〕光緒十五年八月六日，兩廣總督張之洞奏陳粵省與法領事商訂稽查教士設育
　　　　嬰堂辦法摺。中國第一歷史檔案館編：《清末教案》第二冊，頁473～474。
〔註134〕光緒十七年十一月二十三日，總署給法國公使李梅照會。《教務教案檔》第五
　　　　輯（一），頁129。
〔註135〕吳汝倫編：《李文忠公全集》（六），譯署函稿，卷二十，頁3370。
〔註136〕光緒十七年五月二十二日，總署收北洋大臣李鴻章文。《教務教案檔》第五
　　　　輯（一），頁73；吳汝倫編：《李文忠公全集》（六），譯署函稿，卷二十，頁
　　　　3360。

七年長江教案後，總署曾下令各地方官清查其轄區內的教堂數量、樣式以及屬於何國所辦時，便有地方官向領事主教商議管理教堂的章程，要求教堂方面必須按時呈遞教堂的數量、地點以便保護。此舉便引起了法國公使的不滿，而向總署發出照會：

> 相應照會貴王大臣通行各省，飭令地方官員勿再向領事官、主教議及前項各事欲圖立定章程。緣此項章程，領事主教等並無權商議，務須將來我國家倘查此章程究屬有益，則准本國駐華大臣與貴衙門啟商互訂。〔註137〕

表明外交交涉屬於公使的範圍，各地主教領事並無權參與，只有總理衙門有權與公使商議各式各樣的傳教章程。因此，光緒十五年張之洞與法國領事所議定的育嬰堂章程，也以同樣的理由，在同一份照會中被法方所宣布廢除。雖然法國公使一再強調外交交涉是公使的職權，公使只能稟外部的命令行事，但清廷還是鼓勵地方官直接與傳教士訂立協議，以遏止教案的發生。如光緒十八年，出使大臣薛福成為了制訂育嬰堂章程的事，特別前往法國外交部與之交涉，經過再三的爭論，法國外部終於同意駐華公使可就這一部份與清廷展開交涉，但法使仍以緩辦為詞，一推再推。故總署特別發函給兩江總督劉坤一：

> 自不若由尊處飭令地方官與主教商議，或能早日就緒。茲將薛大臣來函並育嬰擬章一併抄錄寄閱，即希貴督飭令各該處地方官按照薛擬育嬰章程，妥速籌辦。如蘇皖兩省照此辦理，各國教士必知中國如此辦法時與教堂有益，各省教堂即可次第舉行。〔註138〕

仍然希望地方官先行與傳教士商議可行的章程。

小　結

英法聯軍之役，清廷首都首次淪入外人之手，對清廷而言這是一次前所未有的奇恥大辱。隨之簽訂的《天津》、《北京》條約，也為日後的局勢帶來重大的轉變。在基督教方面，北京條約後基督教在中國的處境獲得大幅度的

〔註137〕光緒十七年七月二日，總署收署法國公使林椿照會。《教務教案檔》第五輯（一），頁84。

〔註138〕光緒十八年十二月十八日，總署行兩江總督劉坤一文。《教務教案檔》第五輯（一），頁148～149。

改善，宗教自由的精神被寫進條約之中，而傳教士也獲得完全的行動自由，只需憑著執照，便可自由進入內地傳教。但教案的發生率並未隨著基督教待遇的改善而減少，反而逐年提升。揆諸原因，可能是在北京條約後，基督教並未與帝國主義分離，反而漸漸與之融爲一體。中國人並未在傳教士身上看到耶穌博愛、寬慈的精神，反而從其身上看到國家受盡欺凌的恥辱。對基督教的反感依附在十九世紀以來的排外動機上，遂引起一連串的教案。

法國則因在天津條約中取得發照的權力，北京條約又規定將教產交還給「法國駐紮京師之欽差大臣」，遂認定在華擁有保教權。並以行使保教權，作爲擴大法國在華勢力的手段，以便能與擁有龐大在華商業利益的英國相互抗衡。所以，一有教案法使遂承擔起交涉談判的責任，並且在談判的過程中，攫取利權。從短期來看，法國介入教案的交涉或許有助於滿足在華傳教士的要求，但從長期來看，它卻留下了深刻的帝國主義痕跡，妨礙中國百姓接受基督教。清廷也在英法聯軍後，痛定思痛，決定改革傳統外交機構，籌設總理各國事務衙門，以作爲洋務處理的中樞。

在北京條約後，因局勢產生了重大的轉變，清廷對基督教的政策也不得不隨之調整。處理教案交涉的最高原則，是因循條約的規定，所謂「外敦信睦而隱示羈縻」，顯示出清廷在無力改變現狀下，只好無奈的接受現實，確實遵守條約的規定，待國力漸強後再徐圖之。因此必須「審時度勢」的辦理教案，切不能逞一時之忿，而惹來無窮的後患。且清廷也試圖與各國制訂傳教規章，將基督教傳播中國的過程中，引起國人反感、猜疑的舉措，在規章中予以禁止，並且試圖將在華傳教士納入政府的管理，使之如同僧侶、道士般，有一套管理的機制。而面對分散在全國各地的教堂，總署也下令各省督撫必須清查所在位置，以及分屬何國，要求各地官員必須確實保護教堂，以免在發生焚燬教堂的事件，而引發國際糾紛。

面對法國動輒以保教權爲藉口，強勢介入民教糾紛的交涉，清廷此時也有意識的進行削弱法國保教權的動作。法國保教權的獲得是因教廷並無使節駐紮中國，故不得不將在華教務託付給法國，以代爲處理。故爲徹底解決此一問題，總署決定派人前往羅馬，交涉通使事宜。一開始本十分順利，可惜在法國動用強大的壓力之下，功虧一簣。教廷宣布無限期延後派使來華的計畫，一直要到光緒二十八年（1906）法國宣佈放棄在華保教權，中羅通使的事情才又顯露曙光。而法國因行使保教權而獲得龐大的利益，也使其他列強

豔羨，紛紛要求自行保護本國的傳教士。清廷一開始基於「以夷制夷」的思想，對於其他國家的主張，抱以樂觀其成的態度。不料卻造成前迎狼後拒虎的局面。光緒十五年德國取得山東省的保教權，雖割裂了法國壟斷保教權的態勢，但德國卻比法國更加積極的動用武力，來支持德國籍的傳教士。甚至以巨野教案爲藉口，強行租借膠洲灣，引發其他列強的效尤，形成「瓜分風潮」，清廷國勢更行艱難。

清廷基督教政策的另一特點是將教案地方化處理。教案發生的原因，有一大半要歸咎於是地方官不善處理民教關係，故清廷以明訂治罪專條以及要求地方分攤教案賠款的方式，逼迫地方官負起教案處理的責任，防患於未然。而各省也成立專責處理教案的機構，這些機構就其性質而言並不屬於編制內的機關，而是屬於臨時性的任務編組。原本的構想是希望能縮短行政流程，儘速解決堆積如山的民教糾紛，而使外人不致認爲是中國在藉故拖延，不加以處理教案。但時日漸久，這些各式各樣的「局」卻變成清末安置冗員的最佳處所，不但不能達成預期的目標，反而造成多頭馬車、權責不清的後果。

清廷也放任地方官與當地傳教士與領事，訂立雙方都能接受的協議，以處理日益棘手的教務問題，所謂：「沿海沿海通商省分交涉日繁，內地各省亦有教堂、教民及鐵路、礦務事件，往往事機緊要，刻不容緩，總理衙門王大臣實有不能遙制之處」所以各省督撫將軍均兼總理各國事務大臣銜，「以便遇事及早處理」〔註139〕。在總署試圖透過中央政府政定傳教規章的努力失敗後，各地督撫自行商議章程確實能解決部分的教務問題。但放任督撫自行商議外交協定的結果，卻是造成中央控制力日益削弱，地方日益不聽中央的號令，遂演變成在義和團事件中清廷下詔對各國宣戰，東南各省督撫卻聯合抵制的不堪局面。

總之，清廷在1860年後，確實是花費了相當大的氣力，來防制教案的發生，不過效果總是不甚顯著。教案仍是不斷的發生，且是規模越大，越發血腥暴力，終至演變成全國瘋狂反教的義和團事件，意圖用最原始、暴力的手段將一切與外人有關的事務，逐出中國，以救國家於危亡之中。民間、知識份子以及教會，都在這場不幸的悲劇之中汲取教訓，努力化解雙方的歧見，教案乃漸趨於減緩。

〔註139〕張壽鏞等纂：《皇朝掌故彙編》，外編卷一，外務部（台北：文海出版社），頁26～27。

第三章 庚子義和團後的改變

　　咸豐十年以後，傳教士大舉進入內地傳教，民教間的接觸日趨於頻繁，但卻沒有因爲彼此認識日深，而化解歧見，反而衝突不斷，終至光緒二十六年形成一次超大規模的教案。反基督教當然不是導致光緒二十六年這場大動亂的全部原因，但無疑的道咸以來民教關係長期的緊張，卻是孕育這場動亂的導火線。這場動亂，對於教會和中國知識分子都是印象深刻，因此亂平之後，兩者都深切思考著如何防止類似不幸事件再度發生，教會避免惹起民眾反感的傳教措施，知識份子則宣傳武力攻教之不可行。一方面教會與民間的努力獲致成效，一方面是庚子以後清廷內部的保守勢力被摧毀殆盡，二十世紀的最初二十年，傳教事業呈現迅猛的發展，成爲教會的「黃金期」。

第一節　義和團的騷亂

　　光緒二十六年（1900）爆發了震驚中外的義和團事變，此次事變發生的主要原因是自中日甲午戰爭以來，民族危機益形加劇的結果。甲午戰爭以後，列強加緊在中國侵略的步伐，以「租借」爲名，在中國奪取海軍基地，強行劃分勢力範圍，掀起了瓜分中國的風潮。首先，俄國以干涉還遼有功，處處以清廷的恩人自居，利用沙皇尼古拉二世加冕的機會，誘拐李鴻章簽訂《中俄密約》。這是中國第一個簽訂的同盟條約，但卻只有同盟之名而無同盟之實，俄國據此獲得可自由使用中國沿海港灣之權，並允許俄國越過黑龍江、吉林興建鐵路以達海參崴〔註1〕。光緒二十三年（1897），德國又藉口山

〔註1〕王鐵崖編：《中外舊約匯編》第一冊，頁650～651。

東兩名德籍傳教士被殺，強行租借膠洲灣，進一步取得在山東省境內開採礦山、修築鐵路以及其他的特權。德國的行動引發了連鎖反應，各國皆恐在掠奪中國利權方面落後了腳步，無不急起直追。於是，俄國強租旅順、大連，英國強行擴展九龍界址並租借威海衛，法國則強租廣州灣。短短兩年的時間，中國沿海險要之地皆淪入外人之手。除此之外，各國還競相劃分勢力範圍，俄國在東北、華北，英國在長江流域，法國在兩廣，日本在福建，德國在山東；亡國滅種的危機似乎一觸即發。就在如此險峻的局勢下，義和團事變發生。

一、民教關係的緊張

光緒二十年甲午戰爭後，隨著清廷國勢日蹙，民教之間的關係也越趨緊張，接連發生幾起範圍廣大，影響深遠的教案。光緒二十一年五月（1895）四川的成都教案即為一例。事件的起因源於當年端午節，成都百姓在城內東校場「拋李作戲」男女圍觀，附近英國福音堂傳教士也前往觀看。在人潮擁擠時傳教士與幼童發生口角，隨即將孩童拉入堂內，百姓追至教堂要求歸還，傳教士卻放洋槍恐嚇，因而引起百姓的不滿，遂發生打毀教堂的事件〔註2〕。這一事件並波即到鄰近數十個縣份，先後也都發生了打教風潮，焚燬了天主堂四十處，耶穌堂三十處〔註3〕。事件發生後，英美派遣兵艦前往宜昌，並要求懲處川督。就在英美兩國的壓力下，清廷下召：「該督劉秉章督率無方，厥咎甚重……著即革職，永不敘用，以示懲儆。」〔註4〕創下了清廷迫於西人壓力，而將封疆大吏革職永不敘用的先例。

同年六月，福建又發生古田教案。福建古田的齋教教徒襲擊了在該地華山上避暑的外國傳教士及家屬，共殺死了十一人，傷五人〔註5〕。事件發生後，英美公使隨即向清廷提出強硬抗議，並派十餘艘軍艦在福建沿海示威，逼迫

〔註2〕 會因傳教士與小孩發生口角，進而發生偌大的風波，遠因是近年成都地方屢有遺失幼兒的案件，百姓早就懷疑是被傳教士誘拐殘害，此次又親眼看見傳教士拉扯幼兒，遂更加證實傳言的可靠性，遂引起一連串的教案。此次事件的原委參看《教務教案檔》第五輯（三），頁1666～1668。

〔註3〕 王文杰：中國近世史上的教案》，頁70。

〔註4〕 光緒二十一年八月十一日，總署收內閣奉上諭。《教務教案檔》第五輯（三），頁1735。

〔註5〕 光緒二十一年八月二日，總署收軍機處交出慶裕等抄摺。《教務教案檔》第五輯（三），頁2013。

清廷儘速處理。隨後肇事的齋教徒，就在清廷強力圍捕下先後被緝獲。英美兩國又要求清廷同意由兩國駐福州領事、傳教士及海軍軍官所組成的「古田教案調查委員會」，與清廷官員一起審訊罪犯〔註6〕。這次的教案是繼天津教案以來，傳教士死傷人數最慘烈的一次〔註7〕，而百姓攻教的手段也越趨暴力血腥，連婦孺也不放過。〔註8〕

　　光緒二十二年（1896），山東和江蘇交界處也發生了由大刀會領導的反教運動。此次反教事件起因甚是微小，旗丁龐三傑與教民劉蘯臣為了一塊地的所有權發生了爭執。劉氏求助於傳教士，龐氏不甘示弱找上了在蘇魯邊界頗具勢力的大刀會。在龐三傑的煽動之下，大刀會於蘇魯省界沿線的幾個縣份，對基督教進行攻擊。這件教案的本身無足輕重，值得注意的是「大刀會」這個團體。在清廷官方檔案裡，對大刀會的源流作了這樣的解釋：「查大刀會即鐵布杉法，乾隆嘉慶時稱金鐘罩，目為邪教，嚴行禁絕。現又起於光緒二十年，其始不過十餘人，來自河南歸德府至山東曹屬傳教……誦經三夜即能禦刀，謂誦久即火器亦不能傷。」〔註9〕中日甲午戰爭期間，由於山東沿海一帶頓成戰場，百姓恐身家財產受到損害，聽聞大刀會有避刀槍之術，乃紛紛加入遂使之重新活躍。一開始其聲勢甚為浩大，足以和民團、官軍相互開仗，但在官府誘殺首領劉士端和曹德禮後，山東大刀會便漸平息〔註10〕；而江蘇省的大刀會，在官府追捕的壓力下，龐氏家族集體加入天主教，也終告平息。但在隔年，山東鉅野縣的大刀會餘眾，卻又殺斃了德國聖言會（Society of the Divine Word）的兩名傳教士，德國以此為藉口，直接佔據了膠洲灣。以此，引發了瓜分風潮，改變了中國近代史的面貌。

〔註6〕　謝必震：〈古田教案起因新探〉，《近代史研究》，1998年第一期，頁162。
〔註7〕　天津教案外人遇難者多達二十人之多，除傳教士、修女外，尚有外國駐華職官及商人，分屬法、俄、比、義及愛爾蘭等國籍。參見王文杰：《中國近世史上的教案》，頁80。
〔註8〕　古田教案發生當天之驚心動魄，可從同文館學生翻譯「字林西報」當事者的親身說明得知一二。參見《教務教案檔》第五輯（三），女教士客靈頓氏親供、加西靈士得臥氏親供，頁2008～2012。而死難者絕大部分是婦女，其中還包括十三個月大的嬰孩和六歲的小孩，參見張秋雯：〈古田菜會的反教事件〉，《中央研究院近史所集刊》第十六期，頁111～128。
〔註9〕　光緒二十二年六月十八日，總署收南洋大臣劉坤一文，附諮訪大刀會源委情形清摺。《教務教案檔》第六輯（一），頁150。
〔註10〕　光緒二十二年十一月十九日，總署收山東巡撫李秉衡文；光緒二十四年五月二日，總署收山東巡撫張汝梅文。《教務教案檔》第六輯（一），頁170、240。

　　光緒二十四年（1898）四川大足縣余棟臣又領導了第二次反教運動。余棟臣又名余蠻子，參與反教的歷史相當久遠；光緒十七年（1891）他即領導了第一次的反教運動，盤據龍水鎮月餘，後隨著官軍的強力鎮壓，只好退居大足縣的山中隱匿。光緒二十四年余棟臣被捕，消息傳出後昔日反教部屬蔣贊臣、張桂山號召群眾往縣城劫獄救出余棟臣。同年八月七日，發佈檄文號召反教，宣稱將由桐樑、合州、而江北、重慶，懲處教民、盡毀教堂，導致附近州縣教民惶惶不知終日。此次反教聲勢頗為浩大，四川省各縣及其他省分的反教團體，也假余棟臣名號群起打教。總共有三十七州縣及一土司，陷入反教熱潮。這次運動的特別之處，是余棟臣首先提出了「順清滅洋」、「專打洋教奉教人，不打中國人」的口號，為日後義和團運動期間「扶清滅洋」留下了張本。

　　而就在國步維艱的同時，很不幸的在光緒二十一～二十五年之間，又連續發生了多起的水旱災。尤其是光緒二十五年黃河沿岸六個省分發生嚴重的旱災，導致農民因無水而無法耕作，生計頓生困難。飢民遂附從義和拳仇教，趁機焚燬教堂，搶劫教民財物。並將這一連串的天災，歸咎於洋人在中國傳教、造鐵路、設電線，觸怒天神所致，拳民告示說：

> 患禍之來，時自洋鬼。伊等到處傳教，設置電線，修築鐵道，不信神聖之教，而污瀆神明。天神之意，以為電線宜割斷，鐵路宜拆毀，洋鬼宜斬首。當彼之時，洋鬼之厄運臨頭，降霖之期尚遠，一切皆對待洋鬼也。我（玉皇大帝）此時命令爾等正直之團民，爾等宜萬眾一心，殲滅洋鬼，以平天怒。此將為爾等有利之舉。功成之日，需風需雨，均聽爾便。〔註11〕

殺盡洋人以平天怒，自然會風調雨順。因此，在直魯省境望雨若渴的農民，幾乎都變成了拳民，加速了義和團的發展。

二、義和團的興起

　　就是在這種民教關係極端緊張的時刻，華北大平原興起了義和團運動。關於義和團的性質，各家說法不一。一說認為義和團是衍生於八卦教之一的離卦教，而八卦教出自於白蓮教，因此，義和團乃出自白蓮教之支流。最早持此說者乃清末吳橋縣令勞乃宣，後世也有許多學者附從勞氏的說法。另外，

〔註11〕戴玄之：《義和團研究》（台北：文海出版社，民國56年再版），頁57。

有些學者認為勞乃宣之論過於牽強，動機只在宣傳義和團為邪教，阻止百姓加入義和團，純為鎮壓義和團而做的官樣文章。故而以主張義和團實是由清末鄉團組織演變而來，目的在「保衛身家，防禦盜匪」，因受山東冠縣梨園屯教案的影響，在光緒十三年以後轉變為「仇教團體」，專以仇教為事〔註12〕。而也有一些學者並不認為義和拳是起自鄉團說，在分析了清廷官方的檔案史料後，得出「鄉團與義和團仍是性質迥異不同的兩種組織」〔註13〕，認為義和團乃起於民間習拳練武的組織，「他們吸取了地方文化中不同來源的多種因素，例如：降神、治病、拳樹、朝一定方向磕頭、燒香、念咒、喝符等等」〔註14〕，以此形成後來的義和團。

　　然義和團到底是興起於何時何地呢？根據當時在北京美以美會匯文書院擔任教習的鹿完天的說法，「己亥冬（按：光緒二十五年），義和拳倡於山東濟南、泰安兩府，勢以『扶清滅洋仇教』為名」〔註15〕。點出了義和團興起於山東省濟南、泰安兩府。但對照清朝官吏的紀錄，「上年（光緒二十四年）冠縣等處義和拳黨類，與天主教民為仇」〔註16〕、「義和拳匪始發難於山東沂州之十八團」〔註17〕。關於義和拳的發源地出現了三種說法：濟南、泰安兩府，冠縣所屬的東昌府，沂州十八團。然查閱清廷官方檔案，「義和拳」這個名稱始見於官方文書，是在光緒二十四年（1898）山東巡撫張汝梅的奏折：

> 據東昌府知府洪用舟稟稱，……梅花拳本名義和拳……本年（按：光緒二十四年）正月間，謠言來有洋兵，梅拳遂又麇聚，……當經卑府傳到匪首趙三多，剴切開導，曉以利害，即將梅拳解散。並另毋在傳單聚會，自罹法網。自是以後，各路拳民間或聚會亮拳，遂諱言梅拳，仍舊立義和名目。〔註18〕

〔註12〕參見戴玄之：《義和團研究》，頁1～17。

〔註13〕林華國：《義和團史事考》（北京：北京大學出版社，1995年7月第二次印刷），頁5。

〔註14〕周錫瑞著、張俊義等譯：《義和團運動的起源》（南京：江蘇人民出版社，1998年4月），頁261。

〔註15〕鹿天完：〈庚子北京事變記略〉，收入楊家駱主編：《義和團文獻彙編》（二）（台北：鼎文書局，民國62年），頁397。

〔註16〕勞乃宣：〈義和拳教門源流考〉，收入楊家駱主編：《義和團文獻彙編》（四），頁438。

〔註17〕支碧湖：〈續義和拳源流考〉，收入楊家駱主編：《義和團文獻彙編》（四），頁443。

〔註18〕光緒二十四年四月十九日，總署收山東巡撫張汝梅文，附東昌府上巡撫稟。

這裡的趙三多（又名趙洛珠）正是直魯省界上，威縣梅花拳的首領。冠縣梨園屯教案由來已久，教會與村民爭執的焦點，在村內玉皇廟和義學地址的所有權。從同治八年（1869）起，雙方即爭執不休，二十幾年以來仍無定論〔註19〕。光緒十八年（1892），官府和教會終於達成了協議，廟址讓與外人建立教堂。消息傳出之後，遂有村民閻書勤等十八人領銜舉事號「十八魁」，決定以武力護廟〔註20〕。如此一來，雙方更是爭執不休，「十八魁」有感於自身勢單力孤，遂找上了在威縣沙柳寨有大批門徒的梅花拳首領趙三多。趙三多收「十八魁」為徒弟，並在光緒二十三（1897）年參與了梨園屯的反教運動〔註21〕。趙三多於光緒二十四年（1898），將梅花拳改稱為「義和拳」〔註22〕，義和拳遂粉墨登場於歷史舞台。因此，義和拳首起於冠縣殆無疑義，至於「沂州十八團」，應該是冠縣「十八魁」的筆誤。

但冠縣義和拳只是當地的拳會組織，東昌知府曾解釋義和拳的活動：

> 直東交界各州縣地處邊疆，民強好武，平居多習為拳技，各保身家守望相助。……歷年春二、三月民間立有買賣會場，習拳之輩亦每趁會期傳單聚會比較技勇，名曰亮拳，鄉間遂目為梅拳會。〔註23〕

梅花拳也就是後來的義和拳，一開始只是春天在廟會上的拳術表演，習者自

《教務教案檔》第六輯（一），頁236～239。

〔註19〕 早在咸豐年間該村士紳便曾捐款購買義學坡地，並在義學後建有玉皇廟，佔地三十八畝。咸豐末毀於兵燹，因無力重建，只好在同治八年將義學及廟址公地，平均分配給村中民教。但當教民分得土地後，卻轉賣給傳教士，意圖建立教堂，此舉便引起村民的不滿，雙方多次到官府打官司，輾轉拖延了二十多年，埋下了雙方仇恨的種子。以上參見張力、劉鑑唐：《中國教案史》，頁426～427。

〔註20〕 這十八人的姓名見光緒二十四年五月二十七日，總署收法國公使畢盛照會。《教案教務檔》第六輯（一），頁244～245。

〔註21〕 事件發生的時間是光緒二十三年春天，當教民重新開始為修建梨園屯教堂籌集木料時，趙三多在當地舉行了一次大比武，以顯現村民的力量。不過結果卻非趙三多所能預料，幾天後一場大規模的衝突爆發，有二千多名手持武器的村民攻擊教堂，殺死了兩名教民，並焚燬教堂、洗劫教民身家財產，導致二百多名教民逃離此地區。參見《教案教務檔》第六輯（一），頁194。

〔註22〕 趙三多改名義和拳的原因，是光緒二十三年的教案發生後，梅花拳成為官府嚴屬取締的團體，東昌知府洪用舟親自訪談趙三多，希望趙能自動解散拳會。趙三多迫於無奈，只好改名「義和拳」。參見《教務教案檔》第六輯（一），頁236。

〔註23〕 光緒二十四年四月二十九日，總署收山東巡撫張汝梅文。《教務教案檔》第六輯（一），頁236。

稱爲「亮拳」，其實並無日後「義和拳」所謂的「降神附體，刀槍不入」的儀式。這一套儀式應該是興起於魯西北芒平縣、平原縣的另一團體「神拳」，這個團體借用了冠縣「義和拳」的名號，也將自己稱呼爲「義和拳」。光緒二十五年（1899）神拳便在其首領朱紅燈、心誠和尚的率領之下在魯西北掀起了一連串的打教風潮，並在平原縣與前往鎮壓的清軍展開了幾場激烈的戰鬥〔註24〕；光緒二十五年，再將義和拳改稱爲「義和團」。〔註25〕

　　由是可知，義和拳這個名號是始於冠縣梅花拳的舊稱，因聲名遠播被山東省各個仇教團體所沿用，魯西北的神拳也沿用了這個稱號。早在十八世紀以來，即有團體宣稱，藉由功夫的鍛鍊，能達到抵擋刀槍的功效，稱之爲「金鐘罩」〔註26〕，爾後再由大刀會加以推廣，甚至誇耀可抵擋火槍。神拳再利用流行於中國民間神靈附體治病的說法，結合兩者遂變成義和團的「神靈附體、刀槍不入」〔註27〕。正是這種結合民間各種成分的特性，故外人在談到義和團這個名稱時，就顯得十分的混亂：

> 該組織有五種名稱：梅花拳、義和拳、紅燈照、金鐘罩以及通稱的
> 大刀會……它起源於屢次拆毀梨園屯教堂的冠縣十八魁。近年發展
> 迅速，幾乎席捲山東全境，其目標是滅洋人，除洋教。〔註28〕

無論如何在光緒二十五年時，義和拳已然改名爲「義和團」，並打著「扶清滅

〔註24〕魯西北的義和拳在朱紅燈和心誠和尚的率領之下，光緒二十五年九月十日（1899年10月14日）在恩縣和平原縣交界的杠子李莊和平原縣令蔣楷所率領的官軍展開激戰，九月十四日（10月18日）在森羅殿又和袁世敦部發生戰鬥。

〔註25〕到底是誰將義和拳改名爲「義和團」。主要有兩種說法，一是山東巡撫毓賢所改，參見李德徵等著：《義和團運動史》（台北：漢京文化事業有限公司，民國76年），頁74；一是義和拳自行改稱義和團，時間是在杠子李莊和森羅殿之役的前後，參見林華國：《義和團史事考》（北京：北京大學出版社，1995年），頁13。然不管是毓賢所改，亦或是拳眾自行改名，最遲在在光緒二十五年九月森羅殿之役的時候，義和拳已改名爲「義和團」。

〔註26〕所謂「金鐘罩」原是一種武術氣功名稱，由道家創設，創設年代不詳。這種氣功在運氣後可將體內之氣運至身體的各個部位，從而產生抵禦強大外擊力而不致受傷的特殊功能。在傳習的過程中不斷的加以神秘化，配合燒香、吃符、念咒，運氣後猶如「金鐘罩身」，「身著鐵衫」，刀槍不入，故稱「金鐘罩術」、「鐵布衫法」。參見蔡少卿：《中國秘密社會》（台北：南天書局，1996年），頁152～153。

〔註27〕周錫瑞：《義和團運動的起源》，頁375～376。

〔註28〕同註27，頁154。

洋」的口號〔註29〕，運動的宗旨在盡毀教堂、除洋教。光緒二十六年（1900），朱紅燈所領導的山東義和團雖被強力鎮壓，直隸的義和團卻發展的更為迅速，習拳人數不斷增加。

三、戰事的發生與結局

　　光緒二十六年，直隸省境的義和團迅速發展；三月，北京城內已經出現了義和團的蹤影，「每日下午必有一二十孩童及少年人若干，在煤山對面宮牆下操演」〔註30〕。到了四月，北京城內出現了第一個義和團壇口，外州縣來到北京城的團民不斷增加，。五月，北京義和團「幾於到處皆是，入會者日必數百人，且均彰明昭著，並不避忌，凡屬滿人，不分大小，均係義和團中人，其腰間均束有紅戴以作伊黨記號。」〔註31〕短短幾個月的時間，北京內外幾乎成為義和團的勢力範圍。

　　在北京的各國公使，當然對這種公然倡導殺盡洋人團體的勢力日趨坐大，感到憂心。早在光緒二十五年底，美、英、法、德、意等國公使，便向總署提出照會，指明要求取締義和團。光緒二十六年二月，這五國公使更分請各該國政府，在北直隸灣舉行海軍示威〔註32〕，以迫使清廷鎮壓義和團的決心。但列強強行介入的結果，只是使得義和團的勢力更行坐大。光緒二十六年四月，鄰近京師的萊水縣發生義和團攻擊教民的事件，大約有二、三十名名教民被殺，七十五間教民房屋、七間教堂被焚燬〔註33〕。隨後直隸副將

〔註29〕關於「扶清滅洋」的口號，並非開始於義和團運動時期。早在 1894 年山東與安徽邊界的大刀會在進行攻教行動時，便提出了「興華滅洋」的口號，隨後在 1898 年四川大足余棟臣所領導的反教運動也喊出了「順清滅洋」、湖北長陽縣也有「保清滅洋」的口號。參見廖一中：〈再論"扶清滅洋"思想與近代教案的關係〉，《社會科學研究》，1985 年第四期，頁 41～42。而在義和團運動時期，最早提出類似口號的 1898 年的冠縣趙三多，傳教士將其譯為「從清滅洋」或「舉清滅洋」，在 1899 年平原縣朱紅燈舉事時則稱「天下義和拳；興清滅洋」，在 1900 年之後各地的義和團才較普遍的採用「扶清滅洋」這一口號。參見周錫瑞：《義和團運動的起源》，頁 187、290。

〔註30〕日本・佐原篤介：《拳亂紀聞》，收入楊家駱主編：《義和團文獻彙編》（一），頁 111。

〔註31〕李德征：《義和團運動史》，頁 144～145。

〔註32〕美・馬士・宓亨利：《遠東國際關係史》（上海：上海書店出版社，1998 年 12 月），頁 438。

〔註33〕祝芾：《庚子教案函牘》，收入楊家駱主編：《義和團文獻彙編》（四），頁 371。

楊福鎮奉命前往鎮壓，不料卻在萊水縣石亭鎮中伏被殺〔註34〕。此次戰勝清軍，使義和團的名聲遍行全國。幾天後，義和團佔領了涿州城，並首次拆毀鐵路。拆毀的對象是北京至保定的盧保鐵路，據直隸總督裕祿的電報：「二十九夜先聞涿州至琉璃河一帶猝被拳匪將鐵路焚燬，距今早由琉璃河至常辛店一百餘里沿線鐵道、車站、橋樑，並局所洋房，均有拳匪蜂起焚燒。」〔註35〕未幾，從北京至天津的京津鐵路上的豐台車站也被焚〔註36〕，北京對外交通幾乎已完全斷絕。在京各國公使因擔心對外聯繫的管道斷絕，在五月一日（1900 年 5 月 28 日）經公使團會議決定，電召大沽口外之各國衛兵，前來北京護館〔註37〕。天津的法國總領事將各國公使的決定，告知直隸總督裕祿，並言明「無論總署准否，定准明日赴都」〔註38〕。總署迫於無奈只好同意，但仍希望「人數不得過多」〔註39〕。不過，最後各國派遣的衛隊，在五月四日進京時，仍有官兵四百名之多〔註40〕。在列強欲動用武力介入的情況下，清廷在五月二日，發佈了自義和團興起以來措辭最強硬的上諭，指責義和團戕殺武員、燒毀電桿鐵路，違法亂紀與亂民無異。因此要求各地方文武官員「迅即嚴拿首要，解散脅從。倘敢列仗抗拒，應及相機剿辦，以昭炯戒。」〔註41〕雖然，在這個上諭中首次出現了「剿辦」的字眼，然而卻無法改變列強武力干涉的決定。八國公使力請各該國政府訓令海軍當局採取聯合行動，派兵前往北京援助使館。五月十四日（6 月 10 日），在英國公使的請求下，英國海軍上將西摩爾（Adminal Edward Seymour MacDonad）率領了二千名混和

〔註34〕同註33，頁 376～377。
〔註35〕佚名編：《義和團檔案史料》第一冊（台北：文海出版社），頁 103。
〔註36〕美・馬士・密亨利：《遠東國際關係史》，頁 462。
〔註37〕樸笛南姆威爾：《庚子使館被圍記》，收入楊家駱主編：《義和團文獻彙編》（二），頁 207。
〔註38〕光緒二十六年五月三日，直隸總督裕祿致總理衙門電報。佚名編：《義和團檔案史料》第一冊，收入沈雲龍主編：《近代中國史料叢刊續編》第三十七輯（台北：文海出版社），頁 105～106。
〔註39〕光緒二十六年五月四日，總理衙門致直隸總督裕祿電報。佚名編：《義和團檔案史料》第一冊，頁 110。
〔註40〕分別是英國七十五名、美國六十三名、義大利四十二名、日本二十六名、法國七十五名、俄國七十五名、德國五十名，共四○六名。光緒二十六年五月四日，直隸總督裕祿致總理衙門電報。佚名編：《義和團檔案史料》第一冊，頁 111。
〔註41〕光緒二十六年五月三日，上諭。佚名編：《義和團檔案史料》第一冊，頁 106。

部隊從天津出發，前往北京保護使館。此時，清廷認識到列強無止盡的調兵入京，對清廷政權的威脅遠比義和團為大，乃於五月十七日命令直督裕祿，「倘再有各國兵隊欲乘火車前來，責成裕祿實力禁阻」，並命令「迅將聶士成一軍全數調回天津附近鐵路地方扼要駐紮」，「其大沽防務，並著羅榮光一體戒嚴，以防不測」，並嚴屬警告若有外兵闖入京畿，則惟三人是問〔註42〕。五月二十日（6月16日），慈禧召開御前會議，會中討論的重點仍是阻止洋兵入京，最後做成結論「派許景澄、那桐前往馬家堡以南，阻止洋兵入城，如不聽命，則立調董軍攔阻，再不服阻，則決戰。」〔註43〕同日派遣榮祿率武衛中軍前往保護外館所在地——東交民巷，用以阻絕外人派兵保護使館的藉口。倘若外國執意派兵入京，則「釁自彼開」，要求裕祿、聶士成、羅榮光三人「相機行事，朝廷不為遙制。萬勿任令長驅直入，貽誤大局。」〔註44〕就在清廷嚴密戒備的同時，在大沽的各國海軍上將也舉行了會議，會後決定向清廷發出最後通牒，要求在五月二十一日（6月17日）上午二時前，交出大沽砲台〔註45〕。清廷隨即接到裕祿的奏報，知道各國要求收管大沽砲台，並且決定「如果洋兵開砲攻臺，該提督（羅榮光）及飭守臺弁兵開砲，竭力抵抗」〔註46〕。清廷認定外國對大沽的進犯意味著對中國發動戰爭，乃在五月二十三日做出對外宣戰的決定〔註47〕，並向駐京各國使館發出照會，指責各國海軍進攻砲台的行動，「顯係各國有意失和，首先開釁」，故清廷也不再負保護使館之責，要求「應請於二十四點鐘之內，帶同護館弁兵等，妥為約束，速即起行前赴天津」〔註48〕，雙方已經視同決裂。但大沽方面的情勢因直隸方

〔註42〕光緒二十六年五月十九日，直隸總督裕祿摺。佚名編：《義和團檔案史料》第一冊，頁142。

〔註43〕袁昶：《亂中日記殘稿》，收入楊家駱主編：《義和團文獻彙編》（一），頁337～338。

〔註44〕光緒二十六年五月二十日，軍機處寄直隸總督裕祿等上諭。佚名編：《義和團檔案史料》第一冊，頁144～145。

〔註45〕美‧馬士‧宓亨利：《遠東國際關係史》，頁444。

〔註46〕光緒二十六年五月二十一日，直隸總督裕祿奏。佚名編：《義和團檔案史料》第一冊，頁147～148。

〔註47〕袁昶日記記載：「二十三日到署，始知朝議今晨決戰」，參見楊家駱主編：《義和團文獻彙編》（一），袁昶：《亂中日記殘稿》，頁339；惲毓鼎也說：「二十三日未刻再召見於儀鸞殿，太后決定宣戰」，參見惲毓鼎：《崇陵傳信錄》，收入楊家駱主編：《義和團文獻彙編》（一），頁49。

〔註48〕光緒二十六年五月二十三日，總理衙門致各國公使照會。佚名編：《義和團檔

面尚無奏報到京，到底是開戰與否，情況渾沌不明，故於隔日，軍機處發函給直隸總督，要求查明「大沽砲台曾否強佔，連日洋兵作何情狀？」〔註49〕二十四日，直督裕祿說明津沽已經開戰的緊急奏報抵京，開戰的消息已經獲得證實，清廷乃在隔日正式發佈「宣戰」上諭。〔註50〕

　　朝廷宣戰後，並未得到主和派督撫的支持，長江沿岸各省督撫在劉坤一和張之洞的倡議下，和外人達成了東南互保的協議，「長江及蘇杭內地均歸各督撫保護」。不奉朝廷明詔，仍將義和團視為非法組織全力鎮壓〔註51〕。因此，戰事主要集中在北京的東交民巷、西什庫教堂和天津縣城。而依靠義和團「降神附體、刀槍不入」的狂熱迷信，就想抵抗外國的現代槍砲，其結果自然是不言可喻。

　　五月底宣戰，六月戰況便急轉直下。天津守將聶士成於八里臺與聯軍激戰，聶士成奮勇督戰，最後在敵兵環伺下「敵槍洞穿左右兩腮、項側、腦門等處，臍下寸許被砲彈炸穿，腸出數寸」〔註52〕，六月十三日壯烈殉國。十八日（7月14日）天津就在聯軍猛烈的砲火下被攻陷，隨即由外人成立臨時政府實施軍事統治。七月十日（8月4日），聯軍集結了一萬八千名軍力向北京挺進，途中只遇到零星的抵抗，十天後攻入北京城。二十一日（8月15日），慈禧連同光緒皇帝化妝成農民，倉皇西逃。而以「拯救公使」為名的八國聯軍，在進入北京城後，這些自詡為文明的軍隊，卻在北京城內做了大規模的掠奪，無數珍寶就這樣落入外人之手。而外國軍隊也不問是否為拳民或一般百姓，一遇中國人群聚在一起即不分青紅皂白於以射殺，「法國步兵之前隊，

　　　案史料》第一冊，頁152。
〔註49〕光緒二十六年五月二十四日，軍機處寄直隸總督裕祿上諭。佚名編：《義和團檔案史料》第一冊，頁157。
〔註50〕光緒二十六年五月二十五日，上諭。佚名編：《義和團檔案史料》第一冊，頁162〜163。
〔註51〕東南互保的首倡者，學界說法頗多歧異。李鴻章、劉坤一、張之洞、盛宣懷，甚至是由英國領事首先提議，都有學者主張。不過不管首倡者是誰，盛宣懷實居關鍵地位。整個協議過程的折衝談判，都可看到盛宣懷的影子。而東南互保的範圍最初僅限於蘇皖贛湘鄂五省，後來加入了浙江、兩廣、四川、福建，山東。可以說整個長江流域皆是東南互保的範圍之中。參見林世明：《義和團事變期間東南互保運動之研究》（台北：台灣商務印書館，民國77年二版），頁1〜6。
〔註52〕光緒二十六年六月十四日，直隸總督裕祿摺。佚名編：《義和團檔案史料》第一冊，頁277。

路遇中國人一團，其內拳匪兵丁平民，相與摻雜，匆遽逃生。法國兵以機槍向之，逼至一不通之小巷，機關槍即轟擊於陷阱之中，約十分鐘或十五分鐘，直至不留一人而後已。」〔註53〕而婦女唯恐被姦淫，「一聞槍聲便投井而死，……一個井中撈出了五六個死屍，……。各處除了死屍外，沒有別的東西，現在每分鐘均有人自己尋死。」〔註54〕北京宛若一副人間煉獄的景象。在北京被佔領了一年後，清廷與列強簽訂了《辛丑和約》，爲八國聯軍的鬧劇劃下了句點。在條約中清廷付出了極大的代價，不僅賠償四億五千萬兩海關銀，還需同意使館駐軍、削平大沽至北京的砲台，以及二年內不准進口製造軍火器材等。〔註55〕

義和團原本是以反教起家，後被朝中保守派官員導向對抗外國侵略，乃至於釀成此一大亂。經此大亂後，中國士紳有關於暴力排外，不僅未能匡扶國家於危難之中，反而更容易使國家的處境更行危急，故乃喊出了「文明排外」的口號，希冀能以增強本身國力的方式，來達到驅逐外來侵略的目的。而在教會方面，歷經了四十年的努力，不僅未能使中國成爲基督教國家，竟被中國百姓如此痛恨。教會經此一難也深切思考著過去的傳教策略有無不當，並力圖改善與中國民眾的關係，對傳教策略進行了調整，民教關係才漸趨於緩和。

第二節　民間和教會的反省

義和團運動是第一次全國性的反基督教運動，事件的起因原本只欲「盡毀教堂」，之後演變成針對全體外來事物的極端排外運動。在這場騷亂之中，雖然團民極端的迷信狂熱殊不足取，但在運動的過程之中，中國民眾卻也表現出對國家前途無比的熱情與關切。數月的騷動在「殺盡洋人」，但在此動亂中喪生的外籍傳教士人數卻遠低於中國教民〔註56〕。且經此一亂，中國士紳

〔註53〕樸迪南姆威爾：《庚子使館被圍記》，收入楊家駱主編：《義和團文獻彙編》（二），頁358。

〔註54〕同註53，頁356～357。

〔註55〕清·陸元鼎編：《各國立約始末記》（五），卷二十四〈辛丑各國和約〉，頁2491～2514。

〔註56〕在義和團運動中喪生的傳教士、教民人數，統計頗爲不易，粗估天主教傳教士遇難者約四十四人，教徒一萬八千人，或三萬人；新教傳教士及其家屬約一百八十六人，教徒約一千九百至五千人間。參見顧衛民：《基督教與近代中

驚覺盲目的暴力排外，並無法拯救國家於危難之中，乃有所謂「文明排外」
的呼聲。而對於造成拳亂興起之由的基督教，知識份子也力求從言論上宣導，
希冀破除百姓對基督教的刻板印象。至於教會方面也深刻地反省，為何傳教
已逾四十年，基督教仍然無法得到中國百姓的認同。故而對以往的傳教策略
也進行了改變，試圖提振基督教的社會形象，以拉近與百姓的距離。就在兩
方面的努力之下，自庚子拳亂後，民教之間的衝突不僅在密度上、規模上，
皆比以前來得減少。基督教的形象在獲得改善之後，傳教事業也大幅進展，
庚子事變後的二十年期間乃為基督教在華事業的「黃金期」。

一、民間的反省

　　庚子事變為中國帶來巨大的創痛，義和團不分良莠盲目的排外，換來的
只是《辛丑和約》中莫大的恥辱。經此動亂之後，有識之士對於義和團式的
排外深惡痛絕，乃提出「文明排外」的口號。所謂的「文明排外」含有兩層
意義：

1. 「排外」是要維護國家民族的存在，所謂「蓋人之生也，無不以自立
為宗旨，國之立也，即無不以自立其國為宗旨」。因此，排外的目的在
使國家「保有自主權，不受凌侮劫奪」，其顯現於外便是國與國間的外
交〔註57〕。

2. 排外的手段要「文明」，在國家羸弱的情況下，憤而反教排斥外人，不
僅無濟於事，反而會使國家招致無窮之累：「至排外而以仇教為手段，
則其愚不可及，其禍尤不可量」。因此，堅決反對打教、鬧教的野蠻作
法，主張從改革國內政治、教育入手，來消彌外患：「吾知外人利用宗
教以構隙，則當為實力的競爭，勿為虛氣的暴動。從政治、教育、軍
事、實業各方面，著著進行。」〔註58〕

　　而為了降低或消彌百姓對基督教的仇視之心，知識份子也做起了文宣攻
勢。收集歷朝歷代保教的諭旨，以及各種教中與人為善的言論，希望能改善
基督教的形象，從根本上斷絕教案的發生。光緒二十七年（1901），上海石印

　　國社會》，頁 341～342；樊國樑：《燕京開教略》下篇，頁 84。

〔註57〕《外交報彙編》第一冊（台北：廣文書局影印本，民國 53 年），外交報敘例，
　　　　頁 2～3。

〔註58〕悟生：〈排外與仇教〉，《四川》第一期，1907 年 2 月。轉引楊天宏：《基督教
　　　　與近代中國》，頁 46。

書局刊行的《教案奏議彙編》，便在序言裡開宗明義的提到：

> 西教之說大公爲體，平權爲用，出入於佛墨回教之間，而大致與孔
> 教相近。孔教曰忠恕而已，西教曰愛人如己；孔教曰己所不欲勿施
> 於人，西教曰己之所欲必施於人；孔教以老安少懷友信爲仁，西教
> 以醫藥、義塾等善舉爲仁，流異源同，總歸天道。人果能遵孔教則
> 推有朋自遠之心，何必攻西教。人果不遵孔教，則恃血氣之勇，忘
> 身以及親，更何可攻西教。〔註59〕

文中從思想上分析了西教與孔子的教誨，顯示並無根本上的歧異。西教並非
如匿名揭貼上所言作惡多端的邪教，乃是眞心勸人爲善的正教。百姓攻教不
僅只是逞血氣之勇，無益於時局，且更有違孔子「有朋自遠方來不亦樂乎」
的訓誨。因此，編輯是書的目的，即在於「欲使人咸曉於教務始末，而發其
至誠惻怛之心，毋徒效愚忠、愚孝之習。」〔註60〕從根本上消彌教案之禍。

　　另外，光緒三十年（1904）由直隸藩司周馥的資助下，士紳李剛巳也編
成一本《教務紀略》。內容共分四卷，分別爲敍述基督教之派別及傳教的由來、
基督教的各種教規及教例、清廷與各國簽訂的有關基督教的條約及傳教章
程、歷年教務交涉的成案以及時人有關基督教的議論，並在卷首摘錄歷朝保
教的論旨。這本書除了給官員作爲教務交涉的參考外，更希望「當世讀書明
理之士，咸覽是編，而知源流。則凡鄉曲無知，一切猜疑之見，自可渙然冰
釋。」〔註61〕通過明瞭基督教宗旨、教規以及教例的方式，來破除種種駭人
聽聞的謠言。並希望百姓能瞭解，基督教與佛、回二教教義大同小異。「基督
教天堂地獄本諸釋氏、七日禮拜同乎回教；我之外毋別有神，亦猶釋氏唯我
獨尊、回教專拜眞神之意……。是編揭明此旨，務使人曉然於基督教與釋回
兩教無異，庶人之心可化去教界云」〔註62〕。若能以對待佛、回二教的方式，
對待基督教，自然可相安無事，何必大驚小怪，非要舉國相仇不可。

　　更有進者，庚子事變後的知識分子對於基督教與帝國主義的關連，有更
深一層的認識。光緒三十年第八十五期的《外交報》中，刊登一篇〈論保教
適所以仇教〉的文章，對於百姓仇教的原因做了精闢的論述。文曰：

> 蓋前之教士來者爲傳教也，傳教則耶孔不相遠。後之教士來者爲殖民也，

〔註59〕程宗裕：《教案奏議彙編》，〈陶濬宣序〉，頁1。
〔註60〕同註59。
〔註61〕李剛巳：《教務紀略》，〈周馥序〉，頁3。
〔註62〕同註61，〈例言〉，頁1。

殖民則主客不相容。亦非教士之自欲殖民也，教士則以爲傳教，而政府則利用其殖民。我國之民徒見夫兵敗、乞和、割地、賠款之後，必有申明保護傳教之約；而於保護稍不得宜，則兵敗、乞和、割地、賠款之事即隨之。天下可慘之事莫如兵，而可恥之事莫如敗，彼神父牧師者，乃與可慘、可恥之事相終始，則不暇問其所操之何道，而惡之矣。此以惡洋兵者及教士，此仇教之第一步也；及其再變，則以教民魚肉鄉里之故，而以惡教民者惡及教士，此仇教之第二步也；及其再變，則以官吏篤於媚外之故，而以惡官吏者惡及教士，此仇教之第三步也。以此種感情而入於無學問、無思想之人之腦中，雖欲無事，其可得哉。〔註63〕

是故，百姓仇教不是因爲傳教的緣故，乃是看到了傳教背後的割地、賠款種種可慘、可恥之事，而遷怒到傳教士身上。另一方面，基督教傳布並非對中國無益，傳教士所開辦的慈善事業，對於年年遭逢天災的百姓也多所賑濟，「苟其地有教堂一二所，則賑恤拯救，其爲患常輕於他邑」〔註64〕，寥寥數語已肯定了傳教士對於中國百姓的付出。因此，教案無年不有，不盡是傳教的問題，而在於外交之失策，外交是因，教案是果。中國的教案問題並不是宗教問題，而是政治、外交以及法律問題，教案也不應該稱之爲教案，而應該稱之爲「律案」。

既然教案是外交、政治與法律問題，就必須從這幾方面來加以解決。於是本時期的知識份子即將釀成教案的禍因，歸咎到外人所獨有的治外法權上。正是因爲中國法權不及於外人，而使若干不肖的傳教士，得以濫用此項特權：

> 頑民爭相入教，以爲刑章無網，護身有符。上而蔑視長官，下乃魚肉同類，或爭以理而理不可申，或訴之官而官之不省。積憾爲山，斂怨有府，充其枕戈推刃之志，遂欲至命於教會而甘心，復仇之劇成，而鬧教之禍發矣。〔註65〕

所以，欲消彌教禍，就必須先圖中國法權之統一，而想要統一法權就必須取消治外法權。〔註66〕

〔註63〕《外交報彙編》第一冊，〈論保教適足以仇教〉，頁489～492。
〔註64〕《外交報彙編》第二冊，〈論通商傳教非盡無利〉，頁341～344。
〔註65〕《外交報彙編》第二冊，〈弭教禍說〉，頁583～588。
〔註66〕列強在華的治外法權，通常稱之爲領事裁判權，二者經常互用。但實際上二者的含意有寬狹之別。所謂的治外法權，泛指一個國家對其公民在屬土以外

　　然以清廷國事之弱，欲取消外人長年所享有的特權，又談何容易。故若能以華籍教士取代洋教士，既能使中國迴避領事裁判權的問題，況且，一旦再發生教案亦可省卻煩雜之交涉，故而有自立教會的呼聲。迨光緒三十年（1904）南昌教案發生後，《外交報》就刊登了一篇〈論南昌教案善後之方〉。作者在文章中指出，應效法日本自立教會之舉，「毅然自立教會，而不復乞靈於彼族。凡教會之事，吾自理之，謝絕彼國不必與聞」〔註67〕。於是，俞國楨（宗周）等人乃在上海，組織「中國耶穌教自立會」，其宗旨：「本會既命名自立，凡事不假外人之力，俾教案消弭，教旨普傳，及調和民教，維持公益，開通民智，保全教會名譽國家體面爲目的」〔註68〕，明顯將自立教會的成立，當作解決教案糾紛的重要手段，也爲日後中國教會的自立開啓了先聲。

二、教會的反省

　　庚子事變對於基督教傳教事業的打擊是相當巨大的，尤其在風暴中心的直隸和山西兩省，傳教事業幾乎被摧毀殆盡。因此，在亂事平定後，傳教士對於以前的傳教策略，亦進行了反省和檢討，力圖以提升教會形象的方式，減少中國百姓對於基督教的惡感。

　　傳教士最引起百姓詬病的行爲，便是介入了民教之間的訴訟案件。傳教士介入地方訴訟的原因主要有二：（一）認爲中國的司法制度毫無公平正直可言，尤其是對中國刑律中刑罰的殘酷、監獄狀況的惡劣以及審問罪犯所使用的酷刑，感到無法理解。地方官常因教民信奉基督教，將其視爲非中國人，

仍能行使法權，使其公民對當地政府的管轄享有一定的豁免特權。在國際慣例上一般只有外交官員享有此項特權，但在清末情況就較爲特殊，連一般的僑民也適用於治外法權。外國僑民在中國觸犯法律，不是交由中國司法機關來處理，而是交給各國領事去處置。而治外法權的表現形式主要有三：（一）領事法庭：領事對本國僑民被告案件行使審判權。（二）會審公廨：設立於租界，爲中國所設立的司法機關，但領事享有觀審權和會審權。（三）外國在華設立的特別法院。「領事裁判權」，主要是指前兩種形式而言，「特別法院」因配有專職法官並實行巡迴審判制度，領事的司法權限被大幅取代。王建朗：《中國廢除不平等條約的歷程》（南昌：江西人民出版社，2000年4月），頁2～3。

〔註67〕《外交報彙編》第二冊，〈論南昌教案善後之方〉，頁95～98。

〔註68〕光緒三十二年《中外日報》，轉引張力、劉鑑唐：《中國教案史》，頁651～652。

從而做出對教民不利的判決，以莫須有的罪名而入獄。傳教士自不能任由教民在牢獄中受苦，而視若無睹。（二）藉由干涉司法審判則可豎立教會的威信，進而吸引百姓入教以達到增加教徒的目的。這種傳教方式是相當有效率的，在幾個教徒數相當龐大的地區，如貴州、直隸西南與川東，都和傳教士密集介入訴訟有關〔註 69〕。然不管其動機是幫助教民抑或是作為傳教的手段，傳教士每次介入訴訟，便是對清廷官員威信的踐踏，在百姓眼裡，便是外國人欺壓中國的最佳明證，故而對基督教殊無好感。

　　因此在庚子事變後，便有傳教士認識到直接介入民教之間的訴訟，對於傳教事業實在弊大於益。不僅徒然使中國百姓厭惡基督教，而以此方式吸收的教民，其素質也往往不堪聞問。如美國傳教士明恩普（Arthur H. Smith）便認為，教會應當對傳教士太過熱衷於政治和訴訟做出反省，並且「在此緊要關頭，絕不能害怕暴露，應當坦率的承認和摒棄某種方式，用新的和更好的方式，代替那些已經證明是錯誤和毫無價值的方式。」〔註 70〕在清廷海關服務了將近四十年的赫德，也認為要徹底改變中國人對基督教的觀感，傳教士首先便必須不介入地方訴訟事件：

> 教徒皈依基督教後，不能改變仍是中國臣民的事實。就像其他中國百姓一樣，仍必須遵守國家的法律以及服從中國法庭的裁決。傳教士就只能傳教，必須限制其只能從事傳教工作，避免熱衷於干涉訴訟和其他中國官方所關注的事務。只有堅定不移的堅守這個原則，才能解除來自地方民眾、省級官員以及中央政府的敵意，也才能改變目前傳教事業無能的狀況。〔註 71〕

因此，在義和團運動之後，天主教各修會的負責人紛紛訓令傳教士，今後要少管或不管教徒訴訟的事，盡可能地不要觸怒非教徒，以免引起本來可以避免的民憤〔註 72〕。甚至，主張以中國法律來代替外力的政治庇護〔註 73〕。經此努力後「從整體來看，自 1900 年以後，牽涉到教會的犯罪訴訟案在廣泛地

〔註 69〕陳方中：《法國天主教傳教士在華傳教活動與影響（1860～1870）》（台灣師範大學博士論文，民國 88 年），頁 355。

〔註 70〕顧衛民：《基督教與近代中國社會》，頁 353。

〔註 71〕Robert Hart, *These from the Land of Sinim-Essays on the Chinese Question*, London, 1901., P107.

〔註 72〕張力、劉鑑唐《中國教案史》，頁 713。

〔註 73〕剛恆毅：《剛恆毅樞機回憶錄——在中國耕耘》上冊（台北：天主教主徒會出版，民國 67 年），頁 145。

正常減少」〔註74〕，教廷也在 1923 年，向當時的駐華宗座代表發出訓令：「有關向中國官員直接談判事宜，若宗座代牧或監牧向省政府辦理時，應盡可能避免外國政府的牽入。若向中央政府交涉得由宗座代表辦理。」〔註75〕禁止個別傳教士向中國官方交涉教務事宜，尤其禁止傳教士向各國領事求援，以避免傳教事業再度與西方政府扯上關係。

而基督新教方面，因缺乏像天主教有一個領導中心，通常差會各自為政，再接受各國政府的保護。對於傳教士介入訴訟而引起的紛爭，各國政府也有所警覺。1903 年英國公使向傳教士發出通知書，促其注意不應為教民向中國官員無論用口頭或書面提意見，如有需要表示意見時，應把事情交給最近的領事，如被認為恰當，即由領事向中國官廳提出意見。「教士或由教士代為申訴的教民的居住處距離英國領事相當遠，這一點不能成為教士自行擔起領事職責的充分理由，只有在馬上有發生極大危險危及教民安全的時候，他的干涉才是有理由的。」〔註76〕對於傳教士介入民教間的交涉，做出了限制。尤有進者，在 1925 年 10 月，在英美舉行的在華工作教會代表會議上，甚至做出了取消治外法權而代以和中國在平等的會商中所議定的其他裁判辦法的決議，甚至聲明基督教會在中國的權利不應依據「宗教自由條款」，而應依據中國人自願給予的優例〔註77〕。可以想見自進入二十世紀後，傳教士對於以前的傳教經驗做出了反省和檢討，力圖減少教會和帝國主義的關係，以降低中國百姓的敵意。

對於教案賠款的問題，傳教士也做出了反省和檢討。自咸豐十年以來，幾乎每發生百姓鬧教、打教的事件，案件議結的條件一定有針對教會損失所做的賠款。固然也有教士認為，應該用忍耐和慈愛的態度來感化中國人，不願對教案之傷亡毀損要求賠償〔註78〕。但絕大部分的傳教士和外國政府認

〔註74〕 中華續行委辦會調查特委會編：《中華歸主》，下冊，頁 1069。

〔註75〕 剛恆毅：《剛恆毅樞機回憶錄——在中國耕耘》上冊，頁 149。

〔註76〕 威羅貝著、王紹坊譯：《外人在華特權和利益》，頁 440。英國公使禁止傳教士與中國官方交涉的通報亦見於 The Chinese Recorder and Missionary Journal, (February, 1907), p.p 102~103。

〔註77〕 威羅貝著、王紹坊譯：《外人在華特權和利益》，頁 436。

〔註78〕 如內地會的戴德生在同治七年所發生的揚州教案，就拒絕向清廷要求賠償。Paul A. Cohen 著、蘇文峰譯：〈戴德生與李提摩太宣教方式之比較〉，收入林治平主編：《基督教入華百七十年紀念集》（台北：宇宙光出版社，民國 66 年），頁 98。另，庚子義和團後內地會亦拒絕向山西省方索賠，內地會和山西巡撫岑春煊所簽訂放棄索賠的合同，見 The Chinese Recorder and Missionary

爲，中國政府與人民應該爲教案付出代價，因此從咸豐十年（1860）到義和團前夕的光緒二十五年（1899），爲教案而付出的賠款就達五百二十餘萬兩之多〔註79〕。而義和團運動因大規模的破壞基督教在華事業以及屠戮外籍教士和教民，亂平之後由各省地方官和傳教士議定賠償的金額，此即所謂的「地方賠款」總數更多達兩千萬兩〔註80〕。而除了賠款之外，在北京被八國聯軍攻陷後，北京主教樊國梁更是公開下令教民可搶劫八天，獲銀在五十兩以下者可自歸己有，在五十兩以上多出的部分，則需繳給教堂充公，以做爲教堂和教民在拳亂期間的賠償〔註81〕。經此一大禍教會反倒是因此而發了一筆「拳匪財」，所以有人說：「爲義而受窘難的人是有福，因爲後面就有賠款」〔註82〕。然而，這些給教會的錢當然是攤派在各地方百姓的頭上，增加了地方上的負擔，當然會引起地方人士的反感，進而仇視教會，也無助於改善民教之間的關係。教廷方面也注意到了要求賠款並無助於豎立教會的威信，也無法減少或降低反教事件的發生。因此，在 1923 年當湖北又發生土匪殺死天主教神父的事件時，宗座代表剛恆毅（Celso Costantini）便堅決反對向中國政府要求賠款，最後僅是在武漢爲殉難的神父興建一所紀念醫院，建築費用則來自中國人民的自動捐獻。教廷也十分支持剛恆毅的作法，乃於同年發出命令：「凡傳教士被殺害，不得要求賠償，爲死難的血而要求金錢賠償，與天主教之精神背道而馳」並且承認「以往列強之武力所逼之賠款遺留下深痛之血痕，危害教會非淺。」〔註83〕正式結束了凡有教案必要求賠款的作法。

庚子事變之後，教會尤其是基督新教的各差會，花費了相當大的氣力在籌設教會學校方面。事實上在此之前，不論是天主教或新教，都將興辦教育作爲傳播福音的手段。只不過在傳教初期所興辦的教會學校大多止於中、小學的程度，招收的學生大多是教民或貧苦人家的子女，富庶之家多不屑將子弟送入此類學校就讀。而學校大多以免收學費和膳宿費，甚至還供給衣服、路費爲手段，來吸引學生入學〔註84〕。因此，對家長而言，教會學校亦不過

　　　　Journal, (January, 1902), p1.
〔註79〕陳銀崑：《清季民教衝突的量化分析》，頁 162。
〔註80〕李德征：《義和團運動史》，頁 429。
〔註81〕從 1900 年 8 月 16 日開始連續搶劫八天，總共搶得二十餘萬兩銀子及價值一百萬兩的財寶。顧長聲：《傳教士與近代中國》，頁 205～206。
〔註82〕剛恆毅：《剛恆毅樞機回憶錄——在中國耕耘》上冊，頁 143、146。
〔註83〕同註82，頁 148～149。
〔註84〕熊月之：《西學東漸與晚清社會》（上海：上海人民出版社，1994 年 8 月），頁

是變相的慈善機構而已。不過，自十九世紀末葉以來，傳教士越來越看重教育對傳教事業所發揮的影響力，認為「教育是未來中國的一種力量……教會必須積極舉辦教育……這樣就可以使基督徒據有勢力和有影響力的位置。」〔註85〕

進入二十世紀後，辦學成為教會傳教的重要手段，此時期著重於創設高等學府。在庚子事變以後，傳教士認為要破除中國人對外國人和基督教的仇視，並預防此類事件再度發生，教育是最好的途徑。而以前那些只為培養中國籍的傳教助手以及堅定教民子女信教意念的初級學校，實無法醞育出具有影響力的領袖人物。且從前以直接佈道的方式傳教，以宣講教義、巡迴佈道、散發宗教宣傳品等手段所吸收的教徒，絕大部分都是社會的中下階層，甚至吸引到入教動機不純良的「吃教者」。是故教徒人數雖有增加，但對社會的影響力卻不大，基督教仍受中國知識份子以及上層社會的鄙夷和猜忌。因此，要根除老百姓反教排外的情緒，就必須要爭取中國文人學者、知識階層的認同，要做到這一點就必須發展高等教育。燕京大學校長司徒雷登在談到辦學方針時，就明白的表示：「不在於強迫學生信教和參加宗教儀式，而是製造一種氣氛，使學生對基督教產生好感，學生畢業時能成為教徒固然好，但即使沒有接受洗禮，也能對教會有好評，對母校有感情。」目的在於使畢業生「可在國內一些關鍵部門佔有位置，可以影響中國的政局」〔註86〕冀望這些畢業生能成為中國社會的意見領袖，發揮影響力，改善基督教的處境。因此，在光緒二十八年（1902）傳教士聯合要求本國母會派遣訓練有素的教育專家來華辦學，以利開展教育事業，他們認為「隨著教育越來越受重視，隨著對中國青年人思想進行訓練和控制的機會越來越多，越來越需要教育專家來掌握教育工作，以最有效的方式發展教育」並且希望「通過完善和鞏固教育工作，以增加影響和規範未來中國公立教育的可能性。」〔註87〕

因此，在如何運用庚子賠款的意見上，便有傳教士主張將這一筆錢拿來設立學堂，以啟迪民智破除迷信。如在山西省原本要賠給教會五十萬兩，李提摩太便主張將賠銀辦學。適逢清廷下召廢科舉辦學堂，各省皆須籌辦大學

290、292。

〔註85〕 The Chinese Recorder and Missionary Journal, (June, 1890), p.p 250~257.

〔註86〕 顧衛民：《基督教與近代中國社會》，頁385。

〔註87〕 "Appeal to Foreign Mission Board for Trained Educator for China", *The Chinese Recorder and Missionary Journal*, (December, 1902), p.p 619~621.

堂，於是在山西大學堂的名義下分設中學專齋與西學專齋。西學專齋便是由此五十萬兩的賠銀創設而成，由李提摩太掌理西學專齋的校務〔註88〕。另外美國原本要歸還給清廷的庚子賠款，也在傳教士明恩普的鼓吹下，將這一筆錢設立清華學校，做為中國學生留學美國的預備學校。而純粹由教會開辦的大學，也不在少數，至1918年為止教會大學總共有十四所，其中十三所由新教差會所辦〔註89〕，天主教會僅辦了一所震旦大學〔註90〕。這是因天主教側重的方向不同，天主教比較注重初級學校以及教理學校，對於教會大學的創設就遠較新教遜色許多。不管如何，教會所開辦的各級學校至1914年為止，新教加舊教總數約有一萬二千餘所教會學校，學生總數約二十五萬人。相較於同時期的中國公立學校，總數約五萬七千二百多所，學生人數約一百六十三萬名，與教會學校的比例約五比一，學生是六比一。可見教會學校在整個中國教育事業中佔有相當大的勢力，也為中國培養了一批具有堅強西學底子，具有國際視野的新知識分子。

第三節　拳亂後的基督教政策

　　庚子以後，清廷國力更加式微，但經過多年處理教務的經驗，清廷也認識到欲徹底斷絕教案的發生，就必須從修約著手。因此，乃趁著庚子以後與英美商議新約之便，趁機商議傳教傳款。

一、修約的努力

　　光緒二十六年的義和團運動，是因民教相仇而起，進而擴大成全國性的排外運動，如何防止仇教事件的再度發生，便成為清廷關注的議題。因在亂平之後，在與各國商議和約的期間，便有大員提出藉議約之便，一併商議傳教條款以消教案。安徽巡撫王之春便認為，因教士、教民遍布內地，隨時隨

〔註88〕劉錦藻：《清朝續文獻通考》，卷三五二，外交考十六，頁10958。

〔註89〕這十三所學校分別是：上海聖約翰大學、滬江大學、蘇州東吳大學、杭州之江大學、成都華西協和大學、武昌華中大學、南京金陵大學、金陵女子文理學院、福建協和大學、福州華南女子文理學院、長沙湘雅醫學院、廣州嶺南大學、北京燕京大學。鄭鵬程、丁波等編著：《中國宗教流變史》（武漢：湖北人民出版社，2000年7月），頁231。

〔註90〕1923年在教宗的支持下，乃又籌設了另一所天主教大學——輔仁大學。史靜寰、王立新著：《基督教教育與中國知識份子》（福州：福建教育出版社，1998年7月），頁200。

地都可能因民教間的衝突而引起國際間的糾紛。況且，經庚子一役教會的聲勢更盛，難保不會再因民間的打教事件，而引起國家的災難，故「此時隱患以教務為最鉅」，必須趁著議和之際，順便將此患消除。他認為各國皆注重在華的商業利益，因教務問題而開戰，縱然最後西方列強得勝，但也傷害到各國的商利。故而建議聯合在華擁有龐大商業利益的英美兩國，及其教尚未暢行於中華的俄日，共同抵制在華無甚貿易而一意護教的法國，從而消弭教案之禍。而兩江總督劉坤一也說「據稱近日英國沙侯及日本宗教家，皆謂西教行事或亦不無遺憾，正可迎機善導。請飭於開議時，婉切商訂另立專條，總以不得干預詞訟為第一要務。」二人皆寄望於在將來的和約中，能訂立一傳教專條，以徹底消除教案的問題。清廷也頗重視兩人的建議，將兩人的奏摺發給議和全權大臣奕劻、李鴻章閱看，並命兩人斟酌辦理〔註91〕。雖然在光緒二十七年七月二十五日劃押的《辛丑和約》中，仍無一字提及傳教。但和約中第十一款規定：「大清國國家允定，將通商行船各條約內諸國視為應行商改之處，及有關通商各他事宜均行議商，以其妥善。」〔註92〕因此，光緒二十七年（1901）和約簽訂後，隨之而來的是與各國交涉新約。

英國以馬凱（Sir Jane Lyle Mackay）為議約專使，清廷則以盛宣懷為辦理商務大臣、呂海寰為會議商務大臣與之談判，正式開議的時間是光緒二十七年十二月一日（1902 年 1 月 10 日），地點為上海〔註93〕。雖然修訂商約的重點是在「整頓通商行船各條約以及更改進口稅則事宜」，但清廷有意藉著此次商約談判一併整頓教務。如張之洞在與馬凱會面時便向其強調因以前的通商條約內都沒有傳教條款，因此出現許多的紛爭，此次制訂傳教條款並不是要對教士嚴加限制，只是要加進一條使教民與中國民眾相安無事的規定，希望英國能答應率先同意，起帶頭的作用，以減少日後與各國談判傳教問題的阻力〔註94〕。因此，在尚未開議之前，總稅務司赫德所呈上的修約節略內便建議清廷：

〔註91〕《清季外交史料》（八），西巡大事記，卷四，頁 102～103。

〔註92〕清‧陸元鼎編：《各國立約始末記》（五），卷二十四，辛丑十一國和約，頁 2510。

〔註93〕王爾敏：《晚清商約外交》（香港：中文大學出版社，1998 年），頁 147～149。

〔註94〕〈1902 年 7 月 17 日馬凱在武昌紗廠與張之洞等會議簡記——裝式楷記〉，中國近代經濟史資料叢刊編輯委員會主編：《辛丑和約訂立以後的商約談判》（北京：中華書局，1994 年），頁 137～142。

教務屢肇釁端，若能趁此改約之機會開議，不如議添。傳教原爲勸
人爲善，自無不可，惟入內地傳教者需赴通商口岸之本國領事官
署，將姓名、某會、前往何處等情報明轉請道台發給護身執照前
往，一面由地方官妥爲保護，一面爲該管領事隨時查管；凡入教者
毫無查禁，固應與不入教者一體由地方官保護，亦需與不入教者一
體遵循中國律例，安分守法，不得由傳教者干預地方官管民之權，
而地方官亦不得以教民與平民有所歧視，區別辦理，彼此總以安分
度日爲要；凡在內地蓋房建堂與修造育嬰、留養、醫病等院，均應
與鄰近之紳耆商允，以期相安，一面准地方官隨時入內閱看等語
義。〔註95〕

盛宣懷在與馬凱談判的期間，便以赫德對傳教問題的看法爲底本，希望在條
約內加上：

耶穌教與與基督教均以勸人行善爲本，傳教自無不可，其有傳授學
習者皆當一體保護，所以凡入內地傳教者皆須赴通商口岸之本國領
事府報明名姓、會名以及前往何處等情，以便轉請道台發給護身執
照，方可前往。一面由地方官妥善保護，一面由該管領事隨時稽查。
至凡欲入教者，毫無查禁，惟入教與未入教者同係中國子民，均需
遵照中國律例，安分守法，不得由傳教者干預地方管理人民之權而
地方官亦不得因教民與平民有所區別。凡欲在內地置買地產，原爲
蓋房建堂與興建育嬰、留養、醫藥等院，惟各契據內必須注明該地
系爲本處某教堂公產字樣，不能專列傳教士及奉教人名，且堂院應
以本地式樣爲本，再與鄰近之紳耆商允，以其相安，並准地方官隨
時入內察看情形。〔註96〕

當盛宣懷以此稿徵求各地督撫的意見時，兩江總督劉坤一建議應添入「教士
受人入教，必先查明其人平日安分，並未涉訟，然後收入。租地每有盜賣侵
佔等事，至民教結怨。美約本有無礙居民，不關方向，方能照租，擬請添入
必須查明無侵佔糾葛，方可租買。」而鄂督張之洞則以光緒二十七年提交各

〔註95〕〈1901 年 10 月 9 日（光緒二十七年八月二十七日）總稅務司赫德的修約節
　　　　略〉，中國近代經濟史資料叢刊編輯委員會主編：《辛丑和約訂立以後的商約
　　　　談判》，頁 2～3。
〔註96〕光緒二十八年正月初五，商約大臣盛宣懷致外部與英使訂行輪傳教訴訟通商
　　　　各條電，王彥威輯：《清季外交史料》（五），卷一五二，頁 179～180。

國領事的「約束教士教民十條」，希望外務部以此爲藍本，輾轉與各國商討。
其內容爲：

1. 洋教士與地方官往來函牘酬答，地方官應以客禮相待以示優異，
   而通中外之情。但洋教士即非職官，不得用公文照會，面談不得
   及公事，詞訟不得私函請託。違者重則送之出境，輕則申飭。

2. 教民必須照例呈訴地方官到案聽審，不得徑訴教士請領事照會上
   司，倘有教民未照例稟訴地方官，有案而徑稟教士請領事照會者，
   照越控例辦理。原告教民匿不到案者，案作了結，不能翻案。

3. 凡教堂收人入教必先查明其人平日實系安分，亦未與人涉訟，然
   後可收。若地方官查知其人並非安分之民，當即告教士，將此人
   屏逐出堂。

4. 凡教民如因其從教而受平民欺凌者，或爲地方官冤抑者，教士止
   可訴之於領事，由領事照會請派員查辦，但須教民眞系因從教受
   欺，教士方可稟訴領事干預。

5. 教民與平民止可一體看待，不得歧視。如地方官並未歧視，不得
   訴以冤抑。

6. 教民仍系中國子民，除酬神賽會不派錢外，如地方指派一切有關
   國家課稅有益地方公事善舉之錢，教民不得獨免，須與平民一律。

7. 華教士既非紳士，更非職官，仍系平民，不得拜會長官，擅投函
   牘，其見官禮節，必照平民一律。

8. 教士藏匿犯人抗不交官者，照會領事撤退，遣令出境。

9. 教堂不得藏匿犯事之人，如逃匿在內，差役可隨時入堂拘拿。

10. 洋教堂應報明地方官核實估價存案，教民講會之所並非洋式者亦
    應預先報官核實估價，如平日未經報官者與有商損只案中國民房
    辦理。〔註97〕

分析盛宣懷、劉坤一、張之洞的意見，主要包含了三方面：（一）關於傳教士：
必須在入內地前先向領事開列姓名，以便保護。（二）關於教民：同爲中國臣
民應一體遵守國法，不許傳教士介入地方牧民事務。（三）關於教堂：買地之
前必須獲得當地士紳的同意，建堂之後必須允許地方官隨時入內查訪。這與

〔註97〕光緒二十八年一月九日，鄂督張之洞致外部巳電各星使商各國政府約束教士
電，《清季外交史料》（五），卷一五二，頁183。

同治十年〈總理衙門致各國公使書〉內所提出的八條傳教章程相較，內容相差無幾〔註98〕。但就其精神而言，遠比同治十年總署所提的傳教章程，更行後退。總署所提的八條章程都是針對教會、教民以及教士不得干預中國內部事務，與外國商議尚在情理之中。但張之洞所提的「約束教民教士十條」，卻將原本懸之爲禁例或是清廷本身便可決定的事，也要交由各國外部商議。如其中的第四條，居然公然同意教士可商請領事，直接介入中國內部臣民的訴訟案件，雖說其先決條件必須是要地方官冤枉教民，方可介入。但此建議無疑是將咸豐十年以來，一再強調的將教民與一般平民同等看待的原則，破壞殆盡。若此條真的被寫進條約之中，教民特殊的地位勢必更爲強化。而其他各條的內容，絕大部分都是約束華籍教民、教士的內容，此事屬清廷內政的範圍，一道諭旨便可明訂的事，居然要徵求各國外部的同意，這也表明了自庚子以後，清廷國力的迅速消退，畏洋如畏虎的心態。

最後與英國商議的結果，只在光緒二十八年（1902）的新訂商約第十三款，加進了有關基督教的空洞文字，「中國之意，教事必須詳細商酌以免從前嫌釁滋事將來復萌。倘中國與各國派員會查此事盡力妥籌辦法，英國允願派員會同查議，盡力籌策，以其民教永遠相安。」〔註99〕將商議基督教傳教章條的責任，推給了各國，僅只表示若各國有意修改目前的基督教傳教條款，英國願意派員會同商議的空洞承諾。

至於在光緒二十九年（1903）與美國簽訂的新訂商約，清廷則獲得較多的承諾。中美新訂商約中，關於基督教的條款是第十四款，內容除了肯定耶穌、天主兩教是勸人爲善，所有願意信奉的華民，華官不得加以歧視禁阻外；還加上了聲明入教之華民一樣是中國子民，必須遵守國家法律，犯罪之後不能因身已入教而免追究，傳教士也不得干預中國官員治理華民之權等規定〔註100〕。美約雖未對違反規定的教士訂出相應處罰的規定，但至少是在條

〔註98〕同治十年總署所提出的八條傳教章程，內容參見李剛巳：《教務紀略》，卷三下，頁145～159。

〔註99〕清・陸元鼎編：《各國立約始末記》（五），卷二十六，頁2628。

〔註100〕中美新訂商約第十四款：「耶穌、天主兩等基督宗教旨原勸人行善，凡欲人施諸己者亦必如是施於人，所有安分習教傳教人等，均不得因奉教致受欺侮凌虐，凡有遵照教規無論華美人民安分守教傳教者，毋得因此稍被騷擾。華民自願奉基督教毫無限制，惟入教與未入教之華民均係中國子民，自應一體遵守中國律例，敬重官長和衷相處。凡入教者於未入教以前或入教後，如有犯法，不得因身以入教遂免追究。凡華民應納各項例定捐稅，入教者亦不得免

約上承認教民不得適用治外法權，以及教士不得干預公務，將這兩項清廷視爲至要的呼籲，寫進了條約之中。

日本亦有意援引基督教在華傳教之例，要求中國官方保護日本佛教僧侶，並同意讓僧人在各地買地建廟，清廷對此則深懷戒心，嚴詞拒絕。此事起於光緒二十五年（1899）日籍僧人大谷光瑞前來北京遊歷，請求頒給藏傳佛經以利誦習流布。適逢總署制訂「地方官與教中往來事宜」〔註101〕，日本公使矢野文雄照會總署，要求按照光緒二十二年（1896）簽訂的《通商行船條約》第四、第二十五款的規定，日本傳教之人也應比照基督教傳教士的待遇，一體適用〔註102〕。當時總署隨即覆函，以「地方官與教中往來事宜」專指基督教，他教不在其內，且條約內並無明文規定准許日本傳布佛教爲詞，加以拒絕〔註103〕。此後日籍僧人來華日多，竟也模仿起基督教傳教士的作法，

納，惟抽捐爲酬神賽會等舉起見，而與基督教相違背者，不得向入教之民抽取。教士應不得干預中國官員治理華民之權，中國官員亦不得歧視，入教不入教者須照律稟公辦理，使兩等人民相安度日。美國教會准在中國各處租賃及永租房屋地基，作爲教會公產以備傳教之用，俟地方官查明地契妥當蓋印後，該教士方能自行建造合宜房屋以行善事。」參見清・陸元鼎編：《各國立約始末記》（五），卷二十七，頁 2673～2674。

〔註101〕光緒二十五年，總理衙門與北京主教樊國梁商議地方官接待傳教士的程序，乃有此章程的制訂。主要的內容是將天主教的神品級比照清廷的官品級，總主教及主教等同於總督巡撫，大司鐸等同於司道，司鐸等同於州縣。目的是將傳教士請見官員的層級作一限制，如此一來大司鐸不能請見督撫，司鐸不能請見司道，且規定地方官接見傳教士的級別之後，就能免除傳教士直接請見地方大員的情事發生。雖然此章程的目的是在規定官員與教會人士交往時的禮節標準，但將神品直接比附於官品，無形中提高了傳教士的身份及威望，對鄉民百姓而言容易將傳教士視作與地方官分庭抗禮的另一官僚系統，反而製造了更多的糾紛，故在光緒三十四年由外務部奏准廢除。參見《教務教案檔》第六輯（一），頁 21～22。《清末教案》第三冊，頁 991～992。

〔註102〕中日《通商行船條約》第四款：「日本臣民准帶家屬、員役、僕婢等，在中國已開及日後約開通商各口岸城鎮來往居住，從事商業、工藝製作及別項合例事業。又准其於通商各口任意往返隨帶貨物家具，凡通商各口岸城鎮，無論現在已定及將來所定外國人居住界之內，均准賃買房屋、租地起造拜堂、醫院、墳塋，其一切優例豁除利益，均照現在及將來給與最優待之國臣民一律無異。」第二十五款：「按照中國與日本國現行各約章，日本國家及臣民應得優例豁除利益，今特申明存之勿失。又大清國大皇帝陛下已經或將來如有給予別國或臣民優例豁除利益，日本國家陳民意一律享受。」清・陸元鼎編：《各國立約始末記》（四），卷十八，頁 2235～2260。

〔註103〕光緒二十五年九月九日，日本國公使矢野文雄照會，《教務教案檔》第六輯（三），頁 2177。

介入信徒與平民間的訴訟，引起了當地百姓對日本佛寺的敵視。光緒三十二年（1906），發生了福建泉州府東本願寺被百姓滋擾的事件，日本公使隨即照會外務部要求比照基督教處理，雙方遂爲了日本佛教能不能來華傳教展開了交涉。日本所持的理由不外是中日《通商行船條約》內有利益一體均霑的規定，日本佛教也應比照西洋基督教在華的待遇，准許日僧傳教建廟，准許華民信教，地方官且需負保護的責任，當然若發生教案日本公使也有權向清廷展開交涉。清廷則反駁說「利益均霑」係指商務利益而言，傳教並無利益可言，自然不在均霑之列，且佛教中國自古即有之不勞日本前來傳布。而基督教的傳教之權，是在各國條約內訂有專款載明，故准許之。而清廷與日本所簽訂的條約之中，並無日僧傳教明文。因此，日僧到中國僅准照外人入內地遊歷之例，發給護照一體保護，不准該僧在內地傳教建廟，干預地方詞訟。各地督撫對於日本堅持有傳教之權，也深具戒心大表反對，北洋大臣袁世凱便認爲，日本是藉傳教「陰行其殖民政策」、「彼國政府方願得借釁端，爲擴張勢力範圍之地，大局之患，可爲寒心」〔註104〕。江蘇巡撫更露骨的指出，若准許日僧傳教「則二十一省自通都大邑以致僻壤窮陬，一經日僧煽誘，所有廟宇必盡歸日人，附屬僧眾將盡爲教民，而種種抗違法令，挾制官長，干涉地方之事必起。以後凡有廟宇之處，皆爲日僧權力所到之處，亦即爲日本政治所筦理之處」〔註105〕。南洋大臣周馥也認爲，若中國境內各宗教皆引日僧之例，「則遍地皆教民，教禍更無底止」，且准許日僧傳教之後結果已可預知，「試觀從前各國傳教之何情狀，則可知後來日本傳教作何結果矣」〔註106〕兩江總督甚至發文給屬下，說明日本條約向無傳教一款，因此嗣後不准日人違約在內地置產建堂，要求各屬地方官隨時稽查〔註107〕。就在各地省督撫同聲表示反對的情形下，日本公使雖疊次照會外務部希望准許日僧傳教，外務部還是表示礙難照辦。可見歷經幾十年基督教傳教的經驗，清廷上下已可預知，若准許日本佛教傳播，後果只是使另一宗教依拖在強國的保護之下，教

〔註104〕光緒三十一年三月二十五日，收北洋大臣袁世凱函，《教務教案檔》第七輯（二），頁 1166。

〔註105〕光緒三十一年四月二十二日，收江蘇巡撫信，《教務教案檔》第七輯（二），頁 1171。

〔註106〕光緒三十一年五月十日，收南洋大臣周馥函，《教務教案檔》第七輯（二），頁 1177～1178。

〔註107〕光緒三十四年五月十日，日本代理公使阿部守太郎照會，《教務教案檔》第七輯（二），頁 1233～1234。

案將永無終止之日。因此，就算是日本公使反覆要求開放日僧傳教，終清之世仍是委婉拒絕，不曾答應過日本的要求。

二、嚴懲護教不力的官員

關於處罰教案官吏的規定，早在光緒二十二年，御史陳其璋即提出「嚴定教案處分摺」，總理衙門核議後，由皇帝批准實施。觀其處分規定，除情節重大者請旨議處外，最重的處分不過是官降一級留任議處，並無將官員革職查辦永不敘用，乃至於流放、斬刑的規定。至庚子事變後，清廷對於發生教案所在地的地方官，處分越趨於嚴厲，反映了在各種辦法嘗試殆盡後，只好以嚴厲處罰的方式，逼迫地方官員盡全力防止教案的發生。

光緒二十六年八國聯軍攻陷北京，兩宮避走西安，為了議和的準備，於十二月十三日發佈了一道上諭，對於日後引起教案的官員，要作何處置，做了嚴格的規定：

> 著再責成各直省文武大吏，通飭各屬，遇有各國官民入境，務須切實照料保護。倘有不逞之徒，僞託義憤，凌虐戕害洋人，立即馳往彈壓，獲犯懲辦，不得稍涉玩延。如或漫無覺查，甚至有意縱容，釀成巨案，或另有違約之行不及時彈壓，犯事之人不立行懲辦，各該管督撫文武大吏及地方有司各官一概革職，永不敘用，不准投效他省，希圖開復，亦不得別給獎敘。〔註108〕

並且在隔日也發佈了一道上諭，嚴禁平民百姓再加入以仇教為名的團體，否則處死：

> 如在有怙惡不悛之徒私立仇教各會，持械相鬥，公然劫掠，除將爲首之人嚴密查拿盡法懲治外，其有甘心從逆、焚殺有據者，亦即按土匪章程懲辦，一律問死絕不寬貸。〔註109〕

此外，對於在拳亂期間，殺害外人的鄉鎮，則給予停止考試五年的處分。《辛丑和約》且規定，必須將這些上諭頒行佈告在各全國各州縣，為期兩年之久〔註110〕。在議和之後，基督教的地位獲得空前的保護，不僅百姓禁止加入仇

〔註108〕光緒二十六年十二月十三日上諭，《清季外交史料》（八），西巡大事記，卷四，頁117。

〔註109〕同註108，頁118。

〔註110〕清‧陸元鼎編：《各國立約始末記》（五），卷二十四〈辛丑各國和約〉，第十款，頁2508。

教團體，連官員也必須確實護教，否則便有斷送頂戴乃至送命的危險。

　　因此，義和團運動以後，「彈壓犯事」之人，便成為了地方官的首要任務。但無論地方官如何賣力的保護教堂，一發生教案，不管其有意抑或無意引起教案，地方官均難逃被革職的命運。甚至可以說只要有教案發生，清廷第一個反應即是將該管地方官革職，兇犯正法，再與各國領事商討賠償撫卹的事宜。如光緒二十七年的甘肅平羅教案，起因是強盜四出搶劫鄉民，並殺傷了幾名教民及教士，在事件發生後不久，清廷即將平羅前後任知縣、參將先行革職，再追捕匪徒〔註111〕。光緒三十一年廣東省連州，因傳教士私自拿走建醮酬神用的小炮，村民前往傳教士開辦的醫院理論，無意中看到醫院所藏嬰孩的標本，更是火上加油，以致醫院被焚燬並將五名美籍傳教士及其眷屬砍傷丟河溺斃〔註112〕。清廷以「該州漫不經心，出此重案，實屬咎無可辭。著查取職名，先行革職，其餘疏防各員均著查明，分別議處。」〔註113〕地方官隨即被革職；光緒三十二年兩名德籍傳教士在廣東東莞縣被強盜打劫並槍傷左足，結果也是地方官以保護不力為罪名被革職，並需賠償醫藥費九千餘元。〔註114〕

　　此外，甚至有外國公使代清廷擬好教案懲辦官員的處罰辦法，逼迫清廷接受的情事發生。最典型的例子是發生在光緒二十八年的湖南辰州教案，事件的起因是當地有瘟疫肆虐，百姓懷疑是因英國教士來此傳教，引起上天降災懲罰，並謠傳有教民指使老婦在各處井邊下毒，群情激憤，乃焚燬了當地教堂並毆斃兩名英國傳教士。事件發生後，湖南巡撫馬上請旨將辰州知府、沅陵知縣、城守都司、駐防毅字旗管帶參將等四名官員革職，並追捕相關人犯。但英國方面尚不以此為足，英國公使表明「此等重案重燃，與庚子數省大憲獲咎之巨禍情事相同。本政府視為極要，所有應得處分之官員必須從重嚴懲。」〔註115〕擬出相關官員的罪名以及應得的懲罰，以及求償一萬英鎊的

〔註111〕光緒二十七年十一月十八日，上諭，《清末教案》第三冊，頁129。

〔註112〕光緒三十二年八月五日，收署兩廣總督文，《教務教案檔》第七輯（二），頁970～971。

〔註113〕光緒三十一年十月七日，外務部發岑春煊電旨，《清末教案》第三冊，頁794。

〔註114〕光緒三十二年二月十七日，收德國公使穆默照會；二月二十日，外務部發德國公使照會；四月四日，收署粵督岑春煊文。《教務教案檔》第七輯（二），頁966～968。

〔註115〕光緒二十八年七月二十五日，英使薩道義照會，《清末教案》第三冊，頁447。

條件，逼迫清廷予以承認，否則就要追究更高層級官員的責任。清廷只好照英國的意思，「將已格辰州營都司劉良儒即行正法、統帶毅字營總兵顏武林訂為斬監候，參將張耀魁、桂陽營參將趙玉田均革職永不敘用，辰州府知府吳積鏊革職，永不敘用，並流五年。已格署沅陵縣知縣萬兆莘充發極邊，永不釋回，以示懲戒而昭炯戒。」〔註116〕官員除了革職永不敘用，還受到了斬首、充軍的處分，懲治可謂十分的嚴厲。光緒三十二年的江西南昌，也發生一件匪夷所思的案件，南昌縣令江昭棠受邀前往當地法國神父開辦的教堂，商議處理民教事宜，不料江令在堂中竟被利刃割傷頸部致死。消息傳出後，百姓轟傳是法國神父謀殺了縣令，結果打毀了三處法國教堂、傷害法人六名並波及英國教堂一處、殺傷三名英人。事件發生後，英法兩國公使均向外務部發出照會要求將處地方官從嚴懲辦。法國公使呂班更是在三月十五日親訪外務部，向清廷表明奉法國政府訓令要求「將巡撫革職永不敘用、藩臬兩司降三級調用、首府降為知縣、新建縣趙令及斐武官二人均革職永不敘用。」〔註117〕俾欲懲處地方官之後，方肯對後續的逞兇賠償事宜禁行談判。清廷只好將江西巡撫胡廷幹著先行徹任，布政使周浩奉旨查辦，按察使余肇康按吏部議降級調用〔註118〕。並且將傷害英法兩國教士的九名首犯立即正法、其他二十四名從犯刑期從終生監禁到罰做苦工半年不等，賠償法國人命及屋舍損失共二十五萬兩，英國四千七百鎊，才能將此案了結。〔註119〕

　　可見，進入二十世紀後，不斷的嚴罰地方官、賠償、懲兇，遂成為清廷解決教案的唯一辦法。但對於日本有意效法西方列強，欲成為佛教的護教者，清廷則是有所警覺，縱然是在國力衰弱的情況下，仍是堅定的予以拒絕。從這方面來看，清廷仍是有所堅持的。

小　結

　　光緒二十六年的義和團運動，是清末反教運動的最高潮，在清廷官方的

〔註116〕光緒二十八年十月三日，上諭，《清末教案》第三冊，頁512～513。
〔註117〕光緒三十二年三月十五日，法使呂班偕翻譯穆文琦到署會談，《教務教案檔》第七輯（二），頁747。
〔註118〕光緒三十二年四月七日，發英、法公使照會，《教務教案檔》第七輯（二），頁755。
〔註119〕光緒三十二年五月十二日，慶親王奏呈外務部就南昌教案議結事，附致英、法兩國公使照會，《清末教案》第三冊，頁888～893。

支持之下，全國各地陷入瘋狂的排外情緒之中。而傳教士做爲西方文化的代表者，當然首當其衝的受到百姓的攻擊，其攻教手段也頗爲殘忍，可以用屠殺來形容。如在風暴中心的山西省，巡撫毓賢在給清廷的奏章中提到他是將山西境內的傳教士、教民用計誘騙在教堂中，放火活活燒死教士教民，可說是殘忍至極。然此種出於非理性的排外運動，其結果只是爲原本國步維艱的大清王朝，帶來更多的災難，中國也不可能再退回閉關自守的狀態之中。因此，在激情過後知識分子開始認知暴力攻教並不能解決問題，乃對於清末以來所遭遇到的教務問題進行檢討和反省。肯定傳教士爲中國開辦的慈善事業確實有助於賑濟平民，對中國社會是有所貢獻的。解決教案問題，當從政治、經濟、外交、教育等方面來著手，無謂的暴力只是治絲而棼，無益於問題的解決。而在教會方面，也總結前此幾十年的傳教經驗，對於中國人爲什麼反教的原因，也有了更深的認識，因此也竭力避免傳教事業與帝國主義的侵略扯上關係，銳意改善教會在中國人心目中的印象，以期吸引更多的教徒，當然也就能避免中國人對教會的仇視。相較於教會與民間的反省，清廷在庚子以後的基督教政策，幾乎只能說是乏善可陳，對於抑制教案的發生幾乎是使不上力，只能嚴懲地方官，來安撫列強的不滿。

結　論

　　「禮儀之爭」在基督教傳播中國的過程中，扮演著重要的關鍵。在此之前康熙皇帝對於基督教，基本上是採取禮遇的態度，不僅准許百姓信奉基督教，更賜地讓教士建造教堂。皇帝對傳教士的喜愛，無疑的是起了風行草偃的效果，傳教事業在康熙前期的確取得不錯的成績。但自從教廷宣布禁行中國禮儀之後，不僅妨礙了中西文化正常的交流，也對傳教事業的重大打擊。自此之後，官方的態度是禁止西教傳播。因此，在雍正、乾隆期間屢次掀起全國性查緝基督教的行動，嘉慶十六年正式在《大清律例》裡加入了信奉天主教的治罪專條，天主教與其他秘密宗教一樣，視同「邪教」禁止傳習。禁教的傳統，到道光年間隨著西方列強勢力進入中國，逐漸崩潰。從《黃埔條約》到《北京條約》條約，基督教藉著條約的規定，一步步的取得在華自由傳教的權力，但也因為這個緣故，基督教始終無法與帝國主義撇清關係，引發了百姓對基督教的反感和誤解，以致於教案頻傳。清廷對基督教的政策也以此兩個條約為分界點，《北京條約》以前為限教，以後則奉行宗教自由的原則。

　　在道咸時期，清政府對基督教採取了限教的策略。不管是清廷與列強所簽訂的條約，抑或是皇帝所發佈的論旨，只承認傳教士可在通商口岸設立教堂，這是為了因應來華西人的需要，而居住在口岸的中國人也可憑一己之喜好入教。在中國內地，教民可在家中自行信仰基督。嚴格禁止傳教士進入內地傳教，便是這個時期限教政策的核心。對基督教的態度也較為寬鬆，只要大體不破壞《黃埔》和《望廈》兩條約的規定，對法使剌萼尼有關傳教方面的要求，基本上是一一予以滿足。但到了道光末至咸豐初，因廣州入城問題

的發酵，對外整體的氣氛轉向強硬。再加上太平天國以「拜上帝會」為號召起事於廣西金田，基督教與「拜上帝會」有相似的外表；傳教士與外國使節又不絕於途的前往天京訪問，使清廷有教徒會與「粵匪」暗通訊息的疑慮，遂對基督教採取緊縮的態度。因此在咸豐期間，遂有「天主教習教章程」的制訂，限制有特殊身的人，如旗民、官吏、兵丁不得信教。且為了與西教對抗，清廷也鼓勵各地方興辦義學，以提倡傳統文化的方式，作為與西教對抗的思想武器，抑制西教對百姓的吸引力並加強灌輸百姓忠君愛國的觀念。

《北京條約》為基督教爭取得宗教自由的權利，基督教在中國的處境進入了另一個里程碑。然而，條約雖然為傳播基督教大開方便之門，但其後遺症卻是十分巨大。中國人並未在傳教士身上看到耶穌博愛、寬慈的精神，反而看到國家受盡欺凌的恥辱。對基督教的反感妨礙了中國人對基督的皈依，再加上若干傳教士不合時宜的舉動與列強橫加干預教案的交涉，因此咸豐十年後，雖傳教士大舉進入內地傳教，但頻繁的接觸卻無法消除百姓對基督教的惡感，從而引發了一連串的教案。在此之後，傳教自由已成定局，勢難改變，清廷對基督教的政策也不得不隨之調整。處理教案交涉的最高原則，是遵守條約的規定，所謂「外敦信睦而隱示羈縻」，顯示出清廷在無力改變現狀下，只好無奈的接受現實，確實遵守條約的規定，「審時度勢」的來辦理教案。另一方面，清廷也試圖與各國制訂傳教規章，試圖將傳教士納入政府的管理，使之如同僧侶、道士般，有一套管理的機制。另外，對教士、教堂則力行保護政策，多次要求地方官以對士紳之禮對待傳教士，但堅持傳教士是民而非官，不能介入地方公務；教民雖信教，但仍是中國百姓，不能自外於國法。

而面對法國以保教權為藉口，動輒介入民教糾紛的交涉，清廷此時也進行削弱法國保教權的動作。法國保教權的獲得是因教廷並無使節駐紮中國，故不得不將在華教務託付給法國，以代為處理。故為徹底解決此一問題，光緒十一年（1885）總署決定派人前往羅馬，交涉通使事宜。一開始本十分順利，可惜在法國對教廷施加壓力的情況下，功虧一簣。教廷宣布無限期延後派使來華的計畫，一直要到 1922 年教廷才派出宗座代表使華，中羅通使的事情才又顯露曙光〔註1〕。而法國因行使保教權而獲得龐大的利益，也使其他列

─────────────────────

〔註 1〕 教廷於 1922 年派剛恆毅（Celso Costantini）為駐華宗座代表，1945 年改宗座代表為教廷駐華公使，1961 年升格為大使。但自中華民國退出聯合國以後，

強豔羨，紛紛要求自行保護本國的傳教士。清廷一開始基於「以夷制夷」的思想，對於其他國家的主張，抱以樂觀其成的態度。不料卻造成前迎狼後拒虎的局面。光緒十五年（1889）德國取得山東省的保教權，雖割裂了法國壟斷保教權的態勢，但德國卻比法國更加積極的動用武力介入教務，支持德國籍的傳教士。光緒二十三年（1897）以山東巨野教案爲藉口，強行租借膠州灣，引發其他列強的效尤，形成「瓜分風潮」。

　　長期的民教緊張終在光緒二十六年（1900），引發了一場超大規模的教案。即義和團運動，這是第一次全國性的反基督教運動。事件的起因原本只是針對傳教士欲「盡毀教堂」，但在清廷官方的支持之下，全國各地陷入瘋狂的排外情緒之中，遂演變成針對全體外來事物的極端排外運動。傳教士做爲西方文化的代表者，當然首當其衝的受到百姓的攻擊，其攻教手段也頗爲殘忍，可以用屠殺來形容。這場動亂對於教會和中國知識分子都印象深刻，致使兩方面都深切思考著，如何防止類似不幸事件再度發生。教會方面，總結前此幾十年的傳教經驗，對於中國人爲什麼反教的原因，也有了更深的認識，因此，竭力避免傳教事業與帝國主義的侵略扯上關係，銳意改善教會在中國人心目中的印象，以期吸引更多的教徒。透過開辦高等教育的方式，希望從教會大學畢業的菁英份子，縱使不必然成爲教徒，至少降低對基督教的惡感，以改善基督教在中國的處境。而知識份子則認知非理性的暴力並不能解決問題，解決教案問題，當從政治、經濟、外交、教育等方面來著手，無謂的暴力只是治絲益棼，無益於問題的解決。自此以後，一方面教會與民間的努力獲致成效，一方面是庚子以後清廷內部的保守勢力被摧毀殆盡，民教之間的衝突不僅在密度上、規模上，皆比以前降低許多。二十世紀的最初二十年，傳教事業且呈現迅猛的發展，成爲教會的「黃金期」。

　　清廷基督教政策的最大特色是將教案處理地方化。教案發生的原因，一大半要歸咎於地方官不善處理民教關係所致，故清廷以明訂治罪專條以及要求地方分攤教案賠款的方式，逼迫地方官負起教案處理的責任，以防患於未然。而各省也成立專責處理教案的機構，這些機構就其性質而言並不屬於編制內的機關，而是屬於臨時性的任務編組。原本的構想是希望能縮短行政流

教廷駐華大使館則只有代辦，中國駐教廷大使仍舊繼續留任。參見羅光：〈天主教的政教關係觀〉，收入鄭樑生主編：《第二屆中國政教關係國際學術討論會論文集》（台北：淡江大學歷史系，1990 年），頁 93～97。

程，儘速解決堆積如山的民教糾紛，而使外人不致認為是中國在藉故拖延，不處理教案。但時日漸久，這些各式各樣的「局」卻變成清末安置冗員的最佳處所，不但不能達成預期的目標，反而造成多頭馬車、權責不清的後果。

清廷也放任地方官與當地傳教士與領事，訂立雙方都能接受的協議，以處理日益棘手的教務問題，所謂：「沿海通商省分交涉日繁，內地各省亦有教堂、教民及鐵路、礦務事件，往往事機緊要，刻不容緩，總理衙門王大臣實有不能遙制之處」所以各省督撫將軍均兼總理各國事務大臣銜，「以便遇事及早處理」〔註2〕。尤其在總署試圖透過中央政府政定傳教規章的努力失敗後，各地督撫自行商議章程確實能解決部分的教務問題。但放任督撫自行商議外交協定的結果，卻是造成中央控制力日益削弱，地方日益不聽中央的號令，遂演變成在義和團事件中清廷下詔對各國宣戰，東南各省督撫卻聯合抵制的不堪局面。

傳統「政控制教」的思維，也一再橫貫於晚清基督教政策之中。從同治四年（1865）成都將軍崇實與四川主教洪廣化所議定的十四條章程，到同治十年（1871）總署提交各國的八條傳教章程，都顯示出清廷欲控制基督教傳教活動的意圖。控制傳教得不到西方國家的回應後，清廷便由自身著手要求全國督撫調查各地教堂的細節，並需按時呈報總署，試圖以掌握教產人數等細節來控制基督教。庚子以後，「政控制教」的想法仍未嘗稍歇，與英美新訂商約時想另定傳教專條，便顯示出此種想法。光緒二十八年（1902）朝廷更明發上諭要求外務部與天主、耶穌兩教制訂民教相安的章程，「彼此公同議定，通行各教士一體照辦，並將所定規條行知各省督撫等，通飭各屬刊刻曉事。」〔註3〕表明自咸豐十年基督教信仰自由以後，雖「政受制於教」的局面逐漸形成，但清廷仍有很強烈控制教權的意圖。〔註4〕

〔註2〕 張壽鏞等纂：《皇朝掌故彙編》，外編卷一，外務部（台北：文海出版社），頁26～27。

〔註3〕 光緒二十八年三月一日，軍機大臣榮祿奏陳民教宜求相安極應商訂規條消除隱患摺、著外務部與獎國標商議不安本分之人無從投教事上諭；光緒二十八年五月二十八日，慶親王奕劻等奏為擬與耶穌教會商訂民教相安章程摺、著外務部即將現擬民教相安規條與李提摩太商議事上諭。中國第一歷史檔案館編：《清末教案》第三冊，頁256～257、385。

〔註4〕 查時傑將近代中國政教關係分為三種模式：咸豐十年以前為「政控制教」，咸豐十年以後「政受制於教」的局面逐漸形成，民國肇建後則轉變為「政教分立」、「政教分離」的模式。參見查時傑：〈民初的政教關係——兼論近代中國

綜觀晚清以來，「隨機應變」凸顯於清末基督教政策之中，清廷對基督教並無一套完整的作法，來抑制教會並控制教民。踵因於晚清以來的政教關係，脫離了傳統政權控制教權的常軌，教權憑藉著西方列強的庇護漸凌駕於政權之上。面對這嶄新的局面，因無先例可循，清廷處理起來就顯得步履蹣跚、毫無章法，只有等到新危機出現時，才想辦法處理。如在中法《北京條約》中輕易賦予法使在教務方面特殊的地位，但法國以保教權為藉口動輒介入民教交涉時，清廷才想要藉由與教廷通使，斬斷法國與教務的聯繫，以釐清教務與外交間千絲萬縷的關係。清廷也從未想到統計國內到底有多少教堂、傳教士及教民人數，直到光緒十七年（1891）長江沿岸各省相繼發生教案時，才通令各省清查教堂。到光緒二十五年（1899），清廷才想到要將以往事關教案的華洋交涉成案，編輯成書，以供地方官參考〔註5〕。然而，隨著交往日漸頻繁，清廷也逐漸意識到教案會如此頻繁發生，與條約中賦予外人的治外法權有相當大的關係。故辛丑之後與各國續定商約談判，清廷提出在中國改善法律之後，列強必須放棄治外法權的要求。張之洞便明確的向英國表示：「在我們的法律修改了以後，外國人一律受中國法律的管轄。」〔註6〕最後在中英《新訂商約》第十二款只表示，等到中國律例及審判情形改善後，英國願意放棄在華治外法權〔註7〕。此後，在中美商約、中日商約中也都做了相同的規定。雖然不能立即取消外人的治外法權，且所附加的條件也非清廷所能左右，但畢竟列強同意在一定的條件下放棄特權，無疑是一種進步。

因此，晚清的基督教政策雖有其缺陷與不完整的一面，帶有弱國外交的強烈色彩。但也應看到清廷對基督教亦非一味的媚外退讓，採取了許多步驟來預防民教衝突的發生和阻止衝突進一步的激化，這些都是值得予以肯定的地方。

政教關係三模式〉，收入李齊芳主編：《中國近代政教關係國際學術研討會論文集》（台北：淡江大學歷史系，1987年），頁237～261。

〔註5〕光緒二十五年六月一日，上諭，《教務教案檔》第六輯（一），頁34。

〔註6〕〈1902年7月17日馬凱在武昌紗廠與張之洞等會議簡記〉，中國近代經濟史資料叢刊編輯委員會主編：《辛丑和約訂立之後的商約談判》，頁137。

〔註7〕中英新訂商約第十二款：「中國深欲整頓本國律例，以期與各西國律例改同一律，英國允願盡力協助，以成此舉。一俟查悉中國律例情形及其審斷辦法及一切相關事宜皆臻妥善，英國即允棄其治外法權。」參見陸元鼎編：《各國立約始末記》（五），卷二十六，頁2628。

參考書目

一、檔案、官書、文集

1. 中央研究院近代史研究所編印：《教務教案檔》（台北：中央研究院近代史研究所），凡七輯：

    (1) 第一輯：咸豐十年～同治五年（1860～1866），民國 63 年 2 月初版。

    (2) 第二輯：同治六年～同治九年（1867～1870），民國 63 年 8 月初版。

    (3) 第三輯：同治十年～光緒四年（1871～1878），民國 65 年 5 月初版。

    (4) 第四輯：光緒五年～光緒十二年（1879～1886），民國 65 年 5 月初版。

    (5) 第五輯：光緒十三年～光緒二十一年（1887～1895），民國 66 年 10 月初版。

    (6) 第六輯：光緒二十二年～光緒二十五年（1896～1899），民國 69 年 9 月初版。

    (7) 第七輯：光緒二十六年～宣統三年（1900～1911），民國 70 年 11 月初版。

2. 《大清十朝聖訓》（台北：文海出版社，民國 54 年）。

3. 《外交報彙編》（台北：廣文書局影印本，民國 53 年）。

4. 《清初及中期對外交涉條約輯——康、雍、乾、道、咸五朝條約》（台北：國風出版社，民國 53 年）。

5. 《欽定大清會典》（光緒十二年敕修、光緒二十五年刊本）（台北：中文書局，民國 52 年）。

6. 于能模等編：《中外條約彙編》（台北：文海出版社，民國 53 年）。

7. 中國史學會編：《第二次鴉片戰爭》（上海：上海人民出版社，1978 年）。

8. 中國第一歷史檔案館、福建師範大學歷史系合編：《清末教案》第一、二、三、五冊（北京：中華書局，1996 年）。

9. 中華續行委辦會調查特委會編：《中華歸主》上、下冊（中譯本）（北京：中國社會科學院出版社，1987 年）。

10. 中國近代經濟史資料叢刊編輯委員會主編：《辛丑和約訂立之後的商約談判》（北京：中華書局，1994 年）。

11. 文慶、賈楨、寶鋆等編：《籌辦夷務始末》道光朝、咸豐朝、同治朝（台北：國風出版社，民國 52 年）。

12. 王之春：《清朝柔遠記》（北京：中華書局，1989 年）。

13. 王明倫編：《反洋教書文揭帖選》（濟南：齊魯書社，1984 年）。

14. 王炳燮：《毋自欺室文集》（台北：文海出版社，民國 57 年）。

15. 佚名編：《義和團檔案史料》（台北：文海出版社，民國 65 年）。

16. 吳汝倫編：《李文忠公集》（台北：文海出版社，民國 73 年）。

17. 李剛巳編：《教務紀略》（台北：文海出版社，民國 76 年）。

18. 姚雨薌原纂、胡仰山增輯：《大清律例會通新纂》（台北：文海出版社，民國 76 年）。

19. 夏燮：《中西紀事》（台北：文海出版社，民國 51 年）。

20. 郭嵩濤：《養知書屋文集》（台北：文海出版社，民國 57 年）。

21. 陳垣輯：《康熙與羅馬使節關係文書》（影印本）（台北：台灣學生書局，民國 62 年）。

22. 陸元鼎：《各國立約始末記》（清光緒三十二年刊本影印）（台北：華文書局，民國 57 年）。

23. 程宗裕編：《教案奏議彙編》（台北：國風出版社，民國 59 年）。

24. 黃伯祿：《正教奉褒》（上海慈母堂，光緒三十年第三次編印）。

25. 楊光先：《不得已》，民國 18 年巳巳中社影印出版。

26. 楊家駱主編：《義和團文獻彙編》（台北：鼎文書局，民國 62 年）。

27. 溫廷敬編：《丁中丞（日昌）政書》（台北：文海出版社，民國 69 年）。

28. 劉錦藻：《清朝續文獻通考》（台北：新興書局，民國 52 年）。

29. 蔡乃煌總纂：《約章分類輯要》（台北：文海出版社，民國 75 年）。

30. 薛允升：《讀例存疑》（台北：成文出版，1970 年）。

31. 薛福成：《庸菴文編》（台北：文海出版社，民國 62 年）。

32. 樊國樑：《燕京開教略》上中下篇（光緒三十一年救世堂排印本）。

二、專書、論文集、學位論文

1. 法・施阿蘭著、袁傳璋等譯：《使華記（1893～1897）》（北京：商務印書

館，1989年）。

2. 法‧衛青心著、黃慶華譯：《法國對華傳教政策——清末五口通商和傳教自由》上、下卷（北京：中國社會科學院，1991年）。

3. 法‧謝和耐著、耿昇譯：《中國和基督教——中國和歐洲文化之比較》（上海：上海古籍出版社，1991年）。

4. 美‧威力斯頓‧沃克著：《基督教會史》（北京：中國社會科學院出版社，1991年）。

5. 美‧柯文著、林同奇譯：《在中國發現歷史——中國中心觀在美國的興起》（板橋：稻鄉出版社，民國80年）。

6. 美‧馬士‧密亨利：《遠東國際關係史》（上海：上海書店出版社，1998年）。

7. 美‧馬士著、張匯文等譯：《中華帝國對外關係史》第一、二、三卷（上海：上海書店出版社，2000年）。

8. 美‧費正清、劉廣京編：《劍橋中國晚清史》上、下卷（北京：中國社會科學出版社，1993年）。

9. 《歷史與宗教——紀念湯若望四百週年誕辰暨天主教傳華史國際學術研討會》（新莊：輔仁大學出版社，民國81年）。

10. 中華文化復興運動推行委員會主編：《中國近代現代史論集‧第四編‧教案與反西教》（台北：台灣商務印書館，民國74年）。

11. 王文杰：《中國近世史上的教案》（福州：私立福建協和大學中國文化研究協會，民國36年）。

12. 王立新：《美國傳教士與晚清中國現代化》（天津：天津人民出版社，1997年）。

13. 王立誠：《中國近代外交制度史》（蘭州：甘肅人民出版社，1995年）。

14. 王建郎：《中國廢除不平等條約的歷程》（南昌：江西人民出版社，2000年）。

15. 王爾敏：《晚清商約外交》（香港：中文大學出版社，1998年）。

16. 史台麗：《晚清時期山西省的教務與教案》（台北：中國文化大學史學研究所碩士論文，民國82年）。

17. 史靜寰、王立新合著：《基督教教育與中國知識份子》（福州：福建教育出版社，1998年）。

18. 四川省哲學社會科學學會聯合會、四川省近代教案史研究會合編：《近代中國教案研究》（成都：四川省社會科學院出版社，1987年）。

19. 吳吉遠：《清代地方政府的司法職能研究》（北京：中國社會科學出版社，1998年）。

20. 吳暉：《清季中美教案之研究》（台北：政治大學歷史研究所碩士論文，

民國 76 年）。

21. 吳福環：《清季總理衙門研究》（台北：文津出版社，民國 84 年）。

22. 呂實強：《中國官紳反教的原因》（台北：中國學術著作獎助委員會，1966 年）。

23. 李天綱：《中國禮儀之爭──歷史・文獻和意義》（上海：上海古籍出版社，1998 年）。

24. 李時岳：《近代中國反洋教運動》（北京：三聯書店，1986 年）。

25. 李晉榮：《清季四川教案之研究》（台北：政治大學外交研究所碩士論文，民國 74 年）。

26. 李寬淑：《中國基督教史略》（北京：社會科學文獻出版社，1998 年）。

27. 李德徵：《義和團運動史》（台北：漢京文化事業有限公司，民國 76 年）。

28. 李齊芳主編：《中國近代政教關係國際學術研討會論文集》（台北：淡江大學出版社，1987 年）。

29. 沙百里著、耿昇、鄭德弟譯：《中國基督徒史》（北京：中國社會科學院，1998 年）。

30. 佟洵主編：《基督教與北京教堂文化》（北京：中央民族大學出版社，1999 年）。

31. 周錫瑞著、張俊義譯：《義和團運動的起源》（南京：江蘇人民出版社，1998 年）。

32. 林文慧：《清季福建教案之研究》（台北：台灣商務印書館，民國 78 年）。

33. 林治平：《基督教與中國近代化論集》（台北：台灣商務印書館，民國 77 年）。

34. 林治平主編：《基督教入華百七十年紀念集》（台北：宇宙光出版社，民國 66 年）。

35. 林華國：《義和團史事考》（北京：北京大學出版社，1995 年）。

36. 威羅貝著、王紹坊譯：《外人在華特權與利益》（上海：三聯書局，1957 年）。

37. 剛恆毅：《剛恆毅樞機主教回憶錄──在中國耕耘》上、下策（台北：天主教主徒會，民國 67 年）。

38. 唐瑞裕：《清季天津教案之研究》（台北：文史哲出版社，1993 年）。

39. 徐宗澤：《中國天主教史概論》，民國叢書第二篇（十一）哲學・宗教類。

40. 秦家懿、孔漢思著：《中國宗教與基督教》（北京：三聯書店，1997 年）。

41. 張力、劉鑑唐：《中國教案史》（成都：四川社會科學院出版社，1987年）。

42. 張仲禮著、李榮昌譯：《中國紳士》（上海：上海社會科學院出版社，1998年）。

43. 張澤：《清代禁教時期的天主教》（台北：光啓出版社，民國81年）。

44. 梁伯華：《近代中國外交的巨變》（台北：台灣商務印書館，民國80年）。

45. 梁家麟：《徘徊於耶儒之間》（台北：宇宙光出版社，民國86年）。

46. 郭廷以：《近代中國史綱》（香港：中文大學出版社，1994年）。

47. 陳方中：《法國天主教傳教士在華傳教活動與影響（1860～1870）》（台北：師範大學歷史研究所博士論文，民國88年）。

48. 陳銀崑：《清季民教衝突的量化分析（1896～1899）》（台北：台灣商務印書館，民國80年）。

49. 陶文釗選編：《費正清選集》（天津：天津人民出版社，1992年）。

50. 馮祖貽、范同壽、顧大全主編：《教案與近代中國》（貴陽：貴州人民出版社，1990年）。

51. 黃于珊：《明清之際中國社會各階層反天主教之心態》（台北：台灣大學歷史研究所碩士論文，民國87年）。

52. 楊元華：《從黃埔條約到巴拉迪爾訪華》（福州：福建人民出版社，1995年）。

53. 楊天宏：《基督教與近代中國》（成都：四川人民出版社，1994年）。

54. 董叢林：《龍與上帝——基督教與中國傳統文化》（北京：三聯書店，1992年）。

55. 劉子揚：《清代的地方官制》（北京：紫禁城出版社，1994年）。

56. 劉小楓主編：《道與言——華夏文化與基督文化相遇》（上海：上海三聯書店，1995年）。

57. 鄭樑生主編：《第二屆中國政教關係學術討論會論文集》（台北：淡江大學歷史系，1990年）。

58. 德禮賢：《中國天主教傳教史》（台北：台灣商務印書館，民國57年）。

59. 樓均信、鄭德弟、呂一民主編：《中法關係史論》（杭州：杭州大學出版社，1996年）。

60. 鄭秦：《清代司法審判制度研究》（長沙：湖南教育出版社，1988年）。

61. 鄭鵬程、丁波等編：《中國宗教流變史》（武漢：湖北人民出版社，2000年）。

62. 穆啓蒙著、侯景文譯：《中國天主教史》（台北：光啓出版社，民國81年）。

63. 戴玄之：《義和團研究》（台北：文海出版社，民國 56 年）。

64. 謝俊美：《政治制度與近代中國》（上海：上海人民出版社，1995 年）。

65. 羅光：《教廷與中國使節史》（台北：傳記文書出版社，民國 72 年）。

66. 顧長聲：《傳教士與近代中國》（上海：上海人民出版社，1981 年）。

67. 顧維鈞著、吳琴孫譯：《外人在華之地位》（出版地、者不詳，民國 14 年）。

68. 顧衛民：《基督教與近代中國社會》（上海：上海人民出版社，1996 年）。

69. 顧衛民：《中國與教廷關係史略》（北京：東方出版社，2000 年）。

70. 龔政定：《法國在華之保教權》（台北：政治大學外交研究所碩士論文，民國 51 年）。

三、期刊論文

1. 王立新：〈晚清政府對基督教與傳教士的政策〉，《近代史研究》第三期，1996 年。

2. 王先明：〈論清代的「教案」與「防夷」：「閉關主義」政策的在認識〉，《近代史研究》第二期，1993 年。

3. 王棟：〈道咸經世派基督教觀述評〉，《北方論叢》第二期，1990 年。

4. 冉光榮：〈清前期天主教在川活動與清政府的查禁〉，《社會科學研究》第四期，1985 年。

5. 呂實強：〈晚清中國知識分子對其基督教義理的闢斥：1860～1898〉，《師大歷史學報》第二期，1974 年。

6. 呂實強：〈晚清中國知識份子對其基督教在華傳教目的的疑懼：1860～1898〉《師大歷史學報》第三期，1975 年。

7. 呂實強：〈晚清知識份子反教言論的分析之一：反教的倡議（1860～1898）〉，《中央研究院近代史研究所集刊》第四期（上），1973 年。

8. 呂實強：〈晚清時期基督教在四川省的傳教活動及川人的反應：1860～1911〉，《師大歷史學報》第四期，1976 年。

9. 易孟醇：〈曾國藩在辦理天津教案中的心理矛盾〉，《近代史研究》第一期，1990 年。

10. 孫江：〈儒家思想與近代士大夫反基督教〉，《南京大學學報》（哲人社）第一期，1988 年。

11. 孫若怡：〈保教權的固守與教務的處理——法國公使施阿蘭在華的歲月之一〉，《近代中國》第一二○期，民國 86 年。

12. 張朋園：〈理性與傲慢：清季貴州田興恕教案試釋〉，《中央研究院近代史研究所集刊》第十七期（上），1988 年。

13. 張秋雯：〈古田菜會的反教事件〉，《中央研究院近代史研究所集刊》第十六期，1987 年。

14. 張秋雯：〈光緒二十一年成都等處教案〉，《師大歷史學報》第三期，1975 年。

15. 張秋雯：〈光緒三十二年的南昌教案〉，《中央研究院近代史研究所集刊》第十二期，1983 年。

16. 葉仁昌：〈明清基督教傳入以前中國政教關係的傳統〉，《新竹師範學報》第五期。

17. 莊吉發：〈清代教案史料的搜集與編纂〉，《幼獅月刊》第四十七卷第二期。

18. 戚其章：〈反洋教運動發展論〉，《近代史研究》第三期，1990 年。

19. 戚其章：〈近代教案與義和拳運動的興起〉，《貴州社會科學》（文史哲版）第四期，1991 年。

20. 陶飛亞：〈晚清知識分子非基督教傾向的文化原因〉，《世界宗教研究》第三期，1988 年。

21. 陶飛亞：〈十九世紀山東新教與民教關係〉，《文史哲》第一期，1991 年。

四、西文資料

1. Baldwin, S. L., *The Chinese Recorder and Missionary Journal*, Foochow, Rozarie Marcal and Co., 1868~1876, 1877~1882, 1889~1893, 1899~1903, 1904~1907.（中央研究院近代史研究所郭廷以圖書館存有微捲）

2. Cohen, Paul A., *China and Christanity: the Missionary Movement and the Growth of Chinese Antiforeignism, 1860~1870*. Cambridge Mass., 1963.台北：虹橋書店，民國 61 年。

3. Wehrle, Edmund S., *British, China, And The Anti-missionary Riots, 1891~1900*. Minnesota Univ. Press, 1966.

4. Latourette, Kenneth Scott, *A History of Christian Missions in China*. New York, 1929.

5. Fairbank, John K., *The Missionary Enterprise in China and America*. Harvard Univ. Press 1974.

6. Hart, Robert., *These From The Land of Sinim-Essays on the Chinese Question*. London, 1901.

7. Cohen, Paul A., *The Hunan Kiangsi: Antimissionary Incidents of 1862*. Paper on China, 12, 1958.

8. Fairbank, J. K., *Patterns Behind the Tientsin Massacre*. Asiatic Studies. Vol. 20, No. 3, 4, 1957.

清代靳輔治理黃、淮、運三河研究

郭子琦　著

作者簡介

郭子琦，男，民國 73 年 6 月 30 日生，95 年 6 月畢業於中國文化大學史學系，獲得文學學士學位；99 年 1 月畢業於國立彰化師範大學歷史學研究所，獲得文學碩士學位。在攻讀碩士學位期間，蒙蔡院長泰彬指導碩士論文，研究方向為明、清時代水利史，題目為《清代靳輔治理黃、淮、運三河研究》，此文結合歷史與地理的見解，冀後人對清初靳輔的水利措施有更進一步的瞭解。

提　　要

　　靳輔（1633 ～ 1692）一生中最大的功績可謂是整治黃、淮、運三河，讓漕運暢通，穩定國力，為「康乾盛世」創造必要的條件。

　　本文總計五章，內容論述除了緒論與結論外，主論內容分為三章，分別為第二章「生平與治河思想」，除了對靳輔的生平做一概略的簡介外，本章的重點放在靳輔治河思想的起源與潘季馴和靳輔兩人間對於「束水攻沙論」的比較與分析。第三章「治河計畫與執行」，把靳輔的治河計畫與工程分別以黃、淮、運三節作介紹，最後再說明靳輔治河後對漕運人事與制度上的調整。第四章「治河爭議與靳輔去職」，敘述靳輔治河之後，時人對靳輔的批評與打擊，並對靳輔去職的原因做一描述與評論。

　　透過史料的整理，除了比較靳輔與潘季馴對於「束水攻沙論」的差異外，同時對於靳輔治河計畫與工程執行上的不同詳加描述，並分析工程改變的原因與影響。經過對靳輔治理黃、淮、運三河的探討後，冀望本文對於明末清初的水文與歷史研究能有所幫助。

謝　辭

　　在研究所的這段時光之中，有許許多多不同的挑戰與磨練，也帶來不同的艱辛與快樂，而這些已隨著論文的結束而劃下了句點。

　　要感謝的人很多，首先是我的家人，因為你們的支持，讓我可以無後顧之憂，往我的研究所之路邁進；其次，是我的指導教授——蔡泰彬院長，有您的支持及寶貴的意見，讓我可以在一年級的時候就決定自己論文的方向，經過不停的討論、修正，終於完成了這本論文；此外，感謝研究所期間，授與我們專業知識的老師們——陳文豪老師、莊世滋老師、顧雅文老師以及何猷賓老師。謝謝老師們，讓我涉獵到更多不同領域的知識學問，加強了自己的競爭力，亦培養了發掘問題、界定問題、分析問題以及解決問題的能力。亦感謝我的校外口試委員——吳智和老師以及賴福順老師，給了我很多的鼓勵和指導，使得我的論文能夠更完整而嚴謹。

目

次

第一章　緒　論

第一節　研究動機與目的

　　自清順治初年（1644）算起，至康熙 16 年（1678）靳輔（1633～1692）擔任河道總督為止，清廷曾五次更換河道總督，在這三十四年期間，就只有順治時期的楊方興（？～1665）與朱之錫（？～1666）兩人有所作為，但是朱之錫在康熙 5 年（1667）身卒之後，〔註1〕康熙皇帝雖任命多位河道總督，皆不能任事，黃河決堤的情形越加嚴重，像是原貴州總督楊茂勳接掌河務，不到兩年便被御史彈劾；在康熙 8 年上任的羅多亦無作為，〔註2〕在康熙 10 年（1672）便遭罷撤；〔註3〕其後就任的王光裕，雖然想施展抱負，但因河工壞潰的情形嚴重，在康熙 16 年即遭解任。〔註4〕為整治河患，於是康熙皇帝任命原安徽巡撫靳輔為河道總督。

　　黃河的河患，在靳輔治理河務後確有所改觀，他在康熙 16 年就任河道總督，雖然在康熙 27 年（1689）因捲入政爭而被免職，其後在康熙 31 年（1693）又重新上任，最後卒於任內，靳輔任河道總督總計有十一年，論其任河官的時間遠超過之前的幾位，由此足以證實康熙對靳輔的賞識與重用，而他不僅僅是清代河臣中，治理黃河第一個獲得巨大成效者，靳輔的治河方針也一直

〔註1〕孟森、金兆蕃等，《清史稿》，收錄於《清代史料彙編》（香港：益漢書樓，民國 66 年 4 月），志一百七，〈河渠志一・黃河〉，頁 1133～1134。
〔註2〕《清史稿》，志一百七，〈河渠志一・黃河〉，頁 1134。
〔註3〕《清史稿》，志一百七，〈河渠志一・黃河〉，頁 1134。
〔註4〕《清史稿》，志一百七，〈河渠志一・黃河〉，頁 1134。

被清代的水利專家所討論與沿用，可謂清代治河方針在靳輔就任河道總督時便被確立下來，甚至現代治水專家在探討黃河工程時，對於靳輔的治黃方針也十分重視，足以證明其理論的實用性與重要性。

「束水攻沙論」是靳輔治河政策的中心策略，這一個方法雖然不是他所發明，但是靳輔絕對是「束水攻沙論」的繼往開來者，他不僅自歷史中傳承了前人的智慧，將「束水攻沙論」的優點發揮得淋漓盡致，同時也記取了前人的教訓，把「束水攻沙論」不足之處予以改良，不再死守著「築堤束水」的方針，同時兼容著「宣洩」之法，化黃河「怒濤」為「平水」。

除此之外，靳輔任河道總督的期間，不但為清廷省下不少預算，減輕政府財政負擔，而且以創新的方式奇蹟似的治退水患；所以想要了解有清一代的治水政策與方針，從靳輔著手絕對是必要的選擇。因為靳輔可以說是清代治理黃、淮、運三河不能不論說的一位歷史人物，對於他的經歷、生涯、想法以及究竟用何種方法來整治黃河，以及自明中期以來一直困擾政府的漕運問題，不由得引來濃厚的疑問與興趣。因此本論文的撰寫動機就是希望以靳輔作為開端，能一窺清代初期的治水政策與方針，同時也希望本文能對清代水利史的研究能有所幫助。

第二節 相關研究之回顧

靳輔治河對於清代有如此重大的影響，也是每一本水利書籍必定會提到的人物，但是有關他的專題著作實際上並不多見。

在水利史專著方面有侯仁之在燕京大學的學士論文〈靳輔治河始末〉、[註5] 林天人的〈清初河防政策與河工研究：以靳輔的治河為考察重心〉、[註6] 孫琰的〈清朝治國重心的轉移與靳輔治河〉、[註7] 王萍和張秀蘭合撰的〈靳輔治理黃河事略〉、[註8] 晏路的〈郭琇彈劾靳輔案中案〉，[註9] 還有林承戰在台灣大

〔註5〕 侯仁之，〈靳輔治河始末〉，《史學年報》，1984 年第 2 卷，第 3 期，頁 43～88。
〔註6〕 林天人，〈清初河防政策與河工研究：以靳輔的治河為考察重心〉，《地理研究》，第 45 期，民國 95 年 11 月，頁 93～121。
〔註7〕 孫琰，〈清朝治國重心的轉移與靳輔治河〉，《明清史研究》第 6 期，1996 年，頁 113～116。
〔註8〕 王萍、張秀蘭，〈靳輔治理黃河事略〉，《蘭台世界》，遼陽：1998 年 7 月，頁 112～116。
〔註9〕 晏路，〈郭琇彈劾靳輔案中案〉，《滿族研究》，瀋陽：遼寧省民族研究所，2001

學的碩士畢業論文〈和諧或對立？－清康熙時期（1662～1722）中國人與環境
關係〉一文中也有大略的提到，〔註10〕以及劉蘭霞所著《水暢河清》。〔註11〕

　　其中侯仁之的〈靳輔治河始末〉，不僅考證出〈敬陳經理河工八疏〉與〈經
理河工八疏〉上疏的詳細月份，〔註12〕而且是開啓當代研究靳輔與陳潢治水
的先河，其重要性不言可喻。林天人的〈清初河防政策與河工研究：以靳輔
的治河爲考察重心〉對於靳輔治河的正面與反面皆有描述，而且評論嚴謹，
著重於史料的蒐集與考證。至於林承戰所撰的〈和諧或對立？－清康熙時期
（1662～1722）中國人與環境關係〉雖然對於靳輔有比較負面的評價，不過
作者對於當時治水在環境所造成的傷害，亦有專門的研究。

　　王萍和張秀蘭的〈靳輔治理黃河事略〉是屬於通論性的論著；而晏路的
〈郭琇彈劾靳輔案中案〉以及孫琰的〈清朝治國重心的轉移與靳輔治河〉，此
二篇論文其重點並不是在靳輔的治河工程，而是從其它角度來探討靳輔的治
河。晏路的論文著重在靳輔於康熙 27 年被免職事件與明珠彈劾案之間的關
係。至於孫琰的〈清朝治國重心的轉移與靳輔治河〉，其內容是在分析靳輔治
河之後，清代國力興衰及經濟重心的轉移。

　　《水暢河清》一書，作者劉蘭霞一開始是以靳輔的「治河八疏」爲本，
對靳輔的治河計畫做一簡明的介紹，其後對於靳輔與其幕客陳潢的關係也有
詳細說明；該書的文體是以順序性筆法來介紹靳輔的一生，不過作者頗具文
采，兼採故事性筆法來加以點綴，不同於一般的學術性論著，增加此書的可
讀性。客觀來說，《水暢河清》一書無論當大眾閱讀之書，還是學術論著皆有
可取之處，不過美中不足的是全書兩百二十四頁中只有六十五個註釋，而且
書後未附任何參考書目。

　　至於水利史通論著作方面，國內外相關著作實不勝枚舉，在此僅就與本文
有相關者作介紹，如水利電力出版社出版《中國水利史稿》（上、中、下三冊）、
〔註13〕鄭肇經的《中國水利史》、〔註14〕姚漢源的《中國水利史綱要》〔註15〕

　　　年 4 月，頁 57～61。
〔註10〕林承戰，〈和諧或對立？——清康熙時期（1662～1722）中國人與環境關係〉，
　　　國立臺灣大學歷史學研究所碩士論文，民國 92 年 1 月。
〔註11〕劉蘭霞，《水暢河清》（瀋陽：遼寧人民出版社，1997 年 8 月）。
〔註12〕〈靳輔治河始末〉，頁 43～88。
〔註13〕武漢水利電力學院《中國水利史稿》編寫組，《中國水利史稿（上、中、下）》
　　　（北京：水利電力出版社，1979～1989 年第 1 版）。
〔註14〕鄭肇經，《中國水利史》（臺北：臺灣商務印書館，民國 75 年 10 臺 4 版）。

和《中國水利發展史》〔註16〕以及張含英的《治河論叢》〔註17〕與《歷代治河方略探討》〔註18〕等著作。

《中國水利史稿》（上、中、下三冊），從上古時代的河道變遷到民國時期的治河思想的演進，皆有所介紹而且內容淺顯易懂，各方面皆有涉獵，如輔以鄭肇經的《中國水利史》兩者相互比照，對於中國水利史的演進就會有初步的了解。姚漢源《中國水利史綱要》、《中國水利發展史》以及張含英的《治河論叢》與《歷代治河方略探討》，這些著作亦是水利史入門書籍，這四本書除了對黃河變遷的歷史以及淮河與運河的發展史有淺易的介紹之外，其重心是放在歷朝各代的治水理論和各個著名河臣的治河方法。

本文在相關研究的應用方面，是以蔡泰彬的〈晚明黃河水患與潘季馴治河〉爲基礎，〔註19〕不僅蒐集相關的文章、古籍或文編，同時並對現今水利專家的看法與評論，相互比對琢磨，希望在研究靳輔的治河思想和方法上，有新的發現。

第三節　史料徵集與運用

史料的徵集與運用，《行水金鑑》、〔註20〕《清史稿》、《新清史地理志》、〔註21〕《康熙起居注》、〔註22〕《清聖祖仁皇帝實錄》〔註23〕等爲必須的基本史料。其中以靳輔的《治河書》、《治河奏續書》〔註24〕與崔應階整理的《治

〔註15〕姚漢源，《中國水利史綱要》（北京：水利電力出版社，1987 年 12 月第 1 版 1 刷）。

〔註16〕姚漢源，《中國發展水利史》（上海：上海人民出版社，2005 年 8 月第 1 版 1 刷）。

〔註17〕張含英，《治河論叢》（上海：國立編譯館，民國 25 年 12 月初版）。

〔註18〕張含英，《歷代治河方略探討》（北京：水利電力出版社，1982 年）。

〔註19〕蔡泰彬，《晚明黃河水患與潘季馴治河》（臺北：樂學書局有限公司，民國 87 年 1 月初版。），頁 269～277。

〔註20〕〔清〕傅澤洪，《行水金鑑》（臺北：臺灣商務印書館，民國 57 年 12 月臺 1 版）。

〔註21〕國史館，《新清史地理志》（臺北縣：國史館，民國 82 年）。

〔註22〕中國第一歷史檔案館整理，《康熙起居注》（北京：中華書局，1984 年）。

〔註23〕清世宗實錄選輯清仁宗實錄選輯，《清聖祖仁皇帝實錄》（臺北：新文豐，民國 67 年）。

〔註24〕〔清〕靳治豫，《靳文襄公（輔）奏疏》（上）（下），收錄於《近代中國史料叢刊》第 15 輯（臺北縣：文海出版社，民 76）。

河方略》〔註25〕最爲重要。

《治河書》爲康熙 23 年（1684）康熙皇帝南巡考察河工之時，於山東召見靳輔，〔註26〕賜與〈閱河堤詩〉以資獎勵，〔註27〕並要求靳輔將多年來的治河經驗撰寫成書，以供後世參考，賜書名爲《治河書》。

《治河書》有三種不同的版本，除《治河書》外，另有《治河奏績書》與《治河方略》。這三種版本內容其實雷同，可說是「同本異名」，可謂《治河方略》即爲《治河書》。其差別在於《治河方略》是崔應階根據靳氏家族所藏的《治河奏績書》精選其內容，再經雍正皇帝賜名。〔註28〕

《治河方略》的卷首附有黃河圖、黃河新舊險工圖、眾水歸淮圖、運河圖、淮南諸河圖與五水濟運圖，在地圖之後又有治紀三卷，其內容分別爲督辦河務、治河諸工程以及黃河諸閘壩、涵洞等測量的數據。並收錄河決河道考以及靳文襄公的前後八疏。最後是名論以及靳輔的幕客陳潢所撰的《河防述言》〔註29〕和《河防摘要》。此書的卷首有地圖可幫助讀者容易閱讀之外，其書尾又附有各家的名論，可說是《治河奏績書》的精華版。

《治河書》、《治河奏績書》與《治河方略》三本水利資料的運用而言，撰述之初爲求對靳輔治河的各項工程與其治河的思想先有一粗淺的了解，是以《治河方略》爲最優先研讀的書籍，之後再閱讀較詳細且繁雜的《治河奏績書》，以期望能達到由點到線、由線到面以構築一個完整的體系，最後在全面構築完成後，再尋找不同的相異點，蒐集資料，希望能再深入探討並且期望能找到不同的觀點與想法。

此外，崔維雅的《河防芻議》〔註30〕以及陳潢的《天一遺書》〔註31〕亦是必讀的文獻，其中是崔維雅的《河防芻議》尤爲重要，在《河防芻議》中

〔註25〕〔清〕崔應階，《靳文襄公治河方略》，《中國水利要輯叢編》（臺北縣：文海出版社，1969 年）。

〔註26〕《清史列傳》引《康熙起居注》第 2 冊，康熙二十三年（甲子）十一月十四日乙亥。

〔註27〕《康熙起居注》第 2 冊，康熙二十三年（甲子）十一月十三日甲戌。

〔註28〕徐世大，〈中國水利學史〉（臺北：牧童出版社，民國 67 年 1 月），頁 533。

〔註29〕〔清〕陳潢，《河防述言》（收錄於《文淵閣四庫全書》，臺北：臺灣商務印書館，民國 75 年 3 月初版，據國立故宮博物院藏本影印）。

〔註30〕〔清〕崔維雅，《河防芻議》，收錄於《續修四庫全書》（上海：古籍出版社，據上海圖書館藏清光緒三十二年刻湘綺樓全書本影印原書）。

〔註31〕〔清〕陳潢，《天一遺書》，《續修四庫全書》（上海：古籍出版社，據上海圖書館藏清光緒三十二年刻湘綺樓全書本影印原書）。

崔維雅對於靳輔的治河工程可謂毀多於譽，甚至引發了靳輔與崔維雅在康熙皇帝面前辯論的事件。而康熙皇帝雖然信任靳輔，不過對崔維雅的建議也採取了尊重的態度，以最後的結果來看是靳輔大獲全勝，不過我們從崔維雅等同時代的人來看靳輔的治河工程，再加上雙方的觀點不同，亦可加強我們對靳輔治河的了解。

另為了解清初黃河水患災情，靳輔整治各項水利工程的實況，以及黃河沿岸各州縣對靳輔治河成效的評價，清代黃河下游各州縣所修的地方志，如〔清〕石杰的《徐州府志》、〔註32〕〔清〕李德溥的《宿遷縣志》、〔註33〕〔清〕杜琳的《淮關統志》、〔註34〕〔清〕汪文藻的《康熙・清河縣志》〔註35〕以及〔清〕今秉祚的《山陽縣志》〔註36〕等，也是必讀的參考資料。

〔註32〕〔清〕石杰，《徐州府志》，30卷，清乾隆七年刊本。

〔註33〕〔清〕李德溥，《宿遷縣志》，19卷（臺北：成文出版社景印，民國六十三年六月臺一版），清同治十三年刊本。

〔註34〕〔清〕杜琳，《淮關統志》，14卷（臺北：成文出版社景印，民國五十九年十月臺一版），清光緒三十二年重刊本。

〔註35〕〔清〕汪文藻，《康熙・清河縣志》，4卷（臺北：國家圖書館漢學研究中心景印），清康熙三十四年序刊本。

〔註36〕〔清〕今秉祚，《山陽縣志》，22卷，清乾隆十四年刊本。

第二章　生平與治河思想

　　整治黃河、淮河、運河這種巨大工程，不但不能這邊決口堵塞這邊，那邊潰堤阻絕那邊，還要審其全局，將河道與運道視為一個整體，方能「撤首、尾而合治之」，[註1] 以達杜絕水患之功；每一段的治河工程也都要有互相對應的配套計畫，環環相扣彼此相互配合。這些計畫與工程的背後，必定有一套治河思想與理念加以支撐，但思想與理念並非一朝一夕可成，而是經過歲月的洗禮與經驗的累積方可有所成果，靳輔的治河方略也是如此。靳輔雖然奠定了清代治河的根本方針，然而他的治河方略並非一人所獨創，而是綜合明代各個著名治河專家的思想，彙集而成的結果。本章先簡介靳輔的「生平與仕宦歷程」，再詳加說明「明代治河思想的變遷」與「靳輔的治河思想」彼此之間的關聯與差異。

第一節　生平與仕宦歷程

　　靳輔，字紫垣，漢軍鑲黃旗人，生於明崇禎 6 年（1633 年，即清天聰 7 年），卒於清康熙 31 年（1692），享年六十歲。靳輔的祖先名為靳清，祖籍原在山東歷城（今濟南），[註2] 後在明洪武年間以「百戶」的身分戍守遼東，從此便在遼東安家落戶，後清軍攻陷遼東，將遼陽地方劃入旗籍，靳氏家族自此便成為漢軍旗人。靳輔的曾祖父靳守臣、祖父靳國卿與父親靳應選皆在朝中任官，所以自幼家境富裕，接受良好正統教育。靳輔在家中為長子，其後還有兩個弟弟，

〔註1〕　《靳文襄公治河方略》，卷 6，〈河道敞壞已極疏〉，頁 224。
〔註2〕　又有一說是在山東聊城。見傅澤洪《行水金鑑》。

於靳輔九歲時母親去世之後，兄弟三人彼此相互扶持，後來靳輔的兩個弟弟，靳弼（字太垣）與靳裏（字天垣），亦皆在朝中做官。〔註3〕靳輔於清順治9年（1652）十九歲時，由官學生考授國史院編修。順治15年（1658）任內閣中書，尋遷兵部員外郎。康熙元年（1662）遷郎中，康熙7年（1668）升通政使司右通政。康熙8年（1669）為國史院學士，擔任《世祖章皇帝實錄》的副總裁官，康熙9年（1670）遷內閣學士，〔註4〕康熙10年（1671）授安徽巡撫，〔註5〕同年在邯鄲（今中國河北省邯鄲市）呂祖祠見陳潢（1637～1688）所題之詩，欣賞其詩詞豪邁而起愛才之心，便聘請陳潢為私人幕僚。康熙16年（1677）靳輔因為任安徽巡撫時的政績卓越且能實心任事，值得表彰便加封兵部尚書，並調任「河道總督」。在康熙20年，因黃河水漲阻斷運河，靳輔自請處分，但康熙皇帝感念其功績，認為天然災害在當時為人力所不能預測，便令其「戴罪督修」；〔註6〕之後在康熙22年（1683）復職，康熙27年（1688）因捲入政爭而被免職，但康熙31年（1692）又重新上任，最後卒於任內。〔註7〕諡號文襄，於康熙46年追贈太子太保，雍正5年（1727）又加工部尚書。〔註8〕

一、任安徽巡撫的政績

靳輔出任河道總督前曾為安徽巡撫時（康熙10年～康熙16年），其做事認真、憂國憂民的行事風格已展露無遺。

清廷入關二十七年，國力尚未穩定，各地時有叛亂，加上三藩蠢蠢欲動，軍事開銷浩繁，清政府財政相當拮据；靳輔的財經政策，不僅能「開源」以增加政府的稅收，且能節省不必要的經費，尤其不因國家的需要，將一切負擔加諸於百姓，使安徽地區的百姓能夠安居樂業，更是難能可貴。

（一）減輕稅務

安徽省臨淮（江蘇泗洪一帶）、靈璧（安徽省宿州市）二縣的地方官為求政績，將被水沖壞的田地，充當已開墾的良田。〔註9〕如是地方可耕之田得擴

〔註3〕 劉蘭霞，《水暢河清》，頁20。
〔註4〕 吳慰祖、汪胡楨，《清代河臣傳》（臺北：明文出版社，民國73年），頁56。
〔註5〕 全名「巡撫安徽等處督察院副督御史」。
〔註6〕 《清史稿》，列傳六十六，頁2625。
〔註7〕 《清史稿》，列傳六十六，頁2625～2627。
〔註8〕 《清史稿》，列傳六十六，頁2627。
〔註9〕 清國使館編，《滿名臣傳》（明文書局印行，民國59年），頁4。

增，朝廷能攤派的稅額也隨之增加，而加重了百姓負擔。靳輔上任之後，深知當時歷經戰亂，民生凋敝，百廢待興，便開始土地丈量，徹查田畝，查出四千六百餘頃的虛報田地，上奏豁免田糧，免除百姓重擔。

（二）設溝田法

鳳陽府自明初之後，即為「窮荒」之地，不只是「人事」所致，根本原因則在「天災」。輪番不停的水澇、乾旱，使得民不聊生，鳳陽「窮荒」的程度，從〈鳳陽花鼓〉的歌詞中可瞧出一點端倪：「說鳳陽，道鳳陽，鳳陽本是好地方；自從出了個朱皇帝，十年倒有九年荒！大戶人家賣騾馬，小戶人家賣兒郎，奴家沒有兒郎賣，身背花鼓走四方。」〔註10〕前述歌詞「大戶的人家可以賣騾馬，一貧如洗的小戶人家賣兒郎，而一無所有的人家，只得身背著花鼓，出外賣唱乞討。」正是靳輔上任為安徽巡輔時的寫照。

為解決鳳陽的貧荒，靳輔提出三策：(一) 募民開墾、(二) 給本勸墾、(三) 六年陞科。其疏道：

> 致治之道，首在足民，足民有道不在請賑蠲租，而在因民之力，教以生財之方。〔註11〕

又云：

> 且鳳陽廣褒何如蘇松（指浙江蘇、松、常、嘉、湖五府），蘇松地方三百里，財富甲天下，鳳陽方五百里，而貢稅不及蘇松什一，雖地有肥碩，詎應懸絕如此，蓋蘇松善水利，小港支河所在，而是旱既有資，澇復有洩，雖雨暘稍愆，卒不為患。〔註12〕

靳輔在奏書中所說鳳陽所缺的「農田水利」與所謂「因民之力，教以生財之方」，就是要在鳳陽實施「溝田法」。

「溝田法」的工程，靳輔認為源於「井田」，〔註13〕其法為「以十畝為一鬌，二十鬌為一溝，二十鬌之外圍以深溝，溝廣一丈二尺或一丈八尺不等，溝深七尺五寸，至於開溝所挖之土，累於溝道之上，使溝道高於田五尺」。〔註14〕

「溝道高於田五尺，且溝低於田七尺五寸」，如此一來，溝道深度便為一

〔註10〕佚名。
〔註11〕〔清〕錢儀吉，《碑傳集》（臺北：明文書局印行，民國74年），頁246。
〔註12〕《碑傳集》，頁246～247。
〔註13〕《碑傳集》，頁246～247。
〔註14〕《碑傳集》，頁247。

丈二尺五寸，〔註15〕當霪雨不斷時，便可把田內之水，以水車排入溝中儲存，待乾旱時，又可將溝中之水車回田中，如此一來，鳳陽地區水、旱兩災便可平息。可惜因三藩亂起，靳輔的開荒計畫遂被迫取消。〔註16〕

（三）整治驛站

對於安徽省內的開源節流之道，靳輔可說是關懷備至。康熙15年，靳輔上疏減省驛站靡費；他認為欲減省經費，須先革除靡費，在外大臣，除非有要事不能派請專員，如是專員的火牌費用就可減省十分之八，至於京差的官員則酌量併減，且嚴格禁止各員役藉機索詐路費；〔註17〕前述方法，僅安徽一省一年的驛站銀便可省去十萬餘兩，佔原安徽的驛站銀二十六萬兩的十分之四。靳輔認為倘全國皆採行此策，則每年可節省百萬餘兩，那麼軍餉的問題便可獲得舒緩。〔註18〕也就是此項功績，康熙皇帝稱讚靳輔能「實心任事」，調升為兵部尚書。

二、任河道總督

靳輔於康熙16年繼王光裕（？～？）之後擔任河道總督，便由其幕僚陳潢陪同，對黃、淮兩河進行評估，以了解河勢、災情以及各地的水利措施，並尋訪當地有經驗的人，諮詢其意見。

（一）治河當審全局

經過兩個月的實查之後，靳輔在一日之內連陳八疏；〔註19〕靳輔的「經理河工八疏」，前五疏是靳輔的治河計畫，第六疏是探討治河經費來源，第七、第八兩疏則是論說河防的行政與管理。〔註20〕後經不斷考察，認為「經理河工八疏」不夠週詳，又在八個月後（康熙16年12月），〔註21〕再上表〈敬陳經理河工八疏〉，將之前的治河計畫，修改得更為完善。

靳輔雖想杜絕水患，大規模整治黃河、淮河與運河，但正逢「三藩之亂」，

〔註15〕《碑傳集》，頁247。
〔註16〕《清史稿》，列傳六十六，頁2624。
〔註17〕《滿名臣傳》，頁4～6。
〔註18〕《清史稿》，列傳六十六，頁2624。
〔註19〕提名為「經理河工八疏」。
〔註20〕探討靳輔的治河策略，詳見後文。
〔註21〕〈靳輔治河始末〉，頁38。

廷議認為戰火不斷，軍餉難籌，治河之事只要針對要害之處即可。〔註22〕對此，靳輔指出河務敗壞已極「不可以尺寸治之，當審視全局，徹首尾而治之」，〔註23〕靳輔言：

> 今若不察全局之情形事勢，而因循故事，漫為施工，則堵東必西決，徒費時日，徒靡錢糧，而終歸無益，豈為無益，將河患日深，而莫可救藥矣。〔註24〕

《清代史料彙編》亦載靳輔之言：

> 河運宜為一體，運道之阻塞率由河道之變遷，向來議治河者多盡力於漕艘經行之地，其他決口以為無關運道而緩視之，以致河道日壞，運道因之日梗，是以原委相關之處斷不容歧視也。〔註25〕

又指出「築堤岸、疏下游、塞決口，但有先後，而無緩急。」〔註26〕靳輔的建言，可分為四大點：

1. 清江浦（江蘇省淮安市）以下，若不挑浚河道、加築堤防，則黃、淮二河之水無歸。
2. 清口（黃、淮交會之處，今淮陰北部淮安市西北）以上，若不開鑿引河加以疏浚，則淮水不能順暢。
3. 高家堰之決口，若不盡封塞，淮水分流則刷沙不力，如是黃水必內灌而危及下游清水潭。
4. 黃河南岸不構築堤防，則高家堰仍有隱患；北岸不修築堤防，則山東必遭衝潰。

此外，又認為治河應以「因勢利導」為主，因此應當「先疏下流，後浚上游」；迨下游工程完成，河勢順暢，水有所泄之後，再堵塞所有決口並堅築兩岸堤防，最後再建置減水壩以備不時之需。

（二）靳輔去職

靳輔的治河策略，一般認為是改進明代潘季馴的「束水攻沙論」，〔註27〕

〔註22〕「軍興，餉絀難之，姑令量修要害」。《碑傳集》，頁248。
〔註23〕《靳文襄公治河方略》，頁223～226。
〔註24〕《靳文襄公治河方略》，卷6，〈河道敗壞已極疏〉，頁224。
〔註25〕《清史稿》，志一百八，〈河渠志二・運河〉，頁1150。
〔註26〕《碑傳集》，頁248。
〔註27〕潘季馴，字時良，號印川，生於正德十六年（1521），卒於萬曆二十三年（1595），享年七十五歲。潘季馴於嘉靖二十九年（1550），登上進士之後，展開仕途，

而靳輔與潘季馴一樣，在推動河工時，同時也面臨廷議的壓力，潘季馴的宦程因此有四次浮沉，而靳輔雖有康熙皇帝的支持，能承受湖南、廣西布政使崔維雅（？～？）與安徽按察使于成龍（1638～1701）的反對，但在康熙 27年時，仍因牽扯入「明珠案」而去職（詳見第四章，治河爭議與靳輔去職）。〔註28〕

　　靳輔遭革職之後，接任河道總督的王新命，沒有治理黃河的經驗，又不像靳輔一樣有陳潢這般熟悉河務的人襄助，以致無法未雨綢繆及時修補河堤，造成黃河險工日增。〔註29〕康熙 30年，北疆戰事吃緊，漕運的通暢與否與軍餉物資息息相關，王新命的庸劣，與靳輔的才幹形成強烈對比，〔註30〕因此王新命遭到撤換，靳輔於康熙 31年（1692）3月重新上任，最後於同年 11月死在任上。

　　靳輔在任安徽巡撫之時，政績卓越且實心任事，其改革驛站的政策更是受到康熙所肯定。後來接任河道總督，主持水利工程以平息水患，而此時正逢三藩之亂，戰火正炙，清廷在財政吃緊的情況下仍大力整治黃河，這不僅代表河患已極為嚴重，而且也足以證明臨危受命的靳輔為一時之選。後來治理黃河有所成效之後，卻因朝中官員的杯葛，於康熙 27年離職，在真相大白後，於康熙 31年又重新上任，雖任職不到八個月便病故，但其治河方針卻為有清一朝所重視。時論指出康熙 39年（1670）接任河道總督的張鵬翮（1649～1725），為續靳輔的治河工程並將其完善者，〔註31〕足以顯示靳輔治河對後世的影響。

第二節　治黃思想的基礎

　　自隋煬帝開鑿大運河以來，中國統一政權對於江南地區的賦稅米糧的依

後於嘉靖四十四年（1561）以前，經歷九江府推官、河南道監察御史、廣東巡撫御史等職務，嘉靖四十四年之後，至萬曆二十年至二十七年之間（1592～1599），曾四度擔任總理河道都御史等職官，負責統籌規劃，黃河、淮河以及運河事務。《晚明黃河水患與潘季馴治河》，頁 269～277。

〔註28〕《清史稿》，列傳六十六，頁 2624～2628。

〔註29〕《水暢河清》，頁 204。

〔註30〕《水暢河清》，頁 205。

〔註31〕康熙三十一年至三十九年的河道總督為于成龍，議者認為于成龍大體上雖遵循靳輔之法，但還是有所更張（如盡堵高家堰諸減水壩），直到張鵬翮接任之後才恢復靳輔之法。

賴越來越重，而南方的經濟力量也成爲影響整個國家政策的重大因素之一，因此，在整個的運河體系中有舉足輕重地位的黃河是否安流，則爲各朝代所關心的問題。自元代以後，中國統一朝代的國都一直定都於北京，因此對整個國家來說，如何解決江南米糧運到北京的問題便成爲一個重要的議題。明、清之後每年從江南運到北方的米糧高達四百萬石，〔註32〕此時期中國對江南賦稅的依賴更勝於前代。

　　明代的治河專家爲了順應這樣的改變，不同於過去治理黃河的思想與方法也在此時期相繼被提出，直至清初靳輔擔任河道總督總結了前人的經驗與智慧後，才確定對黃、淮、運三河的治理方法，因此我們可以說靳輔的治河方略是集明代各家治河學派的大成。

一、影響明代治黃方策的因素

　　黃河改道的次數雖然有很多爭議，但是黃河善淤、善決、善徙的現象古今皆同，在元代以前對於治河的方法，大抵來說就是以不影響到「人」爲主，像漢代賈讓「治河三策」中所提到的上策，「徙民」以避水患之法便爲一例。但是在元代以後，除了環境的劇烈改變之外，在「人」的方面也有巨大改變。

　　此一改變，簡單的說，就是這個時期的中國因爲農業與醫療等方面的進步，使得人口逐漸密集，而人與自然的衝突逐漸變得無法避免，在這場「人」與「自然」的衝突之中，「人」雖然經常居於劣勢，但是卻不肯向「自然」妥協，因此時常想要以各種方法來戰勝「自然」。

（一）定都於北京

　　元、明、清三代的大環境與中國歷代各朝有著一個根本的不同，那就是首都的位置。隋唐以後中國的首都不是在長安便是在洛陽，後來關中地區逐漸沒落，開封便成爲新首都的理想位置，但是無論是在長安、洛陽還是開封都是在黃河的河畔附近，漕船只要逆黃河而上，便可解決江南米糧運往首都的問題，但是元、明、清三代則不同，定都北京的政策，就地理位置來說已經遠離了黃河水域，在中國北方，南北走向的河流雖然不是沒有，可是要像長江或黃河一樣擁有豐沛水量與寬廣河道以支援漕船的河流卻相對較少，而

〔註32〕鮑彥邦，《明代漕運研究》（中國：濟南大學出版社出版，1996年5月第1次印刷），頁12。

且更令人沮喪的是這些河流彼此的水域並不相連。這樣的地理環境，使得明清時期漕運的通航困難倍增。

（二）海運的捨棄

海運問題可說是定都北京延伸出來的問題。元、明、清三代雖皆定都於北京，但是明、清兩代的河患卻比元代還來得嚴重，除了元代黃河的水文與明代不同的原因外，另一個因素，可能便是元代使用「海運」來解決江南米糧運到北京的問題，因此相較於明、清兩代，元代對於運河的依賴程度較輕，對於環境的破壞自然也沒有這麼嚴重，但明代之所以廢除「海運」，其背後也有其必然的因素。

明初，明太祖雖然定都南京，但是每年仍然要提供糧餉給駐守於遼東的官兵，此時運輸方式仍是以「海運」為主，但是山東成山角的海險使得無數官兵葬生於海難之中，讓明太祖有感於「海運」的危險與艱辛，因此想要廢止「海運」行「屯田」之法，據《明太祖實錄》載：

> 洪武十五年（1382）五月……士卒饋運渡海有溺死者，上聞之，命羣臣議屯田之法。諭之曰：「昔遼左之地，在元為富庶，至朕即位之二年，元臣來歸，因時任之。其時有勸復立遼陽行省者，朕以為其地早寒，土曠人稀，不欲建置勞民，但立衛以兵戍之。其糧餉歲輸海上，每聞一夫有航海之行，家人懷訣別之意，然事非獲已，憂在朕心，至其復命，士卒無慮，心方釋。然近聞有溺死者，朕終夕不寐，爾等其議屯田之法，以圖長久之利」。〔註33〕

又《明史·食貨志》記載：

> 又因海運餉遼有溺死者，遂益講屯政；天下衛所州縣軍民皆事墾闢矣。〔註34〕

《明太祖實錄》亦載：

> 洪武十七年五月……甲寅，上諭禮部臣曰：近者海運軍士溺死者近二百人，朕聞之愴然於懷。夫死生固有定數，然骨肉分離遂至永隔，

〔註33〕〔明〕李景隆，《明太祖實錄》，（京都：中文出版社，1984年5月，據中央研究所歷史語言研究所民國51年刊本縮印），卷145，洪武十五年五月己酉，頁2283～2284。

〔註34〕〔清〕張廷玉等，《明史》，（臺北市：臺灣商務初版，據國立故宮博物院藏本影印，民國73年），卷77，〈食貨志一·屯田〉，頁32431。

　　子之思父，妻之念夫，母之憶子，悲痛之情何堪。爾禮部即下所司，

　　令各厚恤其家。〔註35〕

由上述種種的記載中可知，明太祖基於海運造成官兵妻離子散的情形，想要以「屯田」的方式來改變現況，後經過十幾年的努力，遼東屯田已有相當的成效，糧食足以自給自足，因此「海運」制度便在洪武30年（1397）廢除。〔註36〕

　　至明惠帝時，明成祖發動「靖難」成功並遷都北京，北京百官和軍隊的糧餉俸祿又開始要借助江南米糧來支撐，此時「海運」似乎有復活的趨勢，〔註37〕但是明廷仍然無法克服海險的存在，因此在永樂13年（1415）工部尚書宋禮疏通會通河後，從此南糧北運專行河運遂成定例。

　　除了朝廷政策導向之外，倭寇侵擾亦扼殺了海運的正常發展。洪武3年（1370）日本失勢武士及浪人組成的海盜集團與張士誠餘黨合流，不斷進犯中國浙閩沿海，甚至北至渤海、南到雷州半島都曾受其侵擾，台灣海峽以北，明代海運航線受其騷擾尤為嚴重，在這樣的情況下，明代為了尋求安定的航線，轉而集中力量在內河航運的經營上。〔註38〕

　　清入關之後，清政府對於江南經濟的依賴亦如同明代，每年要將四百萬石米糧送至北京，〔註39〕在運輸方面清政府亦沒有實行「海運」，〔註40〕而「漕運」制度則大體承明代體制，因此造成了明、清兩代的政府關心「運河」的問題，與中國歷代相比較顯得更為明顯，所以明、清兩代政府在治河策略上便時常受制於運河的安全與暢通與否，對於黃河河道的規劃與運河水量的分配，與歷代相比較也顯得更為嚴苛，這種情況也直接影響了明、清兩代的治河思想與理念。

（三）重建治河策

　　明代平均每年的水患高達2.5次，河患之所以如此頻繁的原因，近人探其

〔註35〕《明太祖實錄》，卷162，洪武十七年五月戊戌，頁2513～2514。
〔註36〕《明太祖實錄》，卷255，洪武三十九年九月庚戌，頁3684～3685。
〔註37〕明成祖最初是以海運與河路兼運的方式運輸米糧。
〔註38〕常征、于德源，《中國運河史》（北京：燕山出版社，1989年4月北京第一次印刷），頁430。
〔註39〕《河防芻議》，頁128。
〔註40〕清自道光初年才開始試行海運，發現費用為漕運的一半，所以至道光26年下詔行海運，從此成為常例。

根本之因，多以明代「治黃保漕」的政策來解釋；明代為了避免會通河被黃河泥沙阻塞，以及徐州附近漕道需要黃河河水接濟，故在嘉靖44年（1565）由工部尚書朱衡主持，以人力將黃河導向當時認為「百利而無一害」的中道，從此黃河侵奪泗河河道於清口與淮河交會，最後再由淮河下游河道入海的局勢便成定型。〔註41〕

此一流向雖然確保了運河水量，但是卻違反了黃河下游河道向北流的自然流向，而且原本岸高水清的泗河河道也逐漸被黃河泥沙淤成「懸河」，〔註42〕每逢黃河水漲之際便易潰堤，淹沒低於河道的沿岸州縣。除此之外，黃、淮交際的清口也因「黃強淮弱」的水勢，使得黃河泥沙在清口淤成「大板沙」，以致淮水無法由清口暢出，儲蓄於洪澤湖內導致湖面面積越來越大，一旦淮水泛漲湖水將逆侵泗州並南潰淮南等地。總之，原本導黃河南流是為了「保漕」，但是實際情況卻是使得黃河河患越來越嚴重，最後黃河的泥沙與水患甚至威脅到漕道。

因此，明代的黃河雖可提供運河充足的水量，但黃河泥沙卻使徐淮運道淤高，而時常氾濫的黃河，其河水不僅淹沒民田，有時甚至連一州或是一縣的行政、商業重心的州縣城也被迫遷移，〔註43〕這種情形使得明代的水利專家開始思考新的治河方法，「束水攻沙」、「分黃」與「導淮」等治河策略便在這樣子的大環境下相繼提出並且付諸實行。清初靳輔則將這些策略重新構築、統整，因此可謂「靳輔的束水攻沙」理論，〔註44〕是在明代開始孕育而在清初逐漸成熟。

（四）河患的頻繁

明、清兩代對於江南的米糧賦稅越來越依賴，可是黃河的河患卻是越來越嚴重，由下圖（圖2-1：夏至元末與明、清兩代河患數量比較圖）我們不難了解明、清兩代的河溢、河決與大水的發生頻率，遠超過夏朝至元代的三千六百多年間所發生的次數。

先從河溢方面來看，夏朝至元代發生河溢的次數為192次，但是明代便有138次，清代也有83次。河決的情況，明、清兩代更加嚴重，夏朝至元代

〔註41〕張含英，《明清治河概論》（北京：水利電力出版社，1986年2月第1版1刷），頁18。

〔註42〕《晚明黃河水患與潘季馴治河》，第二章〈河床淤高成懸河〉，頁60～69。

〔註43〕《晚明黃河水患與潘季馴治河》，第五章，〈潘季馴整治黃淮二河〉，頁16。

〔註44〕這裡特別強調「靳輔的束水攻沙」理論其原因是要與「潘季訓的束水攻沙」論加以區別，詳情請看本章第三節。

有 356 次，但是明、清兩代便各爲 316 次與 397 次，從另一個角度來看，明清兩代五百四十四年，河決所發生的次數相加，更是夏朝至元代三千六百多年的兩倍。至於大水的情形，明、清兩代發生次數的總合爲 446 次，跟過去夏朝至元代發生大水次數的總合 512 次相比較，僅少了 66 次。

所以說，總合夏代至元末的三千六百多年間，河溢、河決與大水的次數共有 1060 次，但是在明代二百七十六年間，河患的總計便有 700 次，清代的二百六十八年有 689 次，由此可見中國歷代黃河的河患，明代是最嚴重的，而清代次之，〔註 45〕河患的頻繁亦讓明代的治水專家認爲尋找新的治河方法已是刻不容緩的事。

圖 2-1：夏至元末與明、清兩代河患數量比較圖

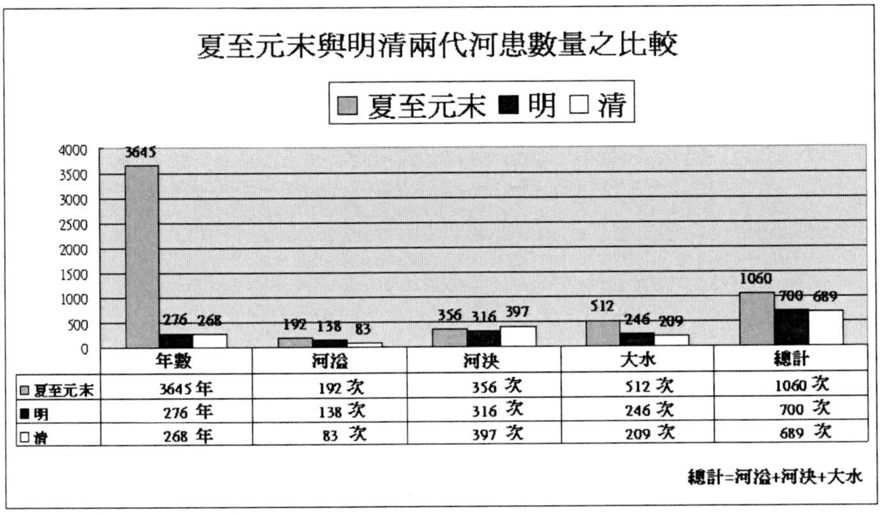

	年數	河溢	河決	大水	總計
夏至元末	3645 年	192 次	356 次	512 次	1060 次
明	276 年	138 次	316 次	246 次	700 次
清	268 年	83 次	397 次	209 次	689 次

總計=河溢+河決+大水

（改繪自沈怡，《黃河問題討論集》，第四表「黃河決溢統計」，頁 382。）

明人有感於大環境的改變對於過去的治河方法已經覺得並不適用，再因爲河患頻仍的催化下，明代治水專家希望能用不同於過去的方法來平定河患，像嘉靖 13 年（1534 年）負責整治黃河的劉天和在其著作《問水集》裡便載：

> 〔漢〕賈讓治河三策，古今稱之，其上策，放（黃）河使北入海，是即禹之故智也，今妨運道已不可行。其中策，謂據地作石堤，開水門；旱則開東方下門，溉冀州，水則開西方高門，分河流，然自

〔註 45〕沈怡，《黃河問題討論集》（臺北：臺灣商務印書館，民國 60 年 3 月初版），附錄六，第四表〈黃河決溢統計〉。

漢迄今數百年，盡中州、大名之境，率爲（黃）河所淤，泥沙塡委，
無復堅地，而河流不常，與水門每不相值，或倂水門而衝決淤漫之，
濬治無已，所漑之地，一再歲而高矣，西方高地，水安可往，使（賈）
復作，或亦不可行也。丘文莊（丘濬）謂：古今無出此策，蓋今未
經歷，非定論也。〔註46〕

在這段話之中劉天和已明白指出，賈讓之上策（徙民）與中策（疏濬）受限
於會通河與河南地質鬆軟等因素，已不符合明代實際的地理條件，最後更說
明就算賈讓存在今世也無法使用這兩個方法，事實上，這段話已明白的指出
「古」、「今」治河條件已迥然不同。

明隆慶6年（1572年）曾主持河務的萬恭，在其《治水筌蹄》裡也言道：

（黃）河爲中國患，久矣。……多穿漕渠以殺水勢，此漢人之言也
（指賈讓治河三策之中策）。特可言之秦、晉峽中之河耳。若入河南，
水匯土疎，大穿則全河由渠而舊河淤，小穿則水性不趨，水過即平
陸耳。夫水專則急，分則緩；河急而通，緩則淤。治正河，可使分
而緩之，道之使淤哉？今治河者，第幸其合，勢急如奔馬，吾從而
順其勢一，堤防之，約束之，範我馳驅，以入於海。淤安得停，淤
不得停，則河深，河深則永不溢，亦不舍其下而趨其高，河仍不決，
故曰：黃河合流，國家之福也。〔註47〕

從這句話可看出萬恭認爲旁開支渠的「分流」之法僅能適行於漢代，或是黃
河上游的山西、陝西等黃土高原區，若是於晚明黃河中下游的地質，因「水
匯土疎」之故，則需於兩岸建築堤防以利約束河水使水流湍急，以達到「束
水攻沙」之效，所以黃河合流乃國家之福。因此萬恭也是認爲黃河在各個時
代，因時代背景不同，所採行的治河方法亦會有所差異。〔註48〕

爲了因應頻繁的河患，明人探究河患原因也多有成果，像明劉天和就整
理出的六點原因便頗爲貼切，他說：

天下之水，凡禹所治，率有定趨，惟河獨否。蓋常周詢廣視，歷考
前聞而始得之。其原有六焉。河水至濁，下流束臨停阻則淤，中道

〔註46〕〔明〕劉天和，《問水集》（臺南：莊嚴文化，1996年），卷1，〈黃河・古今
治河同異〉，頁250～252。

〔註47〕〔明〕萬恭，《治水筌蹄》，收錄於《中國水利古籍叢刊》（北京：水利電力出
版社，1985年5月第1版），〈黃河，十七，治黃思想及論証〉，頁26。

〔註48〕《晚明黃河水患與潘季馴治河》，第五章，〈潘季馴整治黃淮二河〉，頁280。

水散流緩則淤，河流委曲則淤，伏秋暴漲驟退則淤，一也。從西北極高之地，見瓴而下，流極湍悍，堤防不能禦，二也。易淤，故河底常高；今開封境，測其中流，冬春深僅丈余，夏秋亦不過二丈余，水行地上，無長江之淵深，三也。傍無湖陂之停蓄，四也。孟津而下，地極平衍，無群山之束隘，五也。中州南北悉河故道，土雜泥沙，善崩易決，六也。是以西北每有異常之水，河必驟盈，盈則決。每決必弘漫橫流，久之，深者成渠以漸成河，淺者淤墊以漸成岸。即幸河道通直，下流無阻，延數十年，否則數年之後，河底兩岸悉以漸而高，或遇驟漲，雖河亦自不容于不徙矣。此則黃河善決遷徙不常之情況也。故神禹不能慮其後。自漢而下，畢智殫力以從事，卒莫有效者，勢不能也。〔註49〕

劉天和對於黃河「善淤」、「善決」、「善徙」的水性雖然已有相當的了解，但對於治理黃河尚未整理出一套有效的方法，〔註50〕直到後來潘季馴才提出「築堤束水、以水攻沙」的「束水攻沙論」來解決這個問題。

圖 2-2：靳輔治河思想與明代治河思想變遷的關聯概念圖

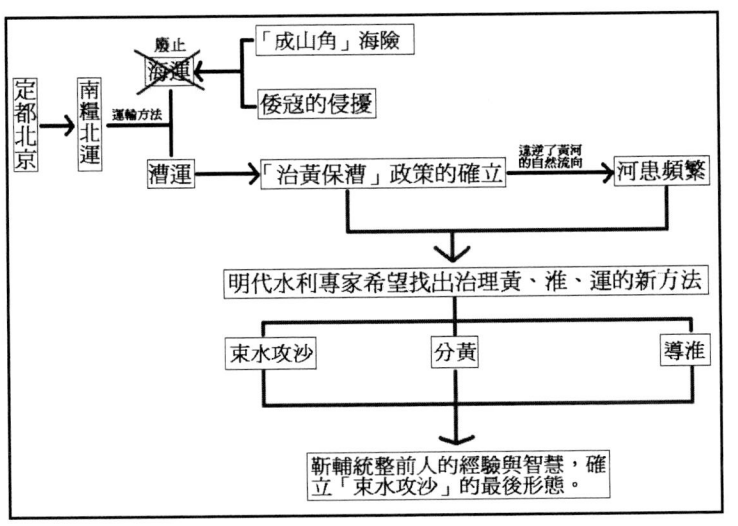

（由本概念圖之中，可以對本段所說明代治河思想變遷的四個根本原因「定都北京、海運的捨棄、治黃保漕的策略與河患的頻繁」與靳輔的治河思想作一個簡單的連結。作者自繪。）

〔註49〕《問水集》，卷1，〈統論黃河遷徙不常之由〉，頁250。
〔註50〕《明清治河概論》，第四章，〈治水與攻沙的探索〉，頁38。

　　明代治水思想的巨大改變是因爲整個大環境的改變所造成的結果，這種變遷並非一時驟變，而是循序漸進。在這個漸進的過程中，中國的治水思想從原本消極的「避水」，轉而變成積極的「與水爭地」、「導水利人」，因此明、清兩代的治河思想與理念與歷代的治河思想有較爲顯著的差異，如果要再細分明、清兩代的治河思想與理念，可說在整個大環境改變之後，清代的治河思想與方法已趨於完善，明代則是變遷的過渡時期，換句話說就是「清初治水思想的成熟，是從明代逐漸發展的結果」。

二、明代治黃四大方策

　　中國自古便有「鯀堙禹疏」與「禹疏九河」的傳說，一般認爲鯀會失敗和大禹之所以能成功，便是鯀只用堤防阻塞河水，而大禹擅用疏導之法來疏導大水，因此「分流」優於「築堤」看法，也一直被明以前的治水專家所接受，像是漢代的馮逡、韓牧，北宋的李垂（965～1033）、韓贄等不少中國歷史上的治河名人，都是主張「分流」的治河策略來治理河患，而明代前期的宋濂（1310～1381）、徐有貞（1407～1472）和後期的楊一魁等也是以「分流」爲治河的主要方法。

　　到了弘治 2 年（1489）黃河氾濫，沿河各處均有大小不一的災害，白昂接任總河工作，爲了避免會通河的航運被阻，因此在黃河北岸築堤，「北堤南疏」的構想逐漸型成。

　　「北堤南疏」雖然確保了山東會通河不會被黃河水所衝阻，可是對於被導引向南的黃河卻沒有適當的規範，經常氾濫改道，像是在弘治 18 年（1505）黃河的分流氾濫改道，自宿遷北徙三百里，到了正德 3 年（1508）又北徙三百里，改在沛縣飛雲橋入運河，後來在正德 4 年（1509 年）和 8 年（1513）兩次於黃陵岡（在今山東曹縣西南廢黃河北岸）決口，大水先是淹沒豐、沛二縣，後來又侵灌了曹、單二縣，〔註51〕整個黃河中下游百姓皆苦不堪言。黃河氾濫改道不僅是沖毀鄉鎮，還威脅到明代所賴以維生的「漕運」，因此明廷才意識到只在黃河北邊築堤是不夠的，在黃河南、北兩岸全線築堤的必要性在此時被顯現了出來，「束水攻沙論」亦在這樣的意識中逐漸成型。

〔註51〕《中國運河史》，第二十九章，〈南陽新河、泇河、清江浦、通濟新河、弘濟等三河〉，頁 439。

但明代「束水攻沙」論者對於「河漕沖淤的規律，仍認識不足」，〔註52〕再加上潘季馴本身的「束水攻沙論」亦有狹隘之處，因此在潘季馴去職之後，明人便改用「分黃導淮」的策略來替代「束水攻沙論」。

總而言之，明代的治河思想大致可分爲四個時期，第一個時期是明初宋禮的「分流」策略、第二個是弘治以後白昂等人的「北堤南疏」、第三是朱衡、萬恭以及潘季馴時期的「束水攻沙」、第四是楊一魁擔任河官時的「分黃導淮」政策。以下則是明代這四個時期治河觀的簡介。

（一）分流派的論點

「分流」之說之所以能在明代以前流傳三千多年，除了「禹疏九河」的傳說有所加分外，事實上這個方法確實有其獨到之處。「分流」的主要論點便是認爲黃河水性剛猛，用開支流以分殺水勢的方法來減少災害，在中國歷史上又時常與農田水利工程相互結合，可說是治水的良策之一。

不過明代人口眾多、土地不足，許多山林大澤都被迫開發，使得水土保持遭到嚴重破壞，而黃河的含沙量又遠非一般河流所能比擬，「分流」是否還能發揮功效實有待商榷；而且在明代「治黃保漕」的基本政策下，黃河水量必須在「非自然」的河道上供應運河水量，這樣的情況下自然不能再分水他用，反而黃河水量越集中越好，所以大體來說「分流」之法是不適合明代的。

（二）北堤南疏的變革

從史料中可發現「北堤南疏」並非完整治河思想下的產物，他應該是明廷爲了運河暢通，一時的應變之策而已，明代「北堤南疏」的代表人物，戶部侍郎白昂（1435～1503）就言明：

> 合潁、渦二水入淮者，各有灘磧，水脈頗微，宜疏濬以殺河勢。……
> 況且上流金龍諸口雖暫淤，久將復決，宜於北流所經七縣，築堤爲
> 岸，以衛張秋。〔註53〕

就說明了「北堤」的目的實爲了「張秋」運道。而「北堤南疏」的另一位代表人物劉大夏（1435～1516）也言：

> 黃陵岡（今山東曹縣西南廢黃河北岸）在張秋之上，而荊隆等口（荊

〔註52〕《中國水利史綱要》，〈全國水利普遍開發到衰落和西方水利技術引進—明隆慶三年至民國末年〉，頁454。

〔註53〕《明史》，〈河渠一〉，頁32498。

隆等口又居黃陵岡之上流，其廣四百三十餘丈）又在黃陵岡潰決之

源。築塞固有緩急，然治水之法不可不先殺其勢。〔註54〕

為了分殺水勢因此往南分水，劉大夏又言：

> 浚儀封黃陵岡南賈魯舊河四十餘里，由漕（河）出徐（州），以殺水
> 勢。又浚孫家渡口，別鑿新河七十餘里，導使南行，由中牟（河南
> 省中部，隸屬省會鄭州市）、穎川（今河南禹州市）東入淮。又浚祥
> 符（今杭州市北部）四府營淤河，由陳留（今河南省開封市陳留鎮）
> 至歸德（今商丘市睢陽區）分為二，一由宿遷小河口，一由亳州渦
> 河，俱會於淮。〔註55〕

可見所謂的「南疏」也不過是貪圖一時的便利而已。

　　由明代兩位「北堤南疏」代表人物的論述，我們可以很清楚的知道「北
堤南疏」的真正涵義。簡單的說就是為了會通河的「張秋」運道，必須在黃
河水勢較強的北岸築堤，又為了保護此段運道以及治河工程的方便，必須先
分殺水勢，因此要導水南流。

　　所以「北堤南疏」並非是在一個完整的治水思想下付諸實行的治河方法，
它不過是明廷「頭痛醫頭，腳痛醫腳」的一劑止痛藥。不過「北堤南疏」也
並非毫無貢獻，從歷史的角度來看，「北堤南疏」不只證實「分流」（南疏）
之法已經不符合明代的需求，而且也為後來的「束水攻沙」定下了北岸大堤
的基礎。

（三）「束水攻沙」的實行

　　黃河有自行刷沙的功能，這個想法最早可追溯到漢代的張戎，根據《漢
書‧溝洫志》的記載：

> 水性就下，行疾則自刮除成空而稍深，河水重濁，號為一石水六斗
> 泥。今西方諸郡以至京師東行，民皆引河、渭、山川水溉田，春夏
> 乾燥，少水時也，故使河流遲，淤而稍淺，雨多水暴至，則溢決，
> 而國家數堤塞之，稍益高于平地，猶築垣而居水也，可各順從其性，
> 毋復灌溉，則百川流行，水道自利，無溢決之害也。〔註56〕

〔註54〕《明史》，〈河渠一〉，頁32500。

〔註55〕《明史》，〈河渠一〉，頁32499。

〔註56〕〔漢〕班固，《漢書》，〈溝洫志第九〉（北京：中華書局，1964 年 11 月第 1
　　　　版第 1 刷），頁 1697。

根據張戎所說，黃河有「自行刷沙」的功能，但是分流或是引水灌溉都會使這個功能大為下降，這樣的見解就成為後來「束水攻沙」論的核心思想。簡而言之，所謂「束水攻沙」，就是利用河流「底蝕」的原理，在黃河下游兩岸修築堤防，不讓河水分流，集中束水，使水流流速加快，便會把泥沙夾送入海，減少河床沉積。

明代「束水攻沙」論最早是由兵部右侍郎萬恭（1515～1591）以及工部尚書朱衡（1512～1584）所提出，而右都御史兼工部右侍郎潘季馴為此治河觀的承襲者，但事實上潘季馴的「束水攻沙」還是與前者有些許差異。〔註57〕總的來說，不論是萬恭、朱衡還是潘季馴的「束水攻沙」都可說是順應時事的產物，明代運河一方面唯恐被黃河的泥沙所淤墊，另一方面又需要黃河提供運河水量，可是「北堤南疏」整治黃河流向的方法已被證明無效，反而會造成更大的災害。為了解決這樣的困境，在黃河南北兩岸全面築提，完全控制黃河的河道成為唯一的辦法，而且在當代人們的知識中，急湍的水流還有沖刷泥沙的效果，所以「束水攻沙論」就是在這樣的背景中被人們所逐漸重視的，因此「築堤」不僅是解決黃河水患的方法，而其中的「束水攻沙」更提供了明人徹底解決黃河泥沙的願景。

（四）「分黃導淮」的爭議

潘季馴用「束水攻沙」之法整治黃河雖有成效，但是「束水攻沙」的結果同時也使得明代祖陵逐漸被洪澤湖湖水所淹沒，〔註58〕潘季馴也因而去職。

萬曆23年（1595）初，淮水再度浸襲祖陵，並東潰高家堰，為了解決祖陵被水淹沒的困境，明廷在朝議之上展開熱烈的討論，但所商議的治河方針卻分成兩派。一派是以工部尚書兼都察院右副都御史楊一魁為首的「分黃」派，另一派則是以總漕尚書褚鈇（1533～1600）為主的「導淮」派，「分黃」派主張於清口上游處開一分水道（黃家壩新河）分殺黃河水勢，以免清口遭淤塞，然後再於高家堰南、北兩端增設分水道，分洩洪澤湖水量，而「導淮」派則反對開挑「黃家壩新河」，主張拆毀高家堰使得淮水能盡東出，便能立即解決泗州以及祖陵水患。後來幾經波折，明廷最後於萬曆23年9月採用了監

〔註57〕《晚明黃河水患與潘季馴治河》，第五章，〈潘季馴整治黃淮二河〉，頁284。
〔註58〕明代祖陵在泗州，也就在洪澤湖西北方，於康熙十九年（1680）年被湖水淹沒，直至民國五十二年（1963），因氣候乾燥，洪澤湖水位下降，祖陵才重新露出於湖岸。《晚明黃河水患與潘季馴治河》，〈泗州與祖靈水患及禦水工程〉，頁124。

察御史牛應元（？～？）的「折衷」之說，一面增設黃家壩新河，另一方面雖保留高家堰，但是於高堰東側再增設減水閘使淮水能夠東出。〔註59〕

在「分黃導淮」工程完成後，雖然暫時解決了泗州以及祖陵的水患，但是黃家壩新河不久便遭淤淺，故泗州以及祖陵的水患又起，而明代此時更是內憂外患不斷，再也無力大規模興修水利工程，直至明代滅亡黃河的水患也都未獲得改善。清廷入關之後，雖數次更換河道總督依然束手無策，直至康熙16年（1678）靳輔擔任河道總督之後才有轉機。

第三節　治黃思想源自陳潢

靳輔是清代大規模治黃第一個收到成效者，他不只成功的讓黃河安流，同時也奠定了清代的治河方針，清代後來的河道總督也大多都遵循靳輔治河的理念與方法。然而靳輔的治河思想與方法又是源於何人呢？一般的說法是靳輔的治河思想是承襲明代潘季馴的「束水攻沙論」，但是傳授靳輔這個治水方法的人，則是他的幕客－陳潢（1637～1688），甚至有人懷疑靳輔的《治河書》實為陳潢所撰，然後再冠上靳輔之名。

對於《治河書》究竟為靳輔或陳潢所撰，還是兩人所合著，此一疑點至今仍因證據不足而無法解決，〔註60〕不過對於靳輔的治河方法與思想為陳潢所授，此點應該是無疑的，本節的目的便是論證靳輔治河思想的來源。

一、陳潢的經歷

靳輔接任河道總督之前，皆是擔任與農田水利毫無關係的官職，〔註61〕唯一有關係的可能就是靳輔任安徽巡撫時，曾經想在安徽推動「溝田法」。〔註62〕但是，我們還必須考慮到靳輔與陳潢相遇的時間點，恰好為靳輔剛擔任安徽巡撫之時，所以靳輔的「溝田法」可能也是源自於陳潢。既然靳輔從未接觸過水利工程，那又怎麼可能在短時間內，為一件浩大治河工程建立一套完整的治河方略，並且為後世所景仰，由此推論靳輔的治理黃、淮、運的思想與方法為陳

〔註59〕《晚明黃河水患與潘季馴治河》，第五章，〈潘季馴整治黃淮二河〉，頁366～373。
〔註60〕今大多偏向陳潢傳授治水方法給靳輔。
〔註61〕《清代河臣傳》，頁56。
〔註62〕《碑傳集》，頁246～247。

潢所授的可能性頗大。

　　一般水利專家皆認為靳輔的治河思想是源於陳潢，那麼陳潢又為何許人也？陳潢字天一，浙江錢塘人，雖科舉連連失利，但是對於農田水利方面的事情相當有興趣，〔註63〕他時常考察黃河沿岸的情形，在《河防述言》中的「黃河全圖引」中有自敘道：

> 余嘗熟悉之第龍門而上，尚未知河形若何也？邇年余客甘肅幕府見全陝輿圖，復四往寧夏，一出庄浪塞（今甘肅永登縣），經中衛（今寧夏中衛縣）渡河者十餘次，每循河澵必登眺審度，于是積石東之河形亦暑具于胸臆。〔註64〕

由此可知，陳潢因興趣之故，便利用自己在甘肅當幕客時，藉機考察甘肅和寧夏的水域，到最後更是「積石東之河形亦暑具于胸臆」，足見陳潢對農田水利已有心得，而且有相當的自信。另由靳輔的仕官歷程中可知（見第二章，生平與仕宦歷程），其本身並無農田水利方面的接觸，因此可推測陳潢對農田水利的知識，對靳輔治水必定有相當大的影響。

二、論證治河思想來源

　　對於陳潢教授靳輔治河方略一事，我們還可以從《天一遺書》與《河防述言》二書中得到佐證。兩書的成書年代不同，《天一遺書》為清咸豐年間楊象濟從陳潢的後代子孫中購得陳潢生前文稿整理而成，而《河防述言》為陳潢同時代的友人張靄生追述陳潢之論撰寫成書，因此兩書對於了解陳潢對靳輔治河的影響都佔極大的份量。

（一）《天一遺書》一書中的證據

　　楊象濟在《天一遺書》一書中的序言中寫到：

> 國朝治河之暑，首數靳文襄，文襄之績，得我浙陳氏天一之助，文襄前後書稿皆其筆也，天一既治河，擬興溝田以裕西北，乃工甫舉而妒者隨之，天一發憤而死，後文襄復起，而天一死已久，溝田亦不能行。此與明徐貞明事同一可嘆者，陳氏子孫衰替所著不存，今年夏高中翰丈即其家購得遺書，則治河諸文稿，故在因衰而錄之，

〔註63〕《清史稿》，列傳六十六，頁 2627。
〔註64〕《河防述言》，〈黃河全圖引〉，頁 66。

－25－

題曰天一遺書，故象濟得抄此本……。〔註65〕

此序言指出三件要事。其一、靳輔治河的政績實爲陳潢所助。其二、序言中提到的「文襄前後書稿」很有可能就是指《治河書》，若眞爲《治河書》的話，那麼便可視爲《治河書》實爲陳潢所撰的一項重要證據。其三、「溝田法」爲陳潢「以裕西北」的主意。

這一段序言明白的指出靳輔實不黯農田水利，其治河方針皆爲陳潢的主意，而且此序言雖然是清咸豐年間楊象濟所撰，但是其所見的文稿爲自陳潢子孫手中所購得，應爲陳潢死前親筆所寫，所以應該有相當的可信度。

（二）《河防述言》一書中的證據

從《河防述言》中的記載也可發現陳潢傳授靳輔治河策略的各種訊息。

其一、書中的筆法大多以靳輔與陳潢的對話爲主，而開頭方式不外乎是「靳大司馬（靳輔）問於陳子（陳潢）曰」或是「陳子（陳潢）謂靳大司馬（靳輔）曰」，此亦可作爲陳潢教授靳輔治河方略的一個佐證。

其二、《河防述言》中的每一章每一節都是以陳潢教授靳輔治河方針爲主軸，其中也有記錄靳輔等人治河之時，所發生的突發狀況由陳潢解決的記載：

> 其年正議修新莊（閘）遂由七里（閘），適淮水暴漲漕艘逆上七里閘甚艱，日止過一二船，漕院羽檄來相催，促以爲河政之誤漕也，奈閘口水勢甚緊急，不能飛渡，靳大司馬有憂色，陳子曰不難也，當夕下片紙諭，有司於七里閘之上游鑿數涵洞，引水出於閘之下，不日涵洞成閘口水頓平，日報漕艘過數十號矣，留野張氏目擊其事，驚嘆不已。〔註66〕

從本段中可發現靳輔對於這件突發狀況並無實際上的辦法，若是靳輔的治河方略爲自己的研究所得，而且還能編寫成冊指導後人，那就不會發生像文中所言的「有憂色」的情形，而是會急如星火的直接指揮部下解決眼前的難題，而不用求助於陳潢。除此之外，在文中提到的「留野張氏」指的應該就是撰寫《河防述言》一書的張靄生，表示當時張靄生也親見其事，更增添了這段話的眞實性。

此外，從靳輔的〈欽奉上諭疏‧條陳下河〉〔註67〕中，靳輔自己也

〔註65〕《天一遺書》，〈序言〉，頁239。
〔註66〕《河防述言》，〈雜誌‧第十一〉，頁77。
〔註67〕《靳文襄公（輔）奏疏》，卷6，〈欽奉上諭疏‧條陳下河〉，頁669～671。

説「此計畫（指下河案的重堤之法）實爲陳潢一人之意，開挑中運河使黄淮異漲之水能從中運河分洩而去，奕是陳潢的功勞」，〔註68〕又言「待臣死後或因病痛而臥床，必須使陳潢爲繼任河臣的幕僚，方能畢微臣（靳輔）之工」，〔註69〕靳輔在此奏書之中不斷吹捧陳潢的功績，雖然有爲陳潢求官之意，但此時已是康熙26年七月之事，黄河河務與漕運皆已次第完工，所以此舉不仿將其解釋爲，靳輔是爲了慰問與報答陳潢十年來對河工的貢獻與辛勞。〔註70〕

從《天一遺書》、《河防述言》與靳輔的奏疏中所言、所記錄的，在在都顯示陳潢在治河方面對靳輔的輔助與指導，再加上考慮到靳輔與陳潢兩人各自的仕官歷程與生平遭遇，靳輔的治河方略爲陳潢所授，此點應該是無誤的。對於《治河書》究竟爲何人所撰的疑案，雖無直接證據能證明，但是《治河書》爲陳潢所撰最後再冠上靳輔之名亦爲合理的推測。

第四節　靳輔與潘季馴整治黄河方策比較

「清初治水思想的成熟，是明代逐漸發展的結果」，而總結明代各個水利思想的人，就是幫助靳輔治水的陳潢。陳潢的治河思想主要是承襲明代的潘季馴，因此陳潢教授靳輔的治河方略，其主體便是潘季馴的「束水攻沙論」，不過仔細探究其內容就會發現其思想中也有「分黄導淮」的影子。

一、均屬束水攻沙論

靳輔與陳潢二人對潘季馴可說是讚譽有嘉，靳輔曾稱讚潘季馴爲「近世之能臣」，〔註71〕陳潢也曾說到「元魯之後深明河務者，潘公爲最也」，〔註72〕所以靳輔與陳潢對於明代「束水攻沙」理論實行者的潘季馴，必定有相當程度的研究。以下是比較潘季馴與靳輔等人的治河方法，可以發現有諸多雷同

〔註68〕《靳文襄公（輔）奏疏》，卷6，〈欽奉上諭疏・條陳下河〉，頁669。

〔註69〕《靳文襄公（輔）奏疏》，卷6，〈欽奉上諭疏・條陳下河〉，頁670～671。

〔註70〕康熙三十一年靳輔再任河道總督之後，其治河的功績受到肯定，之前朝中對於靳輔的抨擊與輿論皆已不再。因此靳輔又上〈義友竭忠疏〉爲陳潢申辯，希望能恢復陳潢官職，疏中便提到陳潢的五大功績，一爲堵高家堰諸決口、二爲堵清水潭、三爲改運口、四爲挑皂河、五爲開中河。

〔註71〕《靳文襄公治河方略》，卷1，〈開闢海口〉，頁61～62。

〔註72〕《河防述言》，〈源流第五〉，頁71～72。

之處。

潘季馴在《河防一覽》中有記述道：

> 水分則勢緩，勢緩則沙停，沙停則河飽，尺寸之水皆由沙面，止見
> 其高。水合則勢猛，勢猛則沙刷，沙刷則河深，尋丈之水皆由河底，
> 止見其卑。築堤束水，以水攻沙，水不奔溢于兩旁，則必直刷乎河
> 底。一定之理，必然之勢。此合之所以愈於分也。〔註73〕

而從《靳文襄公治河方略》、《河防述言》以及《天一遺書》之中都可看到靳
輔、陳潢與潘季馴有相同的見解，在《靳文襄公治河方略》，卷6的「河道敝
壞已極疏」中寫著：

> 黃河之水，從來裹沙而行，合則流急，而沙隨水去；水分則流緩，
> 而水慢沙停。沙隨水去，則河身日深，而百川皆有所歸。沙停水慢，
> 則河底日高，而旁溢無所底止。〔註74〕

又說：

> 剗決口既多，則水勢分而合流緩，流緩則沙停，沙停則底墊，以致
> 河道日壞，而運道因之日梗。〔註75〕

《河防述言》中也有相同的描述：

> 拯河患于異漲之際，誠不可不殺其勢，若平時虞其淤塞而致橫決之
> 害，更不可不合其流，是合流爲常策而分勢爲偶事也，設專務于分
> 則河流必緩，緩則沙停而淤淺，愈淤愈緩，愈緩愈淤，不日而故道
> 具塞，河既不得遂其就下之性，勢必旁衝而四潰矣。〔註76〕

由此可知潘季馴「束水攻沙論」的核心思想爲「水分則勢緩，勢緩則沙停底
墊」，而這一句話同樣也被靳輔與陳潢所遵循，成爲靳輔的治河方針。

二、整治方策的異同

在比較兩邊的治水方法與理論之後，就會發現靳、陳二人的治水方針大
體上承襲潘季馴，雙方都贊同「築堤束水」反對「分流」之說，皆反對以「人
力挑濬河道與清口淤沙」等，不過陳潢的理論及方法大體上雖然與潘季馴相

〔註73〕〔明〕潘季馴，《河防一覽》，14卷，收錄於《中國水利要籍叢編》第15集（臺
北縣：文海出版社，據民國25年排印本影印），卷2，〈河議辯惑〉，頁61～62。
〔註74〕《靳文襄公治河方略》，卷6，〈河道敝壞已極疏〉，頁224。
〔註75〕《靳文襄公治河方略》，卷6，〈河道敝壞已極疏〉，頁224～225。
〔註76〕《河防述言》，〈堤防第六〉，頁72。

同，但在策略執行上卻有不少差異。

（一）挑濬黃河河道

潘季馴認為以人力挑濬黃河河道為「曠時費功」之舉，〔註 77〕因為如果遇到黃河水漲之時，泥沙又將淤墊於原本已挑濬的河段，所以用人力挑濬淤沙雖動用夫役數萬名，耗費國家錢糧無數，仍無法有效治理黃河。〔註 78〕

靳輔與陳潢對於人力疏濬黃河河道之事，也贊同潘季馴所說為「費工且耗時」，〔註 79〕認為應該要借用「水力」來沖刷淤沙方為上策，〔註 80〕不過靳輔等人認為疏濬黃河淤沙之事縱然要靠河水之力，但還是可用「人力」來輔助，因此發明了「川字疏濬法」（詳見第三章，治河計畫與執行）。

除此之外，開鑿引水道的沙土還可用來修築兩岸的大堤，解決了潘季馴「所挑之沙不知安頓何處」的難題，〔註 81〕而且修堤的沙土若從他處運來，不僅腳伕的伙食和工銀可觀，而且物料可能緩不濟急，〔註 82〕靳輔修堤則直接取土於河身「寓濬於築」，不僅解決了河道拓寬的問題，而且其淤土又可用來修築堤壩，替國庫省了一筆可觀經費。〔註 83〕

所以對於黃河河道的挑濬，靳輔與陳潢雖同意採人力挑濬有其難處，但與潘季馴完全依賴「水力」刷沙之法又略有不同，靳輔與陳潢雖然也是借用「水之力」，但是又輔之以「人力」以遂其功。

（二）均反河行兩道與開闢海口

「束水攻沙論」者皆不贊同黃河分水他用，如漢代張戎所說「春夏干燥，少水時也，故使河流遲，淤而稍淺」〔註 84〕明代潘季馴所說「水分則勢緩，

〔註 77〕《河防一覽》，卷 7，〈經略兩河疏〉，頁 165～176。
〔註 78〕《河防一覽》，卷 2，〈河議辯惑〉，頁 61。
〔註 79〕《河防一覽》，卷 7，〈經略兩河疏〉，頁 165～176。
〔註 80〕《河防一覽》，卷 2，〈河議辯惑〉，頁 61。
〔註 81〕《河防一覽》，卷 2，〈河議辯或〉，頁 61。
〔註 82〕《靳文襄公治河方略》，卷 6，〈經理河工第一疏·挑清江浦至海口〉，頁 227。
〔註 83〕對於黃河的治河工程，潘季馴對於「挑」與「築」是兩者擇一，選其一而捨棄另一項，而靳輔則是「挑」與「築」二者皆選，並且修堤之土直接取於自於挑浚河身之土，「挑」與「築」並重，使治河工程更加完善。除此之外，從工錢的方面來考慮，修堤的土若從他處運來，不僅腳伕的伙食和工銀可觀，而且物料可能緩不及時，所以靳輔的「寓濬於築」之法，實為一高明之舉，不僅解決了河寬拓寬的問題，而且其土又可來修築堤壩，替國庫省了一筆可觀的經費。
〔註 84〕《漢書》，卷 29，〈溝洫志〉，頁 1697。

勢緩則沙停，沙停則河飽」〔註85〕皆是同理，皆深恐黃河水量過少，因而降低了黃河自行刷沙的功能。

潘氏反對「河行兩道」主要有以下三點論點：

1. 違反「束水攻沙」之理論，因於黃河河道兩岸開挑分水河渠，則正河的水量必趨於緩弱，如是河水中挾帶的泥沙易淤積於河床。

2. 逢黃河泛漲，正河道的河水易奪行於支渠，如是黃河將為之改道。

3. 支渠易遭黃河挾帶的泥沙所淤塞，將無法持久，徒然浪費錢糧而已。

潘季馴另一個強烈反對的便是「開闢海口」之論（安東縣雲梯關海口），其根本原因有二，其一為「開闢海口」施工艱難，其二為潘氏認為海口並無阻塞，無施工之理。

潘季馴認為「開闢海口」工程艱難，是因為漲潮之後海水會倒灌海口，將使挑濬者無以立足而難以施工。派人實地查勘，查得海口並無堵塞，潘季馴云：

> 雲梯關以下，自夾套至十三套，面闊三、五、七、八里，及十里不等；水深一丈五、六尺及二、三丈，滔滔迅馳，原無隘窄。至云：對口有橫沙一段，在四十里外，望之不見，潮長，上可行舟；潮退，尚深三、四尺，人言自來如此，並無淤梗。〔註86〕

對於潘季馴所反對「河行兩道」與「開闢海口」之論，靳輔與陳潢也同樣反對，而且還為兩者之間作了一個連接，靳輔等人認為要解決海口淤塞的問題，必須集中水量沖沙，河水水勢既強於海水水勢，泥沙自不會淤墊於海口，反之，泥沙淤積海口的情形必會越來越嚴重，靳輔說：

> 海口日淤而上游愈壅，以致漫決頻仍，內關而不之止，故凡議河事者莫不力言挑濬，而不知其勢有必不可者，何也？挑濬之河最狹且淺亦須寬至里深及丈方可通流，已土方之算授工，計萬夫三日之力不及里，且漸近海濱人難駐足，加以稽天潮汐一日再至，不特隨濬隨淤，尤恐內水未及出，而潮水先從之而入矣。〔註87〕

又說：

> 夫海口之高，皆因關外（指雲梯關）原屬坪廠漫灘，以故出關之水，

〔註85〕《河防一覽》，卷2，〈河議辯惑〉，頁61～62。
〔註86〕《河防一覽》，卷12，〈併勘河情書〉，頁421。
〔註87〕《靳文襄公治河方略》，卷1，〈開闢海口〉，頁61。

　　亦隨地散洌，散洌則無力，無力則沙停耳，禹貢紀河之入海，曰同
　　爲逆河入于海，夫河也而曷以逆名，海湧而上，河往而下，兩相敵
　　而後入故逆也，禹既播之爲九，又曷爲而同之，不同則力不一，力
　　不一則不能逆海而入也。〔註88〕

從前述中，可以發現靳輔對於「河行兩道」與「開闢海口」之論，見解大致
與潘季馴相同，不過如果再深入的探究，就會發現靳輔對於「疏濬海口」的
看法與潘季馴略有不同。

　　對於海濱地段人難以駐足，因此施工困難，靳輔對於此點的看法與潘季
馴相同，而兩人見解有所差異的地方，則是靳輔等人對於「海口日淤而上游
愈壅，以致漫決頻仍」〔註89〕的情形並不全然否定，〔註90〕這與潘季馴一直
強調「上決而下壅」的看法有著顯著的不同。

（三）上決而下壅與下壅而後上決

　　靳輔與陳潢認爲「海口日淤而上游愈壅」的情形是存在的，這並不是說
潘季馴所倡議「上決而下壅」的意見遭到否定，而是說他們不反對「分黃導
淮論」主張「下壅而後上決」的看法。簡言之，就是靳輔與陳潢認爲「上決
而下壅」與「下壅而後上決」的情形是同時並存的。

1、靳輔不反對上決而下壅

　　「上決而下壅」的論點是由「束水攻沙論」發展出來。「束水攻沙」的中
心理論爲「水分則勢緩，勢緩則沙停，沙停則河飽」，〔註91〕也就是說即使不
是有意「河行兩道」分水他用，上游地區如果因爲其他原因，如螻蟻壞堤、
暴雨衝堤，或盜決河堤灌田，以致破壞堤防，〔註92〕造成黃河發生決口。黃
河的決口一開始或許只是小決口，但若是不予理會，待決口一多，這些小決
口便會讓黃河水勢減弱，使得泥沙淤墊河道，〔註93〕而河床淤高以及河寬的

〔註88〕《靳文襄公治河方略》，卷1，〈開闢海口〉，頁61～62。
〔註89〕《靳文襄公治河方略》，卷1，〈開闢海口〉，頁61。
〔註90〕正因爲如此，靳輔對於海口依然有安排疏浚的工程。不過靳輔也明白「海濱
　　　　人難駐足」之理，故其疏濬之法是用浚幫拖著鐵掃帚等工具加以疏浚，並定
　　　　爲「河兵」每月必做的工作之一。
〔註91〕《河防一覽》，卷2，〈河議辯惑〉，頁61～62。
〔註92〕《靳文襄公治河方略》，卷6，〈經理河工第八疏・添設兵丁〉，頁250～255。
〔註93〕經靳輔等人的調查，黃河中下游「河身原闊一、二里至四、五里者，今則止
　　　　寬一、二十丈，原深二、三丈至五、六丈者，今則只深數尺」《靳文襄公治河
　　　　方略》，卷6，〈經理河工第一疏・挑清江浦至海口〉，頁227。

減縮，使得河道的容水量急劇減少，導致下游河水因淤沙而壅滯只得向兩岸潰溢。如下游河道的容水量不足，使得中游的河水亦無處可洩，只得從決口洩出，使得小決口越衝越大，變成了大決口，而大決口又使得水勢大減……，如此不斷的循環。所以「上決而下壅」則可視爲「水分則勢緩，勢緩則沙停，沙停則河飽」〔註94〕的另一種解釋。

靳輔與陳潢的治河思想，主要是承襲潘季馴的「束水攻沙論」，潘氏所說的「水分則勢緩，勢緩則沙停，沙停則河飽」〔註95〕爲「束水攻沙」的核心思想，靳輔等人斷無反對之理，而「上決而下壅」的意見又是由「束水攻沙」思想中發展出來，所以說靳輔等人並不反對潘氏所倡議「上決而下壅」的見解。

2、靳輔亦贊同下壅而後上決

靳輔認同潘氏所倡議「上決而下壅」的理論，同時亦贊同「分黃導淮論」的「下壅而後上決」，除了前段靳輔已言明「海口日淤而上游愈壅」〔註96〕的情形外，靳輔還說到「夫海口之高皆因（雲梯）關外原屬坍廠漫灘」〔註97〕又言「陳聞治水者必始自下流，下流疏通則上流必不飽漲」，〔註98〕皆顯示靳輔等人對於「海口淤墊」情形的認同，以及對於「疏濬下游」工程的格外重視。

此外，靳輔在〈經理河工第二疏‧挑濬清口〉的奏章之中，有言及「挑濬清口」的工程前，亦重新強調「下流疏濬」對於「清口」的重要，靳輔說：

> 以築兩岸之堤，乃先治下流，以導黃淮歸海之計也。然下流雖治，而上有淤墊之處，不行早疏通，則高家堰一帶決口雖堵，淮水直下之時，難免阻滯散漫之慮。〔註99〕

另外，在陳潢的《河防述言》中對於「下流壅滯」與「決口」之間的因果有更直接的描述，陳潢說：

> 夫河之所以決者，皆由黃水暴漲，下流壅滯不得遂其就下之性，故旁流溢出致開決口，及決口既開，旁流分勢則正流愈緩，正流緩則沙因以停，沙停淤淺則就下之性愈不得，遂而旁決之勢益橫矣。〔註100〕

〔註94〕《河防一覽》，卷2，〈河議辯或〉，頁61～62。
〔註95〕《河防一覽》，卷2，〈河議辯或〉，頁61～62。
〔註96〕《靳文襄公治河方略》，卷1，〈開闢海口〉，頁61。
〔註97〕《靳文襄公治河方略》，卷1，〈開闢海口〉，頁61～62。
〔註98〕《靳文襄公治河方略》，卷6，〈經理河工第一疏‧挑清江浦至海口〉，頁229。
〔註99〕《靳文襄公治河方略》，卷6，〈經理河工第二疏‧挑濬清口〉，頁232～233。
〔註100〕《河防述言》，〈河性第一〉，頁69。

從上所論，可以證實靳輔與陳潢並不反對潘季馴「上決而下壅」的意見，同時亦贊同「分黃導淮論」的「下壅而後上決」的看法。

（四）靳輔的分黃導淮工程

為了解決清口「黃強淮弱」以及預防黃河「秋伏大漲」沖壞堤防的問題，靳輔等人除了接受「分黃導淮論」者「下壅而後上決」的觀點外，也接受了此派「分殺黃河水勢及疏導淮河」的看法，這一點則是與潘季馴迥異。

雖然分殺黃河水勢，有違「束水攻沙論」集中水量以沖刷淤沙的觀點，但是靳輔認為「黃強淮弱」的形勢下淮水不能盡出清口，反而遭致黃河泥沙淤墊的情況下，有限度的分殺黃河水勢也絕非不可行。〔註101〕

但是必須注意的是，靳輔雖然想要分殺黃河水勢，但與「分黃導淮論」不相同的是靳輔並非要「河行兩道」，因此不開挑分水支渠，而是在黃河沿岸設置「減水閘」以達到分殺黃河水勢的目的，而其中碭山縣毛城舖、徐州王家山、十八里屯、睢寧峰山、龍虎山等處的九座減水閘所減之水則導入淮河，〔註102〕所以靳輔與陳潢的「分黃」不僅是要單純的分殺黃河水勢而已，還有「強淮」的用意，靳輔說：

> 既以殺黃，且使所過水各隨地勢，由睢溪口、靈芝、孟山等湖以入洪澤而助淮，如遇淮漲而黃消，而淮自足以敵黃，而閘壩亦無可過之水，如遇淮消而黃漲，則九閘壩所過之水分流而並至，即借黃助淮以禦黃，而淮之消者亦漲，儻更遇黃淮俱漲，則彼此之勢略等，有中河以洩黃，周橋六壩以洩淮，亦不至偏強危害也。〔註103〕

從上述所言可得知靳輔等人「借黃助淮」的辦法，除了減緩黃河的水勢外，還可以增強淮河的水勢，使清澈的淮水能從清口流出，達到「蓄清刷黃」的目的，可說是一舉兩得。

至於高家堰的減水閘，雖然潘季馴堅信唯有集中淮河水量才能使淮水順流出清口，但是陳潢認為「善治水者，先須曲體其性情，而或疏或蓄或束或洩或分或合，而俱得其自然之宜」，〔註104〕所以清代雖然沒有明代祖陵被淹沒的問題，但是在洪澤湖的湖面越來越大、湖水不斷泛漲的情形下，為了有效

〔註101〕《靳文襄公治河方略》，卷3，〈閘壩涵洞工〉，頁123。
〔註102〕《靳文襄公治河方略》，卷3，〈閘壩涵洞工〉，頁123～151。
〔註103〕《靳文襄公治河方略》，卷2，〈黃淮交濟〉，頁90～91。
〔註104〕《河防述言》，〈河性第一〉，頁69。

控制洪澤湖水量，靳輔等人沿用了「分黃導淮」一派的方法，在高家堰設置減水閘，至於所減之水則向東流經運河而入海。

因此爲整治清口的淤沙，靳輔不只是延續明代潘季馴厚築高家堤堰的方法，更融入「分黃導淮」的理論，建置減水閘等輔助措施，創出「借黃助淮」（詳見後文）的方法。

三、束水攻沙新發展

潘季馴雖已有「水性無分東西，而有分上下」〔註105〕的認識，與陳潢所言治水需「順水之性」的本意相同，〔註106〕但是潘季馴對於治理水患的先後順序，並沒有明確的指示。對此靳輔與潘季馴則有所不同，他們明確的指出「治水必始自下游」與「塞決口先小而後大」此兩大原則。

（一）治水必始自下游

靳輔等人不反對「上決而下壅」的論點，但這是用來解釋「水分則勢緩，勢緩則沙停，沙停則河飽」〔註107〕的觀點以及用來說明「造成黃河各處決口愈來愈嚴重」的原因，並不是指治理黃河氾濫的方法，陳潢言：

> 諺云下流處塞水，缺愈塞愈大，此之謂也，又有患在上而所以致患者在下，則勢在下也，當疏其流以洩之，則在上之患自定。譬如困賊，于圍中而不開一面，以分其志，以緩其憤，則將激其必死之心，一旦潰圍而出不可收拾，故上流應洩者，先須於下流疏之，此又釜底去薪之法也。〔註108〕

而在《靳文襄公治河方略》也有類似的說法，靳輔說：

> 至於先下而後上，從事乎其所易，其理亦然，截其尾，毋攖其鋒，下口既截，而後以全力施其上，或挑引河，或築攔水壩，或中游築月壩，審勢置宜，而大者小者當亦無有不受治者矣。〔註109〕

所以這也是爲什麼靳輔的治河計畫之中（詳文請見第三章，治河計畫與執行），要把「黃河下游的整治工程」放在整個治河工程的首位，而不先堵決黃

〔註105〕《河防一覽》，卷2，〈河議辯或〉，頁55。
〔註106〕《河防述言》，〈河性第一〉，頁68～69。
〔註107〕《河防一覽》，卷2，〈河議辯或〉，頁61～62。
〔註108〕《河防述言》，〈審勢第二〉，頁69。
〔註109〕《靳文襄公治河方略》，卷1，〈塞決先後〉，頁62。

河中游地帶的各處決口，其關鍵便是在「毋攖其鋒」這四字。

　　實際上，靳輔等人「治水必始自下游」的思想，也相當符合明清之際黃河與淮河的局勢。從黃、淮整體的局勢來看，黃河越靠近上游洪澤湖一帶的決口，其決口處水量往往較為豐沛，所以如果先防堵上游的各處決口，下游又在泥沙淤墊，水無處可洩的情形下，必然又會從原本已堵住的各個決口中溢出。

　　上游決口的水勢甚強，若要防堵必然要與大水爭勢，所以成效可能不大，而且又必須耗費大量的物力與人力，這對於一心想節約朝廷開支的靳輔來說是絕不允許的。〔註110〕反觀，若先疏濬下游，使得水有所洩，那麼在黃河中游各處決口所洩的水，其水勢便會大減，水勢減弱之後，防堵的工程相對會顯得較為容易。

（二）堵塞順序

　　既然「治水必始自下游」要「順水之性」，〔註111〕而堵塞決口也該如此，因此靳輔提出了「塞決口先小而後大」的原則，靳輔說：

> 議塞者莫不先大而後小，先上而後下，而不知理有不然者，蓋大口難塞，非踰旬累月不能竣，迨大口工竣，而小口又復汕刷而成大……，則是所塞之工處處皆大口矣。〔註112〕

由上述所言可知，靳輔對於堵塞決口的先後順序，並不像過去的治水者一般只知遵循著「先大而後小」、「先上而後下」的固定模式；依照靳輔的考量，堵塞決口不能把「先大後小」、「先上後下」作為唯一的準則，因為要治理大決口往往需要數月才能完成，但是大決口被堵住後，原本由大決口所分洩的水量在無地可容、無處可洩的情況之下，便會尋找他處奔洩，那麼原來是小決口的地方，可能就會因為這些突然而來的水量，把決口之處撐大，因此，與其先花費數月之力治理大決口，還不如先整治小決口。再加上靳輔的治河計畫之中，黃、淮下游的淤泥疏俊作業及河道的拓寬和加深工程，都已告一段落，下游河床已有足夠的空間容納原本從小決口分洩的水量，如此一來，除可避免與大水爭勢，有事半功倍的好處之外，也可省去不少時間。

　　總而言之，在靳輔的治河工程之中「治水必始自下游」與堵塞決口「先小

〔註110〕《清史稿》，列傳六十六，頁 2625。
〔註111〕《河防述言》，〈河性第一〉，頁 68～69。
〔註112〕《靳文襄公治河方略》，卷 1，〈塞決先後〉，頁 62。

而後大」，皆可視爲靳輔大修工程中的基本原則，先疏濬黃河下游河道，在河道暢通之後，原本下游因河床提高而河水氾濫的情形也會獲得相對的改善，使得治理下游決口的工程也會因此而容易的多，而下游河道的容水量大增，上游決口的水勢便不猛烈，大決口變得更容易堵塞，小決口亦不會因「大口工竣，而小口又復汕刷而成大……，則是所塞之工，處處皆大口矣。」〔註113〕的情形發生，因此「塞決口先下而後上」或「治水必始自下游」之說，皆可視爲靳輔「毋攖其鋒」以達事半功倍的方法。

〔註113〕《靳文襄公治河方略》，卷1，〈塞決先後〉，頁62。

第三章　治河計畫與執行

　　明末清初因戰亂之故，黃河的堤防失修洪災不斷，據統計，黃河在順治年間（1644～1661）便決口 20 次，而在康熙皇帝即位之後（1662），災情更加嚴重，如康熙元年（1662）6 月「黃河決祥符（開封市東）、中牟（河南省中部，隸屬省會鄭州市）、陽武（河南原陽東南）、杞縣（河南省東部）、通許（開封市東 45 公里）、尉氏（尉氏市）、扶溝（河南省中部）七縣。」〔註1〕同年 7 月「又決歸仁堤，河勢逆入清口與睢湖諸水自決口處沖灌洪澤湖，使淮陽地區受到巨大的災害。」〔註2〕康熙 6 年黃河又決桃源（今泗陽西）「沿河州縣悉受水患，……高郵水高幾二丈，城門堵塞，鄉民溺斃數萬。」〔註3〕康熙 9 年 5 月暴風雨，使得黃、淮並溢，沖毀高家堰石工，河水「以數千里奔悍之水，攻一線孤高之堤，值西風鼓浪，一洩萬頃，而江（都）、高（郵）、寶（應）、泰（州）以東無田地，興化以北無城郭室廬。」〔註4〕除此之外，黃河下游河道從清口以下到海口（長三百餘里）淤積嚴重，使得河道以及運道均遭受嚴重的破壞。為整治黃、淮二河，於康熙 16 年調時任安徽巡撫的靳輔為河道總督，主持水利工程，拉開了清代大規模治理黃、淮、運的序幕。

第一節　黃河下游的整治

　　黃河下游淤墊的情形，在明中葉以後便越來越嚴重，在潘季馴治河以後，

〔註1〕《清史稿》，志一百七，〈河渠志一・黃河〉，頁 1133。
〔註2〕《清史稿》，志一百七，〈河渠志一・黃河〉，頁 1133。
〔註3〕《清史稿》，志一百七，〈河渠志一・黃河〉，頁 1134。
〔註4〕《清史稿》，志一百七，〈河渠志一・黃河〉，頁 1134。

明朝因內憂外患，對於黃、淮、運的治理已有心而無力，再加上明末清初時期的戰亂，使得黃河下游河道從清江浦至海口的河務更加敗壞，以至於河患頻繁。

一、疏浚河道

對於疏濬黃河下游河道之事，靳輔認為以人力疏濬下游的淤泥，不僅費工而且耗時，當時又值三藩之亂，朝廷財政拮据，靳輔為了要減緩河工銀的消耗，所以極力主張以「水力」沖刷淤墊之泥沙。〔註5〕但是以「水力」沖沙亦不簡單，還要考慮到清江浦至海口淤墊的情形已久，泥沙結成板沙的情形，對此，靳輔曾言：

> 河身淤土有新久之不同，三年以內之新淤，外雖板土，而其中淤泥未乾，沖刷最易。五年以前之久淤，期間淤泥已乾，與板沙結成一塊，沖刷最難。〔註6〕

為了解決這種問題，靳輔和陳潢便發明了「川字疏濬法」〔註7〕的疏濬方法，但他們同時認為「用水刷沙雖為治河不易之策」，〔註8〕但是仍然要以「人力」輔之，靳輔說：

> 今臣擬於河身兩旁近水之處，離水三丈，下鍬決土，各挑引水河一道，面闊八丈、底闊二丈、深一丈二尺，以待黃淮之下注，蓋黃淮下注之時，中央既有一、二十丈舊有之河，左右又各有八丈新鑿之河，其所存兩旁之地，雖屬堅土，而薄僅三丈，一經三面之夾攻，順流之沖洗，不待多時，即可盡行刷去，將舊有並新鑿之河俱合而為一矣。又兩旁既各挑一丈二尺，則中央河身自可刷至二丈之外，河至深二丈寬四十丈，便不窄淺，從此日洗日刷日深日寬，自可免意外之變，而漸復當時之舊矣。〔註9〕

〔註5〕《靳文襄公治河方略》，卷6，〈經理河工第一疏·挑清江浦至海口〉，頁227。
〔註6〕《靳文襄公治河方略》，卷6，〈經理河工第一疏·挑清江浦至海口〉，頁227。
〔註7〕「川字河」或稱之「川字疏濬法」，在《治河書》、《治河奏績書》與《治河方略》之中，只見靳輔與陳潢談其方法，但皆未見以「川字河」或「川字濬」來名之，所以其名應非靳輔等人所授，可能為後世人以其形狀像「川」字而名之。
〔註8〕《靳文襄公治河方略》，卷6，〈經理河工第一疏·挑清江浦至海口〉，頁227。這邊所說的「不易」其意為「不改變」並非指「不容易」。
〔註9〕《靳文襄公治河方略》，卷6，〈經理河工第一疏·挑清江浦至海口〉，頁228。

簡言之，「川字疏濬法」便是在河身的兩側開挑兩條引水道，每條面寬八丈、底寬二丈、深一二尺，而舊河左右兩旁的淤土，在舊河與新河的雙面沖刷之下，便可盡數沖刷而去，如此一來，河身不僅自行拓寬，而且省時又省工（見圖 3-1：「川字疏濬法」變化示意圖）。

圖 3-1：「川字疏濬法」變化示意圖

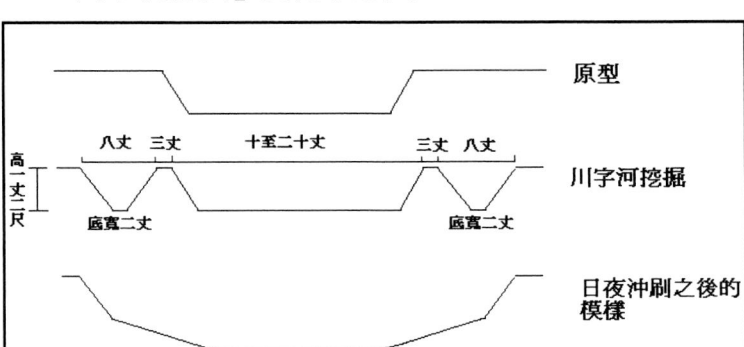

原型

八丈　三丈　　十至二十丈　　三丈　八丈

高一丈二尺

底寬二丈　　　　　　底寬二丈

川字河挖掘

日夜沖刷之後的模樣

（作者自繪。）

二、挑沙築堤計畫

　　對於黃河下游的疏濬，靳輔除了「川字疏濬法」的計畫之外，同時還配合著「寓濬於築」的計畫，靳輔說：

> 況用水刷沙，即日不必挑濬，而束水歸漕，則又必須築堤，既築堤
> 矣，與其取土於他處，何如取土於河身，寓濬於築。〔註10〕

所以說開鑿引水道的沙土，還可用來修築兩岸的大堤；這對於「束水攻沙」論來說也算是一大創新，潘季馴曾言：

> 所挑之沙不知安頓何處，縱使其能挑而盡也，堤之不築，水復旁溢，
> 則沙復停塞。〔註11〕

從靳輔與潘季馴各自的言論中，可以看出兩人想法的差異，對於黃河的治河工程，潘季馴對於「挑」與「築」是兩者擇一，而靳輔則是「挑」與「築」二者皆選，並且修堤的沙土直接取自河身，「挑」與「築」並重，使治河工程更加完善。除此之外，從經費方面來考量，修堤的沙土若從他處運來，不僅腳伕的伙食和工銀可觀，而且物料可能緩不及時，所以靳輔將修堤沙土直接

〔註10〕《靳文襄公治河方略》，卷 6，〈經理河工第一疏·挑清江浦至海口〉，頁 227。
〔註11〕《河防一覽》，卷 2，〈河議辯惑〉，頁 61。

取自河身的「寓濬於築」之法實爲高明，不僅解決了河道拓寬的問題，而且其沙土既可來修築堤壩，又可節省一筆可觀的經費。

三、黃河下游工程的執行

挑濬清江浦至海口的工程，靳輔原計畫採用「川字疏濬法」搭配「寓濬於築」之法來進行挑濬，但因工費浩繁且爲了配合新的築堤工程（詳見下文），靳輔的治黃工程也隨之有所更動，像是「川字疏濬法」只用於清河（清河縣）北岸的挑濬工程，黃河其餘河段均改用鐵掃帚（見圖 3-2：河工器具）深濬河底。〔註12〕總之，治河計畫與治河工程不同的地方，除了「川字疏濬法」的捨棄外，尚有「築堤計畫改變」、「運土方式革新」與「取土準則改變」等三項重大變動。

圖 3-2：河工器具

（由左至右爲：混江龍、清河龍、鐵筢、鐵篦子。）

（資料來源：清‧麟　慶，《河工器具圖說》，頁 147～155。）

（一）築堤計畫改變

靳輔原本計畫在黃河下游地區（清江浦至清口）每個河段掘土六十方，並於兩岸各築底闊七丈、頂闊三丈、高一丈二尺的大堤，〔註13〕但後來又考量只築一道堤防太過單薄，而且又查得部分河段的舊堤雖傾倒不堪使用，但整體來說只要在堵塞決口之後，將舊堤加以修葺尚可使用，因此在工程進行之時，將原本預計要築一道厚實的單一大堤，改築爲兩道較低矮的小堤（分爲遙、縷二堤）。〔註14〕

〔註12〕《清史稿》，列傳六十六，頁 2625。
〔註13〕《靳文襄公治河方略》，卷6，〈經理河工第一疏‧挑清江浦至海口〉，頁 228。
〔註14〕近水之堤稱之爲「縷堤」，離水較遠的第二道堤防稱之爲「遙堤」。

靳輔的兩道小堤，近水的縷堤頂寬二丈、底寬六丈、高六尺，而離水較遠的遙堤則是頂寬二丈、底寬六丈、高八尺，兩者分別用土約二十四方以及三十二方，兩者共用土五十六方，與原本預築一道大堤需用土六十方相比較，尚餘四方，靳輔便用剩餘之土來修築格堤，〔註15〕如此一來，所費工錢與原擬定的計畫相差無幾，而且再搭配靳輔的「河兵護堤」之法，在日後遙、縷二堤逐年修高之後，更具有安全保障。〔註16〕

（二）運土方式革新

在治河工程之中，無論是挑濬還是築堤都需要運土，而在靳輔的原計畫中，並沒有考量到工具的使用。所以在工程進行之初是以人力運輸，施工艱難且事倍功半，據靳輔之言「十夫工程必須人夫十五六名始能築起，各夫難堪賠累往往潛自散去，及再行招募而任呼不應」。〔註17〕而靳輔的應變之法，是於各省分購買驢子，期望以獸力替代人力，但是試行之後才發現一般民夫不諳餵養之法，又畏懼驢子生病死去有賠償之責，因此皆不肯領養。〔註18〕最後靳輔製造「土車」（見圖3-3：土車與濬幫）代替驢子，方解決這個問題。〔註19〕

圖3-3：土車與濬幫

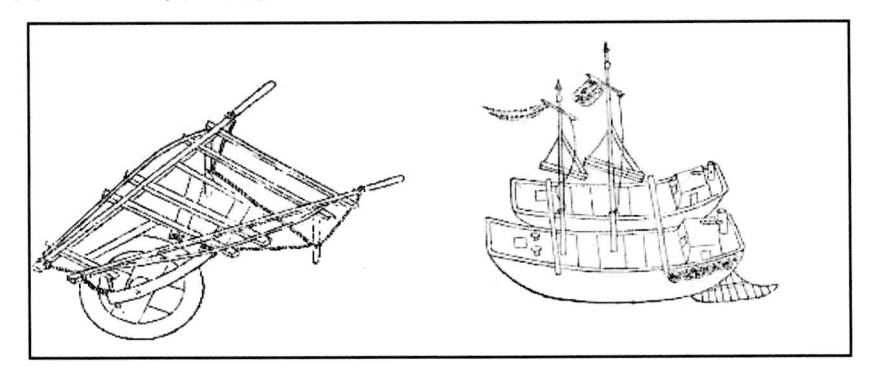

（據清·麟慶言：「土車獨輪科土兼載秭編，蜀相諸葛亮出征始造木牛流馬以運餉，木牛即今小車之有前轅者，流馬即今獨推者」，故土車應該就是獨輪車。參考資料：清·麟慶，《河工器具圖說》，頁264、271。）

〔註15〕 「格堤」位於「縷堤」與「遙堤」之間。
〔註16〕 《靳文襄公治河方略》，卷6，〈敬陳經理第一疏·以中河之土築堤〉，頁258～260。
〔註17〕 《靳文襄公（輔）奏疏》，卷3·〈經理第一疏未盡事宜疏〉，頁246。
〔註18〕 《靳文襄公（輔）奏疏》，卷3·〈經理第一疏未盡事宜疏〉，頁246～247。
〔註19〕 《清史稿》，列傳六十六，頁2625。

（三）取土準則改變

靳輔的治河計畫之中，築堤之土主要來自於「川字疏濬法」挖掘引河之土，不足之處再從河深兩側三十丈外取土，〔註 20〕但是在實際的工程之中，因治河費用繁重，〔註 21〕而且又要遷就舊有的大堤，所以「川字疏濬法」便遭捨棄不用，而清江浦至海口的疏浚工程，便改用「浚幫」拖鐵掃帚一類的疏浚工具，以求能夠深濬河底，而築堤所需之沙土只好全部自河身兩側挖取，但是在宿遷、桃源一帶的地區，因「人力弱因而挑土少，工程多故募夫難」，〔註 22〕靳輔只好變更原計畫「離堤三十丈不許取土」〔註 23〕的規定，改爲離堤二十丈外取土。〔註 24〕

第二節　挑濬清口與洪澤湖的防洪

明清之際，黃河於淮安府（今江蘇）的清口會淮河，不僅在此區淤成洪澤湖，而且黃河還借淮河河道出海，除此之外，此地的眾多湖泊（像是射陽湖、洪澤湖、白馬湖以及高郵湖等等）同樣也是明、清兩代調節「湖漕」水量的關鍵地區，〔註 25〕所以說黃淮交會的清口與洪澤湖，可以說是整個黃、淮、運的心臟地帶。但是，黃河的含沙量太大，再加上淮河的水勢明顯的弱於黃河，淮水無法盡出清口，使得洪澤湖的湖面越淤越大，加重了此區水文的複雜程度。

一、濬清口淤沙

自黃河由清口會淮河之後，對明、清兩代來說，清口這個地方變成了治理黃、淮、運三者的核心地帶，不僅黃河、淮河及眾多河川與湖泊都在清口附近糾結在一起，而且束水攻沙論者，除了提倡以淮河之清水，沖刷黃河之濁水，借清水以刷沙之外，更希望以黃、淮兩河之水接濟運道，更彰顯了清口的重要性。

〔註 20〕 《靳文襄公治河方略》，卷 6，〈經理河工第一疏・挑清江浦至海口〉，頁 229。
〔註 21〕 《靳文襄公（輔）奏疏》，卷 3・〈經理第一疏未盡事宜疏〉，頁 250～251。
〔註 22〕 《靳文襄公（輔）奏疏》，卷 3・〈經理第一疏未盡事宜疏〉，頁 249。
〔註 23〕 《靳文襄公治河方略》，卷 6，〈經理河工第一疏・挑清江浦至海口〉，頁 229。
〔註 24〕 《清代史料彙編》，列傳六十六，頁 2625。
〔註 25〕 《中國運河史》，頁 434。

由於淮水不敵黃河水勢的情況下，淮水不能出清口，黃河泥沙又在清口結成「大板沙」，[註26] 淮河之水反而淹成「洪澤湖」，而洪澤湖湖水又威脅淮安、揚州兩府，使得民田被水淹沒，百姓流離失所，[註27] 所以如何解決清口的淤塞，以及使淮水能暢出清口的問題，便顯的特別重要。

靳輔對於疏濬清口的計畫，仍是主張以「水力」為主，然後以「人力」輔之，靳輔等人也計畫採用「川字疏濬法」，不過考慮到清口的寬度與實際需求，因此縮減引水道的寬度，將原本「面寬八丈、底寬二丈、深一丈二尺」[註28] 的引水道，縮減成「面寬六丈、底寬三丈、深五尺」，[註29] 如此在「水力」的沖刷之下，原本久淤的「大板沙」被淮水沖刷而去，清口淤塞問題即可解決。

二、築高家堰堤工

清口疏通之後，便是修築高家堰的問題；按照當時的水利修建技術，修築高家堰有「石工」、「板工」和「埽工」三種方法，[註30] 三者最大的差別，在於修築的材質不同，「石工」顧名思義便是以磚、石為修建堤岸的材料，在三者之中最為堅固，但「石工」的修建必須先築壩攔水，[註31] 並把壩內所含之河水排乾，[註32] 因此不僅工程繁瑣而且耗費也最鉅，而且稍有不慎便前功盡棄。[註33]「板工」則是以板束土，除了以椿固定之外，還要將板內之土夯實，[註34] 但相較於「石工」而言，工程則相對簡單，而且不管是下椿所需的木材，還是板內之土，皆不難取得。

至於「埽工」，中國自先秦時代便有類似的技術，到宋代製「埽」的技術

〔註26〕此指靳輔所言「蓋清江浦以下係十年久淤之堅土……，浮面一層板土深有二尺，下則係淤泥一尺許，淤泥之下又屬板土……，面層板土雖極堅硬，而第二層板土因在泥沙之下，反潤而鬆。」《靳文襄公治河方略》，卷6，〈經理河工第二疏・挑濬清口〉，頁233。

〔註27〕《清史稿》，志一百七，〈河渠志一・黃河〉，頁1134。

〔註28〕《靳文襄公治河方略》，卷6，〈經理河工第一疏・挑濬清江浦至海口〉，頁227。

〔註29〕《靳文襄公治河方略》，卷6，〈經理河工第二疏・挑濬清口〉，頁233。

〔註30〕《靳文襄公治河方略》，卷6，〈經理河工第三疏・高堰坦坡〉，頁234。

〔註31〕清・高其倬，《清經世文編》，收錄於《近代中國史料叢刊》271～273（臺北：文海出版社，民國76年），頁2509。

〔註32〕清・徐端，《安瀾紀要》，卷上，（河署藏版癸酉重刊本），頁59。

〔註33〕《安瀾紀要》，卷上，頁59。

〔註34〕《靳文襄公治河方略》，卷6，〈經理河工第三疏・高堰坦坡〉，頁235。

已趨於成熟。〔註35〕「埽工」通常用於圍堵缺口或是大水來時，下「埽」防汕刷，〔註36〕以達護堤之效，因此「埽」可說是一種急難時的工程，就工程的難易度來說，「埽」的製作時間最短，製作的方法也比「石工」以及「板工」都來得容易，就材料而言不過就是草、柳二者而已，〔註37〕如同靳輔所言「柳隨地可種，草近取之湖塘，遠則取之海濱」，〔註38〕兩者皆是隨處可得的材料，而「埽」的製作，據《宋史》‧「河渠志」的記載：

> 凡伐蘆荻謂之「荄」，伐山木榆柳枝葉謂之「梢」，辦竹糾荄為索。以竹為巨索，長十尺至百尺，有數等。些擇寬平之所為埽場。埽之制，密布荄索，鋪梢，梢荄相重，壓之以土，雜以碎石，以巨竹索橫貫其中，謂之「心索」。卷而束之，復以大荄索繫其兩端，別以竹索自內旁出，其高至數丈，期長倍之。凡用丁夫數百或數千人，雜唱齊挽，直置於卑薄之處，謂之「埽岸」。既下，以橛臬閣之，復以長木貫之，其竹索皆埋巨木於岸以維之，遇河之橫決，則復增之，以補其缺。〔註39〕

也就是說，製「埽」時，待草、柳等材料到齊，先打竹索和荄索，竹索長一丈到十丈不等，再找一個寬廣平坦之地作埽場，沿地密布荄索，內鋪草、柳、蘆葦等物，在壓上摻著碎石的泥土，接著用一條大竹索橫貫其中，稱為「心索」，然後捲成一捆，用大荄索捆住兩頭，又有大量的竹索從「埽」內向兩旁伸出，一個高數丈，長又幾倍於高的大「埽」便告完成，之後便可投入水中，然後以數個「埽」層層壓實，〔註40〕「埽工」便告完成，雖然不是相當堅固，〔註41〕但在危難之時，「埽工」確實是相當便利的救急之法。

　　因此若是想要有堅固堤防，在理論上修築高家堰最好是採用「石工」，〔註42〕但基於經費的考量只得作罷，據靳輔的調查：

〔註35〕《水暢河清》，頁56。
〔註36〕《靳文襄公治河方略》，卷1，〈堵口諸要〉，頁67。
〔註37〕《靳文襄公治河方略》，卷1，〈酌用蘆葦〉，頁71，這裡的「草」是指「蘆葦」。
〔註38〕《靳文襄公治河方略》，卷1，〈酌用蘆葦〉，頁71。
〔註39〕元‧托克等，《宋史》（臺北市：臺灣商務，民國73年初版），頁20437。
〔註40〕《水暢河清》，頁53。
〔註41〕《靳文襄公治河方略》，卷6，〈經理河工第四疏‧包土堵決〉，頁237～238。
〔註42〕清口與高家堰附近的地理形勢是否適合大規模石工的修建也是一大問題，靳輔去世之後，在康熙四十一年時，康熙曾因永定河石堤禦水有益，想要將石堤推行至黃河兩岸，自徐州至清口皆修石堤，但遭到當時的河道總督張鵬翮

蓋石工之費數倍於板，若將高良澗五千二百餘丈板工盡改爲石，費實
浩繁，即或石仍石而板仍板，現據山盱（山盱縣）同知多宏安估計加
高幫闊工料冊內開，自七里墩至周橋閘共長一萬一千五百餘丈，應用
石埽板工，並修一帶殘缺口，共需銀三十九萬五千五百餘兩，臣就該
同知所估石埽板工之冊而核算之，並無浮濫，則費亦不小也。〔註43〕

按上述靳輔查核所言，就算是高家堰「石工」的部分仍爲「石工」，「板工」
的部分仍爲「板工」，高家堰修築工程仍需銀三十九萬五千五百餘兩，與整治
黃、淮、運整體的工程需銀二百一十五萬八千餘兩來比較，就占了全黃工程
的四分之一，更不要說把板工的部分全改爲「石工」了。

　　而且根據靳輔等人的觀察，就算把板工改爲「石工」亦不保險，靳輔說：
「因見淮湖運河等處板工易於損壞，即石工之傾圮者亦不可勝數」，〔註44〕反
而會勞民傷財而無所止。因此在「順水之性」〔註45〕的大原則之下，便發明
「坦坡」之法，來加強高家堰的禦水能力，靳輔說：

惟見堤下係坦坦平坡者，則遇大水，不致沖塌，蓋水性至柔，而乘
風則剛，其板石諸工率皆徒峻，故怒濤撞激，易於崩沖，若遇坦坡
則水之來也不過平漫而上，其退也亦不過順縮而下，堤制水而不能
抗水，故雖大水乘風，止於隨高逐低，而無怒激之勢，水既無怒激
之勢，故自無沖崩之虞，此乃以柔制剛之道。〔註46〕

可見「坦坡」不止是化怒濤爲平水，並且免去了「板工沖激頹卸之患」，〔註47〕
除此之外，修築坦坡只費銀十九萬三千八百兩，比原先估算的三十九萬五千五
百餘兩，省了二十萬一千七百餘兩，〔註48〕如同靳輔所說的「費省而工堅，可
爲久遠的衛堤之策。」〔註49〕

　　（1649～1725）反對而作罷，張鵬翮對康熙言：「建築石工必地基堅實，惟河
　　性靡常沙土鬆浮，石堤工繁費鉅，告成難以預料。」由此可知，石工必須修
　　築在「堅實」之地上，而高家堰附近是否合適，尚屬疑問。《清史稿》，志一
　　百七，〈河渠志一・黃河〉，頁1135。

〔註43〕《靳文襄公治河方略》，卷6，〈經理河工第三疏・高堰坦坡〉，頁234。
〔註44〕《靳文襄公治河方略》，卷6，〈經理河工第三疏・高堰坦坡〉，頁235。
〔註45〕《河防述言》，〈河性第一〉，頁68～69。
〔註46〕《靳文襄公治河方略》，卷6，〈經理河工第三疏・高堰坦坡〉，頁235。
〔註47〕《靳文襄公治河方略》，卷6，〈經理河工第三疏・高堰坦坡〉，頁237。
〔註48〕《靳文襄公治河方略》，卷6，〈經理河工第三疏・高堰坦坡〉，頁236～237。
〔註49〕《靳文襄公治河方略》，卷6，〈經理河工第三疏・高堰坦坡〉，頁235。

三、洪澤湖工程的執行

要將高家堰坦坡的計畫付諸實行，就必須先堵塞高家堰的諸決口。為了有效堵塞高家堰諸決口，靳輔及陳潢等人在工程進行之時，發明了新的防堵決口的方法，據靳輔所言：

> 蓋冊內堵決，皆係循利用埽，而埽盡薪也，遠運於數百里之外，大繩捲束而投之水中，其物料人工之費，每填提一丈，水淺者費銀三四十金至七八十金不等，水深者一二百金至六七百金不等，是以需用錢糧如此之多也，且臣驗各處埽工，凡柳枝多者上可多延數年，其蘆草多而柳枝少者，不過一二年悉皆朽壞頹塌，殊非經久之道，於是再三思維，剋水者土也，當求束土禦水之法，斟酌變通，以為節省永固之計。〔註50〕

所以說，靳輔認為傳統的「埽工」對於堵塞決口有諸多缺點，像是所費的錢糧繁多之外，製作較差的「埽」甚至只能維持一兩年，就算製作優良者也不過維持數年；投入了如此多的經費，所得只不過是數年的安逸，對於想為國家省錢的靳輔來說是不能接受的，〔註51〕因此靳輔發明了「包土」之法來解決這個問題。

（一）包土之法

「包土」之法就是在施工之處先密下排樁，多加板纜，再用蒲包裹土，用蔴繩捆扎而填之，〔註52〕簡言之，就是在兩層夾板之間，用蒲包土以充實，如此一來，不僅可以節省費用，而且堅固耐久。

「包土」之法乍看之下似乎與修築「板工」相類似，其實則差之千里，雖然說「以板束土」、「下樁固定」的手法相似，但是兩者最大的差別是在於「板工」所夾之土，要經過「夯」實的過程，〔註53〕但是在靳輔《靳文襄公治河方略》的記載中，「包土」之法並沒有說需要「夯」土，而且若要「夯」實，便不會「用蒲包裹土，以蔴繩捆紮」了，〔註54〕所以說「包土」之法的構思或許是來自於「板工」，但是在堅固程度上比「板工」差，但靳輔又言道

〔註50〕《靳文襄公治河方略》，卷6，〈經理河工第四疏·包土堵決〉，頁237～238。
〔註51〕《清史稿》，列傳六十六，頁2627。
〔註52〕《靳文襄公治河方略》，卷6，〈經理河工第四疏·包土堵決〉，頁238。
〔註53〕《靳文襄公治河方略》，卷6，〈經理河工第三疏·高堰坦坡〉，頁235。
〔註54〕《靳文襄公治河方略》，卷6，〈經理河工第四疏·包土堵決〉，頁238。

「今若下樁包土，恐日後難以毀壞，有宜仍用埽者，俱照舊用埽。」〔註55〕所以「包土」之法的堅固程度又遠遠優於「埽工」。而在製作的時間上，雖比「埽工」慢，〔註56〕但因不必「夯」實，因此又快過於「板工」，所以說「包土」之法的製作時間與耐久度，可以說是介於「埽工」與「板工」之間。

按照靳輔的估算，要填堵這些決口，用傳統的堵決方法，共需費銀七十萬五千八百餘兩，但是用新的「包土」之法，只需用銀三十萬兩，兩相比較之下，採用新的「包土」之法堵塞決口，可省去一半的費用，〔註57〕因此在靳輔擔任河道總督的時期，「包土」之法被廣泛應用在各處的工程之中。〔註58〕

（二）借黃助淮工程

靳輔在修築高家堰之時，同時也注意到洪澤湖西北邊的靈芝諸湖、歸仁堤與黃河之間的地理形勢，〔註59〕便開始進行「借黃助淮」〔註60〕增強淮河水勢以敵黃河的工程。〔註61〕

黃河洪峰時期水勢異漲，不僅危害河堤安全，也會使得淮水無法暢出清口，讓大量淤沙淤墊在洪澤湖之中，不僅使得洪澤湖的面積日益擴大而淹沒民田，而且讓「蓄清刷黃」的辦法無法實行，再加上黃河過徐州城之後，河寬只有六十八丈，河道因地型的侷限，河寬急劇銳減，下游河寬遠比上游狹窄，而在黃河水量不變，河道上寬下窄的情況下，黃河水勢更為強盛。靳輔對此情勢說：

> 查徐州以上，直至河南滎澤縣之西，河道俱寬數百丈，若遇伏秋異

〔註55〕《靳文襄公治河方略》，卷6，〈經理河工第四疏・包土堵決〉，頁238。
〔註56〕「有急欲開合龍門之時，包土梢緩，應速捲大埽」。《靳文襄公治河方略》，卷6，〈經理河工第四疏・包土堵決〉，頁238。
〔註57〕《靳文襄公治河方略》，卷6，〈經理河工第四疏・包土堵決〉，頁237～238。
〔註58〕《靳文襄公治河方略》，卷6，〈經理河工第四疏・包土堵決〉，頁237。
〔註59〕位於洪澤湖西北邊，其作用是屏障睢湖、孟山湖、靈芝湖的湖水流向洪澤湖。《水暢河清》，頁70。
〔註60〕靳輔「借黃助淮」思想亦是陳潢所授。康熙十八年（1679年）靳輔在「新莊閘」西南開「七里閘」之後，有一年正逢淮水暴漲，閘口水勢湍急，北上的漕船受阻，而漕院認為是靳輔治河不利耽誤漕運，而靳輔本人也為此憂心，深怕康熙責怪。對此難關，陳潢的辦法則是在「七里閘」之上游，開鑿涵洞引水于閘下，不到數天涵洞成閘口水頓平，而漕船可過。對此方法陳潢則解釋曰：「閘上鑿涵洞則水泄而勢緩，閘下得涵洞之水則水長而勢平，豈尚慮閘口之湍急難過哉。」這除了是「借黃助淮」原理的應用外，也可視為靳輔治河思想源自於陳潢的證據之一。《河防述言》，〈雜誌第十一〉，頁78。
〔註61〕康熙十七年上奏疏，於翌年動工。

漲，漫灘而上直抵兩岸堤工，其寬不下數十里，迨至徐州，而北岸
系山阻，南岸系州城，中央河道僅寬六十八丈。將千支萬派浩浩無
涯之水，緊緊束住，不能暢流。〔註62〕

對此靳輔的防治辦法是於河道兩側多築減水壩（詳見表3-1：靳輔所建減水壩
表）；黃河北岸的減水壩具有宣洩水量作用，減緩黃河強盛水勢的功能，至
於黃河南岸的減水壩或涵洞，除了有減緩河勢的功用外，更有將黃水疏導入
淮河的作用，如此便能增強淮河水量，改變「黃強淮弱」的情況，靳輔在《治
河方略》中提到：

> 閘壩未建之先，清口河流黃常強而淮弱，自建有閘壩，即遇異漲，
> 而上下六百里遞互灌輸，回環平準，一似黃不得淮，即上無以洩其
> 怒而下無以佐其勢，淮不得黃，則孤獨無援勢不敵，二瀆相須，齊
> 驅而東騖，化仇敵而爲好合，是直以黃淮爲秦晉，而以各閘壩爲？
> 修也。〔註63〕

不過靳輔也提到一個假設性問題：

> 各閘壩之水數十年後，誠不難淤靈芝諸湖爲沃壤，更數十年後，將
> 復難淤耶，且諸湖淤則助淮之水路絕，淮又將誰助耶。〔註64〕

對於「以黃援淮」的辦法，靳輔提到了一個假設性的問題，那就是各閘壩減
黃河之水後，先入靈芝諸湖（見圖3-4：靈芝諸湖形勢示意圖），再匯入淮河，
但是黃水含沙量甚大，難保靈芝諸湖先淤積爲平地，黃水流入淮河的河道受
堵後，淮水便得不到黃河的增強，黃強淮弱的形勢又將出現，使得淮水難出
清口，而淮河清水不出清口則不能刷黃，黃河泥沙又將淤墊於河底，河患又
會再度復發。對此，靳輔認爲：

> 不然。各閘壩雖建，必異漲方過水，黃雖疆，非異漲亦不能灌淮，
> 誠異漲耶，各閘壩減水入湖，黃之強即淮之強矣，夫黃已復故，更
> 數十年後，黃底愈深，水由地中行，各閘壩尚安有可減之水，不惟
> 是也，黃底日深，而洪澤湖底不加深⋯⋯。〔註65〕

也就是說，靳輔對此則是認爲數十年後，黃底愈深，水由地中行，屆時便無

〔註62〕《靳文襄公（輔）奏疏》，卷5．〈善後事宜疏〉，頁623～624。
〔註63〕《靳文襄公治河方略》，卷2，〈黃淮交濟〉，頁91。
〔註64〕《靳文襄公治河方略》，卷2，〈黃淮交濟〉，頁92。
〔註65〕《靳文襄公治河方略》，卷2，〈黃淮交濟〉，頁92。

可減之水。

圖 3-4：靈芝諸湖形勢示意圖

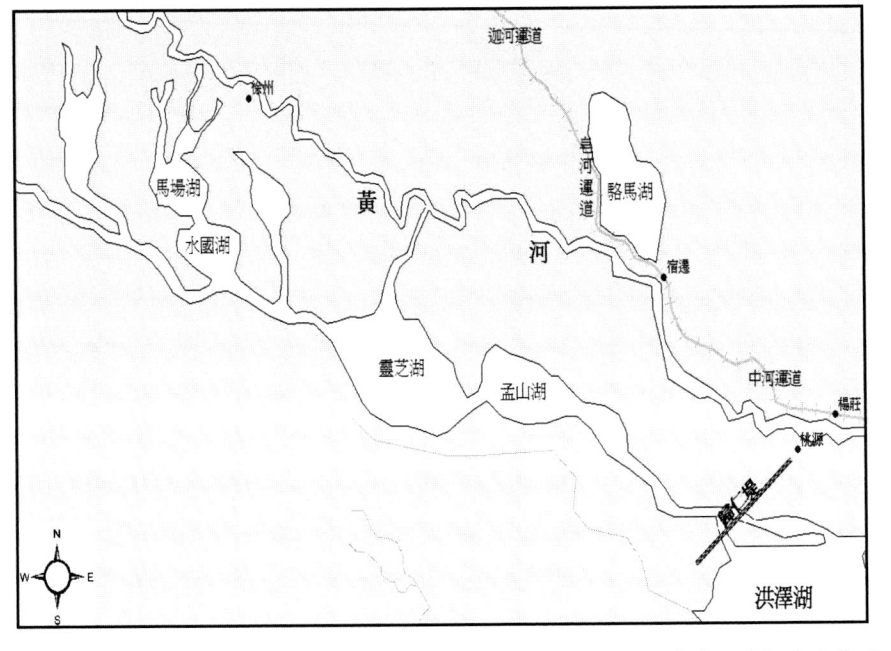

（參考武同舉，《淮系年表全編》，「淮系全圖」，頁 13、譚其驤，《中國歷史地圖集》，第七冊，「江蘇」，頁 16～17、清‧陳潢，《河防述言》，「黃河全圖」、清‧麟慶，《黃運河口古今圖說》，「康熙十五年後河圖」、「康熙三十四年後河圖」，頁 17～18、23～24、潘季馴，《河防一覽》，「全河圖說」，頁 47、侯仁之，〈靳輔治河始末〉，「湖漕堤堰及下河形式圖」，頁 90。）

　　由此可知靳輔的理論是建立「束水攻沙」論中「黃底愈深」的結果之上；但以近代的河工實驗來看束水攻沙的可行性，尚值得懷疑，是否可行尚無定論。〔註66〕不過就當時的情況來說，由於明代泥沙不斷的淤積，造成清代清口的地理形勢大幅改變（詳見本章第三節），這個變化使得洪澤湖有所憑依，對於黃河泥沙侵入的問題，相較於明代來說有更好的防禦，但是黃河水勢終究還是強過淮河，淮水難出清口，則洪澤湖的湖面就會不斷擴大，為此靳輔還在高家堰之上修築減水閘，導湖水東流入海，由此可見靳輔「借黃助淮」有減弱黃河水勢的功效，雖不失為一個好辦法，但若是靈芝諸湖淤積為平地

〔註66〕近代水利專家模擬「束水攻沙」的實驗，在實驗室數次的實驗中，只有一次真正達到束水攻沙的結果。沈怡，《黃河問題討論集》。

之後，對於「蓄清刷黃」的影響也不會太大。

表 3-1：靳輔所建減水閘壩表

州　縣	數目	南、北岸	地　　　　　點	功　　能
碭山縣	2	南岸	毛城鋪（減水壩、減水閘各一座）	減黃河水入洪澤湖助淮。
徐州	6	南岸	王家山天然減水閘一座	減黃河水入洪澤湖助淮。
			十八里屯天然減水閘二座	
		北岸	大谷山減水壩一座	減黃河水會入北運河。
			蘇家山天然減水壩一座	
			鎮口閘一座	
睢寧縣	4	南岸	峯山、龍虎山天然減水閘四座	減黃河水入洪澤湖助淮。
宿遷縣	9	南岸	歸仁堤便民閘一座	減黃河水入洪澤湖助淮。
			五堡閘一座	
		北岸	攔馬河減水壩六座	減黃河水入中河。
			朱家莊減水壩一座	
山陽縣	9	南岸	山陽縣柳園頭閘一座	為各險工運料而建。
		北岸	武家墩減水壩一座	減黃河水入下河。
			高良澗減水壩一座	
			古溝減水壩一座	
			茆家圍減水壩一座	
			夏家橋減水壩一座	
			唐埂減水壩三座	
清河縣	2	北岸	仲家莊閘一座	減黃河水入中河。
			王家營大壩一座	

（參考清‧崔應階，《靳文襄公治河方略》，卷 3，〈閘壩涵洞工〉，頁 123～151。蔡泰彬，〈論證明代御製黃河萬里應繪製於清康熙時期〉，《白沙歷史地理學報‧第二期》，民國 95 年 10 月，頁 27～73。）

（三）大板沙工程

靳輔對於疏濬清口的計畫，原主張用「川字疏濬法」，來解決清口淤塞的問題。但靳輔等人在重新查勘清口附近的形勢之後，發現「川字疏濬法」對於疏濬清口附近的「大板沙」已不適用。因要以「川字疏濬法」疏濬淤沙，

先決條件必須要有一條水量充足的「正河」，但康熙 17 年靳輔想要開挑引河之時，「大板沙」上的河道已完全淤淺，其水量已經不足以刷深河道，最後仍不得不以「人力」挑濬，〔註 67〕最後在工程完成之時，總計挑通斐家場、帥家莊、爛泥淺〔註68〕與張福口〔註69〕四道引河。〔註70〕

第三節　運道的整治

　　黃河下游各處工程均次第完工，清口與高家堰的工程亦有所成效，靳輔等人接下來的目標，便是整治貫通南北水系的運河。從靳輔於康熙 16 年呈奏給康熙皇帝的計畫書中，〔註71〕與「運河」相關的計畫其實只有「盡堵清水潭各決口」與「深挑運河，厚築堤防」兩個項目，而且其描述並不多，只有短短的八百二十字。

一、裏河運道工程

　　在計畫之中，靳輔認為清水潭工程只要待翟家壩（位於高家堰中段）至武家墩（在清江浦西南、洪澤湖東北）一帶決口堵塞之後，黃河與淮河之水不再浸灌清水潭與運道，便可下椿包土進行填塞，並且在風浪較大之處將堤岸築成坦波，〔註72〕而運河工程則是將運河挑成面寬十一丈、底寬三丈、深一丈二尺的大河。〔註73〕

　　但靳輔先治黃河後治運河的計畫，卻被朝中部分官員所彈劾，指稱靳輔延誤漕運。〔註74〕而事際上，靳輔在進行運河工程時，確實碰上不少難題。

〔註67〕清世宗實錄選輯清仁宗實錄選輯，《清聖祖仁皇帝實錄》，卷71，康熙十七年，頁958。

〔註68〕《靳文襄公治河方略》，卷2，〈南運口〉，頁82。

〔註69〕清‧麟慶，《黃運河口古今圖說》（臺北縣：文海出版社，民國58年5月初版），頁20。

〔註70〕靳輔在大板沙之上開引河四道，其中斐家場、帥家莊、爛泥淺確定為靳輔所開，而張福口引河，據清‧麟慶的《黃運河口古今圖說》的記載也為靳輔所開，但靳輔的奏疏中未提到此河，而據清‧張鵬翮的《河防志》所載，張福口引河似為張鵬翮所新挑。

〔註71〕〈靳輔治河始末〉，頁56。

〔註72〕《靳文襄公治河方略》，卷6，〈經理河工第五疏‧挑運河〉，頁240。

〔註73〕《靳文襄公治河方略》，卷6，〈經理河工第五疏‧挑運河〉，頁239。

〔註74〕《清史稿》，列傳六十六，頁2624～2627。

像是在整個黃、淮、運的大修工程之中，最難的便是「清水潭工程」，〔註75〕此工程艱難的程度甚至讓監司以下的河員皆不敢在此監工，迫使靳輔的左右手陳潢必須在清水潭親自督工。〔註76〕除此之外，清代清口附近運道的形勢也不同於明代，為了要讓運道的功能能順利發揮，靳輔不得不在計畫之外，重新擬定運道與運口的相關工程。

（一）清水潭整治

「清水潭」位於高郵湖東側的高郵州北面（圖3-5：清水潭位置圖），為「湖漕」運道的一部分；「湖漕」就地理位置來說，是指位於長江與黃河之間的運河，而以歷史的角度來看，「湖漕」就是「淮南運河」，在隋代稱「山陽瀆」，亦是宋人所說的「真楚運河」，其基礎便是春秋時代的「邗溝」，〔註77〕這段運河從古至今，皆為漕道的必經之地，但自明末以來河務敗壞，高家堰大堤決口，黃淮之水東侵高郵湖，使高郵湖湖面大漲，侵灌「清水潭」，〔註78〕接著大水又從「清水潭」下淹淮安府所屬之山陽、鹽城以及揚州府所屬之高郵、寶應、江都、泰州、興化等七州縣，使得「田畝盡沉水底，室廬漂蕩，男婦流亡」，〔註79〕居民亦「日患沉溺」，〔註80〕民生陷於昏墊之中，〔註81〕而對運道來說，淮水的不斷侵灌，亦使得運河「河身淤墊阻滯，盤剝艱苦萬端」，〔註82〕嚴重的破壞漕運，除了漕運以及來往商旅的損失之外，清廷每年在此課稅的損失亦達數十萬，再加上發賑請蠲之資更是難以估算。〔註83〕

先不談「湖漕」其他部分的河患，單以「清水潭」一處，於康熙10年清水潭河決，歷經三年才堵塞，但在康熙15年河堤又崩潰，〔註84〕使得鄰近州縣陷入一片汪洋。在靳輔之前的幾位河道總督，如楊茂勳、羅多、王光裕等人都曾對「清水潭」做大規模的整治，前後費帑金五十餘萬，〔註85〕奈何此

〔註75〕《靳文襄公治河方略》，卷6，〈經理河工第五疏·挑運河〉，頁240。
〔註76〕《靳文襄公（輔）奏疏》，卷3，〈恭報合龍疏·清水潭〉，頁271。
〔註77〕《中國運河史》，頁434。
〔註78〕《河防述言》，〈雜誌第十一〉，頁77～78。
〔註79〕《靳文襄公（輔）奏疏》，卷3，〈恭報合龍疏·清水潭〉，頁271。
〔註80〕《清史稿》，志一百八，〈河渠志二·運河〉，頁1150。
〔註81〕《靳文襄公治河方略》，卷6，〈經理河工第五疏·挑運河〉，頁240。
〔註82〕《清史稿》，志一百八，〈河渠志二·運河〉，頁1150。
〔註83〕《靳文襄公（輔）奏疏》，卷3，〈恭報合龍疏·清水潭〉，頁271～272。
〔註84〕《清史稿》，志一百八，〈河渠志二·運河〉，頁1150。
〔註85〕《靳文襄公治河方略》，卷2，〈永安河〉，頁79。

處地勢低窪，又長年被大水所沖灌，使用傳統的「埽工」堵決，卻經常被急流所沖毀，河工所費甚鉅，但效果甚微。〔註86〕

圖 3-5：清水潭位置圖

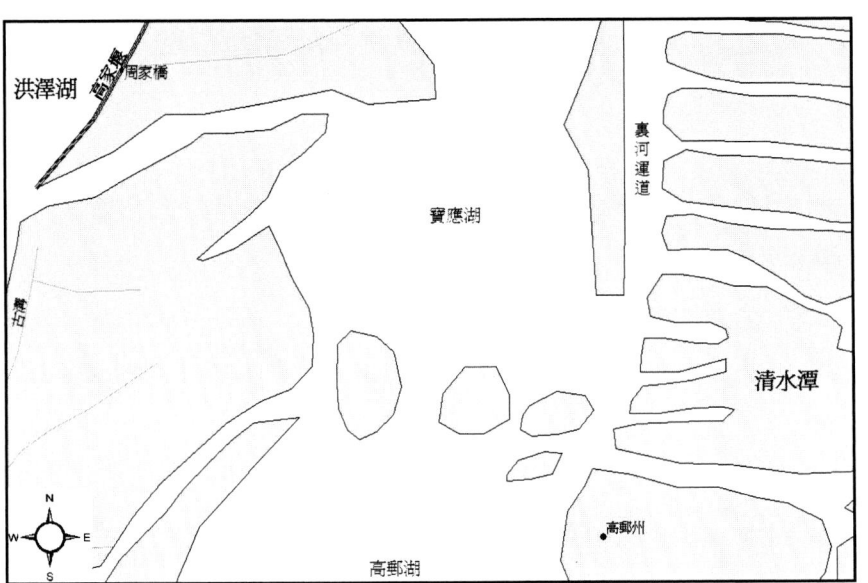

（參考武同舉，《淮系年表全編》，「淮系全圖」，頁 13、譚其驤，《中國歷史地圖集》，第七冊，「江蘇」，頁 16～17、清‧陳潢，《河防述言》，「黃河全圖」、清‧麟慶，《黃運河口古今圖說》，「康熙十五年後河圖」、「康熙三十四年後河圖」，頁 17～18、23～24、潘季馴，《河防一覽》，「全河圖說」，頁 47、侯仁之，〈靳輔治河始末〉，「湖漕堤堰及下河形式圖」，頁 90。）

　　為解決「清水潭」一帶運道受大水沖阻的問題，靳輔的幕客陳潢親自到「清水潭」考察，認為只需費銀九萬即可完成，以致監司以下的河員皆不敢在此督工，迫使陳潢必須親自監工。〔註87〕其所以會發生這樣的事情，除了前任河道總督耗費鉅資而無成外，尚書冀如錫（？～？）在康熙 15 年考察「清水潭」時，也估算至少要費銀五十七萬兩方為可行，〔註88〕這與陳潢所預估只需費銀九萬兩，足足省去十分之八，兩者差額甚大，因此才無人敢承接此案。〔註89〕

〔註86〕《靳文襄公治河方略》，卷6，〈經理河工第五疏‧挑運河〉，頁 240。
〔註87〕《河防述言》，〈雜誌第十一〉，頁 77～78。
〔註88〕《清史稿》，志一百八，〈河渠志二‧運河〉，頁 1150。
〔註89〕《河防述言》，〈雜誌第十一〉，頁 78。

陳潢於康熙 17 年 9 月開始動工之後，首先將越城（洪澤湖東北）一帶加以築堤，與高家堰大堤連成一氣，〔註 90〕以導淮水北行出清口，不再東侵，而「清水潭」無淮水的侵灌，水勢逐漸平緩。〔註 91〕陳潢又考慮到直接從決口處動工，不僅水深工難，而且大水一來，所施工程可能皆付諸流水，因此要整治「清水潭」必須「避深就淺」，挑潭中水淺之處築堤。其方法為先從近岸水淺之處築壩，將壩中之水車乾，從中取土，再挑水淺之處繼續築壩，如此反覆施工「漸築漸挖」，〔註 92〕築成兩道長堤，各為六百五丈以及八百四十丈，使漕船行駛其間，得免去漂溺之患。〔註 93〕在康熙 18 年三月工程完工後，並奏請更改「清水潭」為「永安新河」。〔註 94〕

（二）改建南運口

自黃河奪淮河入海之後，清口附近便成為明清兩代槽運的必經之地，明代起為了使漕運通暢，在此處便建有多處船閘，但隨著黃河泥沙的淤積，運口不得不有所改變，而靳輔在清初所建的運口，也是根據當時的地形與明代所遺留的運口形勢而有所更張。

明初平江伯陳瑄（1365～1433）鑑於「凡漕運北京，舟至淮安渡淮，以達清河口（大清口），挽運者不勝勞。」，〔註 95〕於是在永樂 13 年（1415）開渠引白馬湖湖水至鴨陳口（此後稱天妃閘），開鑿長約六十里的清江浦河（即今淮安碼頭至淮城間運河的前身），又於運道上建置移風閘、清江閘、福興閘以及新莊閘，其中新莊閘位於運道口。後因為黃河河道的改變，明廷於嘉靖 31 年（1552）開挑三里溝，並建置通濟閘，來改善運道泥沙淤塞的情況。但是運口改設於通濟閘之後，不但不能避免黃河泥沙淤塞，而且還有淮水倒灌淮安城的隱憂，萬曆 6 年潘季馴又重新提出遷徙運口之議，遂於甘羅鎮東建造一座新閘，也稱做通濟閘，因新通濟閘位於舊通濟閘與新莊閘之間，既沒

〔註 90〕據陳潢的考察，淮水除了從高家堰決口東侵之外，主要的原因亦是「高家堰迤南潘印州留越城一帶未築堤之故」，使得淮水得以慢溢。《河防述言》，〈雜誌第十一〉，頁 78。

〔註 91〕《河防述言》，〈雜誌第十一〉，頁 78。

〔註 92〕《河防述言》，〈雜誌第十一〉，頁 78。

〔註 93〕《清史稿》，志一百八，〈河渠志二・運河〉，頁 1150。

〔註 94〕《靳文襄公（輔）奏疏》，卷 3，〈恭報合龍疏・清水潭〉，頁 274。

〔註 95〕夏原吉，《明太宗實錄》（臺北：國立中央研究院歷史語言研究所校勘影印，民國 57 年 2 月二版。），卷 164，頁 2。

有新莊閘有黃河直接沖灌之患，也無舊通濟閘有淮水沖阻之弊（見圖 3-6：明代清江浦河圖）。

圖 3-6：明代清江浦河圖

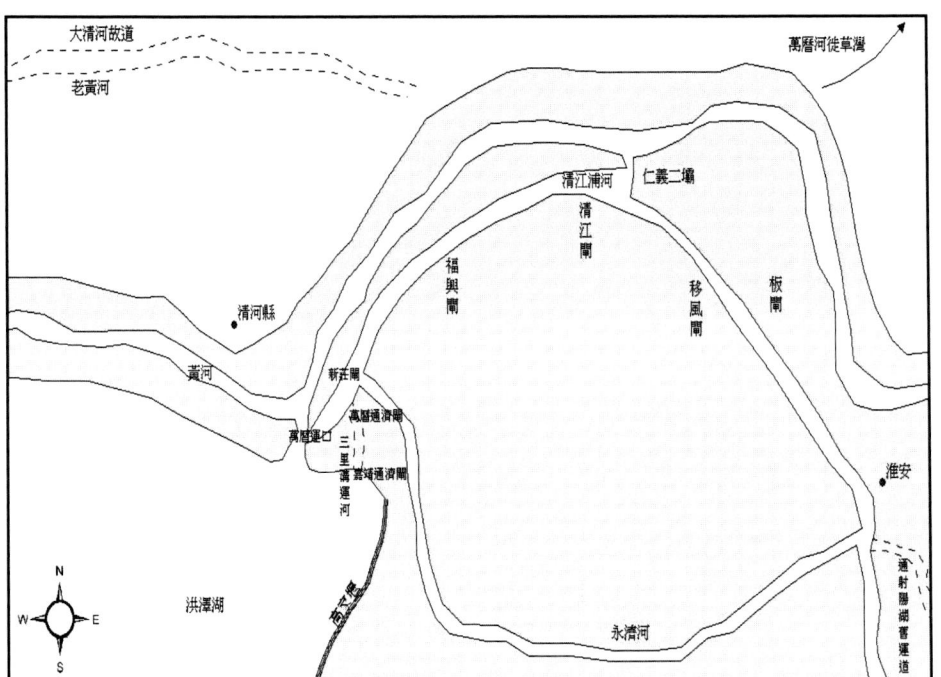

（重繪自武同舉，《淮系年表全編》，圖六十二，頁 94。）

明代南運口不斷淤塞，又不斷移動位置，歸究其原因是黃河泥沙的淤積不斷，但是明代黃河泥沙的淤積，卻造成了清初運口不同的氣象，因此靳輔說「黃流之灌，在當時（指明代）誠大爲運河之害，而在今則頗受其利矣」，〔註96〕並言明代黃河泥沙淤墊對今日的三大好處：

1. 清口兩岸墊高，天然成堤，使得黃淮二水不得交漫。
2. 太山墩（即圖 3-7：靳輔治河後清口形勢圖中的太平草壩）上下洪濤盡涸，而運河之地形愈加完固，制閘建壩更爲便利。
3. 黃河泥沙於清口之內淤積成洲，淮水強盛則洪澤湖水滔滔北注，淮水微弱則洪澤湖水常能濟助運道，而不至于盡洩；即使黃河異漲而內灌，其泥沙也會被沙洲所阻，而不得灌入洪澤湖內。〔註97〕

〔註96〕《靳文襄公治河方略》，卷 2，〈南運口〉，頁 82。
〔註97〕《靳文襄公治河方略》，卷 2，〈南運口〉，頁 82。

圖 3-7：靳輔治河後清口形勢圖

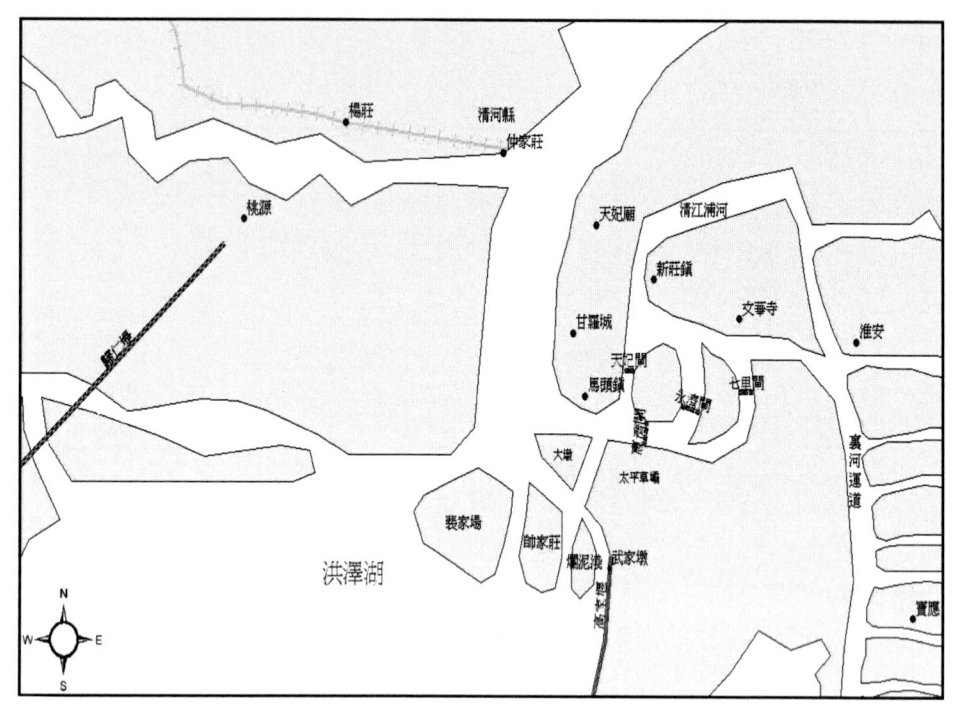

（參考武同舉，《淮系年表全編》，「淮系全圖」，頁 13、譚其驤，《中國歷史地
圖集》，第七冊，「江蘇」，頁 16～17、清・陳潢，《河防述言》，「黃河全圖」、
清・麟慶，《黃運河口古今圖說》，「康熙十五年後河圖」、「康熙三十四年後河圖」，
頁 17～18、23～24、潘季馴，《河防一覽》，「全河圖說」，頁 47、侯仁之，〈靳
輔治河始末〉，「湖漕堤堰及下河形式圖」，頁 90。）

　　因此靳輔自康熙 18 年開始動工遷移南運口，〔註98〕先從新莊閘西南開引
河一道至太平草壩，並移天妃閘（即萬曆通濟閘）於新河，又自文華寺永濟
河頭挑引河，先向南經七里閘之後，復往西南亦接太平壩，俱達爛泥淺引河。
靳輔對於運口如此設置的好處有二：其一為河內兩渠並行，互為月河，除了
可相互調節水量之外，其中一條若是水勢泛漲，漕船商旅還可航行另一條出
運口。其二為運口正對爛泥淺引河，淮水十分之二可濟助運道、十分之八可
衝阻黃水進入運口，此外爛泥淺引河之側尚有斐家場、帥家莊二條引河的淮
水亦可抵禦黃水。〔註99〕

　　如此一來，就算黃河異漲，其泥沙因為被清口附近的沙洲所阻，無法淤

〔註98〕康熙十八年正月動工，同年四月南運口遷移完成。
〔註99〕《靳文襄公治河方略》，卷 2，〈南運口〉，頁 82～83。

積在洪澤湖之內，又洪澤湖之水不斷從斐家場、帥家莊、爛泥淺三條引河流向清口灌注運道清水，運道可保無事。〔註100〕

二、開新運道工程

南岸運口遷移完成之後，靳輔亦對黃河北岸運道進行整治：除了重新挑浚明代舊有的運道之外，還先後開浚皂河與中河，避開黃河河險，讓黃河與漕運完全分離。

（一）開浚皂河

萬曆 31 年（1603）總河李化龍（1554～1611）開挑迦河，此河從沛縣（江蘇省西北部，徐州市的東北部）的夏鎮至宿遷縣的董、陳二溝入黃河，全長二百六十餘里，從此糧船北上便可避開宿遷至徐州三百六十餘里之河險。〔註101〕而清初之後，直河口淤塞，漕船改行董口（山東省鄆城縣），但董口仍於順治 7 年（1650）復淤，故改道駱馬湖行駛六十里，始接明代迦河。這一段河道作爲漕船行駛之路，卻頗爲不適當，因駱馬湖地勢低窪，明代黃河氾濫河水在此積蓄成湖，在夏、秋二季河水泛漲時，行船尚無憂慮，但在多、春二季則因水源不足，有些地方甚至淺涸見底，且每當漕船通過之際，湖面無處可供夫役立足，因而無法牽挽，只得派發役兵數萬人於湖中淺水之處開挖深溝，以供漕船通行，一旦河水泛漲時旋即被衝毀。年年如此，致宿遷縣民備受河役所苦。〔註102〕

因此靳輔便於康熙 19 年（1680），在宿遷縣西北方皂河集附近，將舊有的渠道重新疏通，又用「寓濬於築」之法，將疏濬渠道的泥土在兩側構築堤防，既可深濬渠道，又可防夏、秋水漲之際，運道再被洪水所沖毀。此外，靳輔又察得原皂河銜接黃河的地勢，呈現「丁」字型，黃河水由西向東行，而皂河則是由北而南，兩河在交會之處相互衝抵。〔註103〕除了不利漕船通行之外，此處亦有黃強清弱的情況，黃河的泥沙恐會灌淤運道。因此靳輔將皂河口東移二十餘里至張家莊附近，並開支河一道與原皂河接通。此地皂河與黃河呈「人」字

〔註100〕《靳文襄公治河方略》，卷2，〈南運口〉，頁82～83。
〔註101〕蔡泰彬，〈論證明代御製黃河萬里圖應繪製於清康熙時期〉（《白沙歷史地理學報》，第二期，民國95年10月），頁56～57。
〔註102〕《靳文襄公治河方略》，卷2，〈皂河〉，頁83。
〔註103〕《靳文襄公治河方略》，卷2，〈皂河〉，頁83～84。

型，黃河自西向東，而皂河由西北流向東南，除了兩河不會相互衝抵的益處外，新運口的地勢皂河略高於黃河，也無懼於黃水有倒灌之憂。〔註104〕

（二）開浚中河

靳輔在黃河南、北兩岸建有減水壩，其中攔馬河減水壩在康熙 23 年後，因淤沙太多，減水壩下的支河逐漸淤塞，導至淮北各州縣飽受水患之苦。因此靳輔從宿遷經桃源、山陽到安東等縣，重新開挖一道引河，導各減壩之水能順流歸海。但後來發現，此引河工成後，從清河縣竟然可以西溯直達宿遷縣的攔馬河，〔註105〕而攔馬河至張家莊運口的距離只有兩千餘丈。因此靳輔將清河縣仲家莊的雙金門石閘減水壩，改為三丈深的單金門石閘以通漕運，又於攔馬河至張家莊運口之間加挑一條運河，如此一來，漕船與商船不再航行於黃河，便可避開黃河河險（也就是清口至張家莊運口這二百里遠的黃河河段）。

原漕船溯黃河逆流而上，每艘牽挽的夫役皆需二、三十人，以致於每船的費用必須多耗四、五十金，但每年漕運耗費重金於此，而每艘船日行亦不過數里，遲者更是要兩個月方能入運，而且這段期間常因黃河浪濤洶湧，使得漕糧漂失沉溺不計其數，〔註106〕朝廷損失甚大，而現在漕船經湖漕運道出清口，只須橫渡黃河至清河縣，由仲家莊轉入中河，再由中河、皂河轉接泇河，而避開黃河河險（見圖 3-8：新運道示意圖）。〔註107〕

〔註104〕《靳文襄公治河方略》，卷 2，〈皂河〉，頁 84。
〔註105〕《靳文襄公（輔）奏疏》，卷 6，〈挑築未盡疏·挑中河〉，頁 762～763。
〔註106〕《靳文襄公治河方略》，卷 2，〈中河〉，頁 86。
〔註107〕至於開浚中河的費用，據靳輔言由屯田與商人（程宏基、程長泰等）的捐獻已足，不必令請錢糧。

圖3-8：新運道示意圖

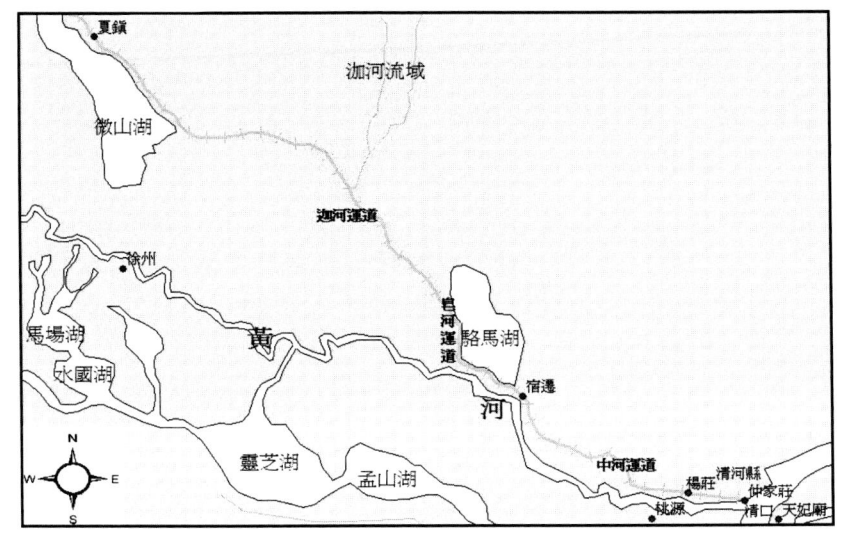

（參考武同舉，《淮系年表全編》，「淮系全圖」，頁 13、譚其驤，《中國歷史地圖集》，第七冊，「江蘇」，頁 16～17、清·陳潢，《河防述言》，「黃河全圖」、清·麟慶，《黃運河口古今圖說》，「康熙十五年後河圖」、「康熙三十四年後河圖」，頁17～18、23～24、潘季馴，《河防一覽》，「全河圖說」，頁47、侯仁之，〈靳輔治河始末〉，「湖漕堤堰及下河形式圖」，頁90。）

第四節　籌畫資金與制度改變

　　靳輔大修工程的執行與維護，除了充足的資金之外，還需要有健全的制度方能成事，本節便是要說明靳輔籌畫資金的方式與制度方面的建樹。

一、籌河工銀

　　康熙16年靳輔就任河道總督之時，黃河、淮河與運河的水患不斷，然而「三藩之亂」戰火正炙，廷議認為戰火不斷，軍餉難籌，開支困難，且歷任河官治水皆無成效，黃河時常潰決，因此整治黃河僅能擇要施工。〔註108〕靳輔雖已呈上〈河道敝壞已極疏〉陳述河患嚴重性，但對於錢糧之事，靳輔估計在此時想大規模的治理黃、淮、運三河，大約需要工銀兩百一十五萬八千

〔註108〕《碑傳集》，頁248。

餘兩（各項工程所需經費詳見表 3-2：靳輔治河所需費用表），〔註109〕而這些款項靳輔認為不可單由朝廷出辦，對此，規畫籌錢三法，分別為「屯田補貼修河之費」、「加納剝淺之資」與「開廣武生納監之事」。

表 3-2：靳輔治河所需費用表

項　　目	工　　　　程	共　需　銀　兩
清江浦至海口	加實清江浦至海口南北兩岸的堤防	八十七萬九千兩
	雲梯關外築堤束水	十一萬兩
	小計	九十八萬九千兩
清口	挑濬清口	一萬七千兩
高家堰	取土	兩萬兩千
	加實高家堰工程	八萬一千兩
	椿木板纜等工	九萬
	堵塞高家堰諸決口	三十八萬兩
	小計	五十七萬三千兩
運河與清水潭	堵清水潭諸決口以及挑濬運河	五十六萬七千兩
打造濬淺船	造船	一萬兩
合　　計	共約兩百一十五萬八千餘兩	

（參考清・崔應階，《靳文襄公治河方略》卷 6，〈奏疏〉，頁 223～255。）

（一）淮、揚田畝補貼河銀

靳輔認為「淮、揚二郡的田畝，何止十萬餘頃，但因被大水淹沒而無法耕作，倘若黃淮與運河俱都整治，則田畝可盡涸出於水中，便可耕種以享收成之利，而從中收取費用，以補貼河務，亦是在情理之中。因此等到水退之後，田畝可耕之時，按田畝肥沃的高低不同，黃淮東南之田畝，上田令納修河費銀三錢、中田二錢、下田一錢，黃淮西北之田，上田納銀六分、中田四分、下田二分，有主之田還給業主，無主之田在繳納修河之費後，即便給予耕作，至於本田正賦，照例三年之後陞科，每畝俱照二百四十弓之制科算…，修河之費可得銀一百六七十萬。」〔註110〕

對於向百姓徵收河費銀是否病民？對此靳輔認為田畝原本皆浸泡於水中，現在朝廷施工整治水患令其涸出，徵收錢糧之事，不只是拯救百姓田產，

〔註109〕《靳文襄公治河方略》，卷 6，〈經理河工第六疏・籌畫錢糧〉，頁 241。
〔註110〕《靳文襄公治河方略》，卷 6，〈經理河工第六疏・籌畫錢糧〉，頁 241～242。

同時也保障日後民眾生家財產的安全。而且自明末至今，許多田畝長期被大水所淹沒，涸出之後必為沃壤，在兩三年內有收成必能加倍，相較於朝廷所收取的費用，百姓的實際所得實大於付出。〔註111〕

（二）加納商船剝淺費用

除了募民屯墾與加收修河費之外，靳輔亦向往來的商船收取剝淺錢。靳輔認為現行駛於運河上的商船，因運河水淺，導致商船要雇用民夫牽挽，不僅所費繁多，而且航行萬難。倘若黃、淮二河均歸故道，清口以內的運道能加以深濬，此後各船航行無阻。因此以節省的牽挽費用，來支助治河經費，亦是在情理之中。〔註112〕其實際施行的辦法則是：

> 俟運河濬深，船艘通行之日，容臣印發日記號簿二本，交給淮揚兩
> 關分司，凡過往船隻裝載豆麥米糧等項者，每石著納剝錢銀兩分，
> 引鹽油燭等項者，每百斤著納剝錢銀四分，其餘一切雜貨細貨，每
> 百斤俱納剝錢銀六分，兩關只納一次，不令重納，兩關之中此關已
> 經收過該船剝錢銀兩者，即給印照為憑，該船齎此印照，前赴彼關，
> 立時驗放，如此收至一年，即行停止，約可得銀一二十萬兩。〔註113〕

靳輔加納「剝淺之資」看似加重過往商旅的負擔，其實靳輔所收取的修河費，是在運河深濬之後才加收，而此時河道已深濬，過往商船已可省去募民牽挽經費，從所省下的牽挽經費來繳納修河之資，亦為互利並非病民。

（三）開武生納監事例銀

靳輔屯田可得銀一百六七十萬，而從過往商旅加納修河銀，亦可得銀一二十萬，兩者相加大約有兩百萬兩，不足的二十萬兩，靳輔認為可由武生轉進文場應試者收取，靳輔言：

〔註111〕「兩河一日不治，則民田一日不耕，將凍餒流離，伊於河底，是必河治而後民始得所也明矣，夫以斯民得所之時，坐享沃土倍收之利，於是分粒米狼戾之餘，以補河工萬難之費，此經權互用，有不得不然者。」《靳文襄公治河方略》，卷6，〈經理河工第六疏‧籌畫錢糧〉，頁242～243。

〔註112〕《靳文襄公治河方略》，卷6，〈經理河工第六疏‧籌畫錢糧〉，頁243。又《清史稿》，〈河渠志二‧運河〉亦載「因河身淤墊，阻滯盤剝，艱苦萬端。若清口一律浚深，則船可暢行，省費甚多。因令量輸所省之費，作治河之用，請俟運河浚深，船艘通行，凡過往貨物船，分別徵納剝淺銀數分，一年停止。均允行。」，頁1150。

〔註113〕《靳文襄公治河方略》，卷6，〈經理河工第六疏‧籌畫錢糧〉，頁243。

> 臣訪得武生之中亦有願納監生入文場鄉試，而格於文武兩途不敢擅
> 自請納者，今若准武生亦照文生之例，許其加納准入文場應試，則
> 願納者必多，查文生加納銀一百二十兩、俊秀二百兩，俱准爲監生，
> 今武生比之文爲不及，敎之俊秀爲有基，請許令武生加納銀一百六
> 十兩，准與文生一體爲監生，入文場應試，……大約一二十萬金似
> 亦可得。〔註114〕

靳輔身爲朝中大臣，對於朝廷財政繁重相當淸楚，因此時時均在籌思省減彌費，新增財源，如靳輔任安徽巡撫時，便呈節省驛站糜費之策，茲靳輔爲籌修河費，也依此一原則。

二、制度變革

除了籌畫治河的資金外，靳輔認爲要保留治河的成果，必須依賴制度與人事的配合，因此靳輔便上疏康熙皇帝，把地方上與河務有關的各個機關做一個統合，除此之外，還請設「河營兵」來專修河務。

（一）裁撤冗員

靳輔認爲整治黃、淮、運三河的大工程，必須中央與地方各個機關相互配合，大工方能有所成，而在工成之後，河務的保全更是依賴各河務河官的維護，〔註115〕但當時河務各官「職掌紛淆、事權雜出」，〔註116〕以致掣肘怠誤河工，因此應當釐淸各官的職掌權責，改「一府分設數官」的原制爲「一官兼轄數府」的新制，以利管理。〔註117〕靳輔所調整的各級治河官如下表：

表3-3：靳輔調整河官職掌

原　　制	變革之因	新制的變動
淮揚、淮徐兩道又設南河、中河兩分司。	南河、中河兩分司三年一換，常被以「客官」視之。分司不能調度地方錢糧，且任期甚短對於地方上的事務不能熟查。	將南河、中河兩分司裁去，將其該管各務，量地形事務分歸淮揚、淮徐二道。

〔註114〕《靳文襄公治河方略》，卷6，〈經理河工第六疏·籌畫錢糧〉，頁243～244。
〔註115〕《靳文襄公治河方略》，卷6，〈經理河工第七疏·裁併河官選調賢員〉，頁244～246。
〔註116〕《靳文襄公治河方略》，卷6，〈經理河工第七疏·裁併河官選調賢員〉，頁245。
〔註117〕《靳文襄公治河方略》，卷6，〈經理河工第七疏·裁併河官選調賢員〉，頁245。

| 淮安一府有同知十人之中，管河務者就有八位。 | 畫河爲兩岸，分管治理，而置河身於不顧。
治河防堵之時，彼此間意見不同而推諉觀望。
事權雜出，管理不便，以致河務廢弛。 | 同知八員宜裁去三員。
去山清同知所掌運河事務併歸山旴同知管理。
山清同知所掌外河事務與安海同知河務一同併入宿、桃（宿遷、桃源）南岸同知管理，並改宿、桃南岸同知爲山清安海同知。
淮揚道兼轄宿、桃兩縣河務，與歸仁堤俱歸歸仁同知掌理，並改歸仁同知爲宿桃歸仁同知。 |
| 宿遷、桃園二縣有主簿四員。 | 理應每縣各設二官，但今職權卻彼此混淆。 | 宿遷主簿改爲宿遷北岸主簿。
宿桃南岸主簿改爲宿遷南岸主簿。
桃源主簿改爲桃園南岸主簿。
宿桃北岸主簿改爲桃源北岸主簿。 |

（參考清·崔應階，《靳文襄公治河方略》，卷6，〈經理河工第七疏·裁併河官選調賢員〉，頁245～247。）

（二）建制河兵

除裁革相關機構以釐清權責外，對於河道的疏浚與堤防增修兩個部分，靳輔更創立「河兵」制，分里程管理河道。河兵平時則分駐堤旁的小墩之上，訂有明確的賞罰條例，若三年河務無事便可升職，但若所管地方堤坡不堅固且不幫寬而有殘缺之處，或是柳稀多枯草而黃河水深不及規定深度，「兵」懲處四十板、枷號一月、穿耳遊街示眾之外，並且扣除糧餉；「將」則依權責大小以革職或降二級的方式處分，最重者可判處死刑。〔註118〕

表3-4：河兵職掌表

範　　圍	職　　務	數　　目
雲梯關至海口兩岸堤長一百六十里	外河（黃河）自雲梯關而下至海口爲兩河朝宗要道，每堤一里必須設兵六名（共九百六十名），每兵一名管堤三十丈，堤根栽柳務活，堤旁畜草務茂，堤內則乘暇添土，逐漸幫寬，每二里半建一墩，令兵十五名居於墩側，每墩給濬船一隻（共濬船六十四隻），各繫鐵掃帚兩個於船尾，繫繩以五丈爲度，每月初一、十一、二十一日，兩岸墩兵各乘濬船或布帆或鼓棹，或纜錨下鐵掃於水底，溯流刷砂，往來上下，必令五丈之繫繩不能到底而懸鐵掃帚於水中方止。再設兵二百四十名，給船十二隻專濬堤外至海口淤砂。	一千二百名

〔註118〕《靳文襄公治河方略》卷6，〈奏疏〉，頁254。

雲梯關南岸至清口北岸至清河縣，各長二百里	每里設兵三名，每兵管堤六十五丈，五里建一墩，令兵十五名居於墩側，每墩給濬船一隻（共濬船八十隻），鐵掃帚繫繩以四丈為度。	一千二百名
清河縣至宿遷縣，兩岸各長二百里	每里設兵三名，每兵管堤六十五丈，五里建一墩，令兵十五名居於墩側，每墩給濬船一隻（共濬船八十隻），鐵掃帚繫繩以三丈五尺為度。	一千二百名
宿遷縣至徐州兩岸各長三百里	每里設兵二名，每兵管堤九十丈，五里建一墩，令兵十名居於墩側，每二墩給濬船一隻（共濬船六十隻），鐵掃帚繫繩以三丈為度。	一千二百名
內河（永安新河）自清口西南至翟家壩一萬八千餘丈	每兵管堤四十五丈，五里建一墩，令兵二十名居於墩側，堤根栽密柳、坦坡畜茂草，坦坡之外二十丈俱密種菱荷蒲葦菱芡。	四百名
清口至邵伯鎮約長三百三十里	每里設兵二名，每兵管兩岸堤各九十丈，五里建一墩，令兵十名居於墩側，堤根栽密柳、坦坡畜茂草，坦坡之外二十丈俱密種菱荷蒲葦菱芡。	六百六十名
合　　計	五千八百六十名	

（參考清‧崔應階，《靳文襄公治河方略》卷6，〈奏疏〉，頁251～253。）

　　從時間的縱向來看，康熙 16 年靳輔就任為河道總督開始，直至康熙 27 年去職為止，靳輔的治河工程大致可分為兩大階段，[註119] 第一階段是康熙 16 年（1677）至康熙 22 年（1683），此階段的工程除了疏濬黃河下游河道與修築兩岸大堤之外，便是以清口的挑濬與高家堰的修築為核心。後來在康熙 23 年（1684）時，靳輔為了讓清口工程更為完善，又議開「中運河」，其功能除了讓黃河下游沿岸各處的減水閘所減洩的河水能從「中運河」排放之外，更使得來往的漕船與商船，能避開航行黃河一百八十里所歷經的河險。[註120]

　　第二階段是康熙 24 年（1685）至 27 年（1688），這個階段可算是守成的階段，在第一階段告一段落後，靳輔曾言「海口大辟，下流疏通，腹心之患已除。」[註121] 除了在各處增建減水閘與加修河堤，以確保黃河各處的堤工外，另一方面靳輔還籌備治河資金，減輕朝廷財政負擔，更重要的是期望從

〔註119〕鄭天挺，《清史》（臺北：雲龍出版社，2003 年 11 月初版第三刷），頁 317～318。
〔註120〕《清史稿》，列傳六十六，頁 2626。
〔註121〕《清史稿》，列傳六十六，頁 2625。

人事制度的變革與未來的修繕計畫的整備，讓治河成果能夠長久保存，達到
杜絕河患的效果。

第四章　治河爭議與靳輔去職

　　在靳輔治河有成之時，卻有人覬覦河道總督這個位置，亦有人不瞭解治河的方策，卻肆意打擊靳輔治河的缺失。靳輔在治河之時，雖說是困難重重，但以「順水之性」爲法則智取各種難關，但沒想到最後的難題竟然不是來自於治水，而是人事上的重重危機。

第一節　建減水壩爭議

　　康熙 21 年 4 月，湖南、廣西布政使崔維雅向康熙皇帝呈上所著之《河防芻議》與《兩河治略》二書，後又編列條議二十四事，非難靳輔治河毫無成效，對靳輔所建的諸多減水壩更是強烈抨擊，〔註 1〕認爲減水壩是整個河工的定時炸彈，宜將減水壩拆毀塡塞。〔註 2〕

一、靳輔遭疑原因

　　崔維雅爲何人？爲什麼他呈上《河防芻議》與《兩河治略》二書之後，便會立刻受到康熙皇帝重視，使得康熙對已治河五年的靳輔產生懷疑？總結原因可歸納爲兩點，其一是康熙對於靳輔治水仍然缺乏信心、其二是崔維雅有治河的經歷。

（一）對靳輔缺乏信心

從清順治初年（1644）算起，至康熙 16 年（1678）靳輔擔任河道總督爲

〔註 1〕　《清史稿》，列傳六十六，頁 2624。
〔註 2〕　《靳文襄公（輔）奏疏》，卷 4，〈詳陳臆說疏〉，頁 457。

止，在這三十四年的期間，朝廷曾五次更換河道總督，平均算起來，每一位總督任職時間不到七年，而漕運不見起色，河務依然敗壞，河道總督這個職位成爲燙手山芋，人人皆避之爲恐不及，而靳輔便是在這種情形之下，接任河道總督。

康熙皇帝重視河務與漕運，雖正值三藩之亂，仍然想要解決河患與大修運道，〔註3〕因此在任命靳輔爲河道總督時，可以想見康熙對靳輔是抱有很大的期待。但清廷治河已三十五年而無成效，歷任河官在耗費鉅資治河後，黃河又潰決。再加上三藩之亂戰火正炙，百官皆認爲此時正逢非常時期，軍餉難籌，治河之事便以要害之處爲重便可，〔註4〕對於靳輔治河可說是毫無信心，只當靳輔是補破網、應景的河官。

（二）崔維雅的經歷

崔維雅，字大醇，乃直隸人。崔維雅於順治3年中舉人，於順治14年（1657）任河南儀封知縣時，黃河氾濫，大水沖潰三家莊，崔維雅於是上流導水東行，使水患平息，後又塞封邱縣大王廟之決口有功，遷開封南河同知。康熙元年，河決原武、祥符、蘭陽縣境，東溢曹縣，又決石香爐村，士民皆建議速堵決口，唯崔維雅反對，認爲不可行，果如其言，決口復潰，遷浙江寧波知府。後又助總河王光裕治水，平息桃源七里溝（位於今河南省鶴壁市）水患，而黃河險工常在崔維雅的謀畫下，預先防備水患，才使各險工無事。〔註5〕

崔維雅的經歷，可說是一路上都是以治河患有功拔升上來的，對於水患更是能預先防備，未雨綢繆。〔註6〕因此在崔維雅有如此經歷的情況下，一旦上奏反對靳輔的治河方針，其影響力是可想而知的。

自清入關以來，黃河水患不曾平息，朝中大臣對於靳輔是否能平息水患，皆感到懷疑，康熙在這樣的氣氛下，不免對靳輔的治河方針產生不信任，不過靳輔所呈的前後八疏，其議又似可行。〔註7〕但是在康熙20年3月，

〔註3〕 「朕聽政後，以三藩及河務漕運爲三大事，書宮中柱上。」《清史稿》，列傳六十六，頁2626。

〔註4〕 「軍興，餉絀難之，姑令量修要害」。《碑傳集》，頁248。

〔註5〕 《清史稿》，列傳六十六，頁2624。

〔註6〕 「沿河千餘里險工跌出，崔維雅常預爲之，備得無事。」《清史稿》，列傳六十六，頁2624。

〔註7〕 「經理河工八疏」與「敬陳經理河工八疏」。

靳輔的治河工程卻有所延誤，廷議原本認爲應該奪靳輔之官。對於此事，康熙仍給靳輔機會，令其待罪督修，〔註8〕不過對於靳輔的治河工程的成效，則越加不信任。因此，當有治河經歷的崔維雅，上奏反對靳輔的治河工程時，所有不安的情緒便都爆發了，康熙因此派戶部尚書伊桑阿（1638～1703）與刑部侍郎宋文運（？～1725）爲欽差，令崔維雅一同視察河工。

二、靳輔辯駁

對此靳輔除了上呈〈詳陳臆說疏〉予康熙，重申自己治河的政策與方針無誤之外，對於崔維雅的抨擊，靳輔則是逐一反駁，並對其著作與條議內的謬誤提出糾正。

根據現今所留下的奏議之中，雙方爭議的關鍵，主要在於減水壩。崔維雅的論點有二：

1. 黃河若是氾濫，一個減水壩便是一個的決口。
2. 減水壩所減之水淹沒江南民田。

對於崔維雅的抨擊，靳輔則反駁道「黃河各減水壩雖然尙未開放，但漕運沿岸各個堤防，卻已試行兩年有餘，皆未潰堤」，〔註9〕接著又說「在減水壩未建之前，淮揚七州縣已是一片汪洋，而現今處處耕種、遍地禾苗」。〔註10〕此外，靳輔還將崔維雅書中謬誤，歸爲六點：〔註11〕

1. 二書（《河防芻議》與《兩河治略》）所記載之言，多爲抄襲，故崔維雅另作條議二十四事，企圖掩飾。
2. 僞造成書日期。
3. 記載不符實。
4. 同日所呈之書，其內容自相矛盾。
5. 不知今日與昔日河道不同，便以舊日明代之情形，揣摩現今之狀況。
6. 對減水壩的看法，前後不同。

靳輔對崔維雅抄襲的指控言到「維雅自知二書中的記載，多爲抄襲的陳腐之言，不適於現今，故另作條議二十四事，〔註12〕堅稱二書所載之言，皆

〔註8〕《清史稿》，列傳六十六，頁2625。
〔註9〕《靳文襄公（輔）奏疏》，卷4，〈詳陳臆說疏〉，頁438。
〔註10〕《靳文襄公（輔）奏疏》，卷4，〈詳陳臆說疏〉，頁445。
〔註11〕《靳文襄公（輔）奏疏》，卷4，〈詳陳臆說疏〉，頁446～457。
〔註12〕二十四事的詳細內容今已不可考，只能從奏書中的隻字片語中窺知一二。

在此二十四事之內」。〔註13〕靳輔指稱崔維雅是爲了避免他人指責二書中的錯誤，才另作條議二十四事的說法，其言或許太過，因爲在會議之前，將重點先行點出，本無不可，不過崔維雅對於二十四事與書中所言「自相矛盾」的情形，就難以答辯了。

在《河防芻議》卷四〈減水石壩〉一文中言「中州至淮徐一帶，數十頃或數百頃建減水壩一座，待黃水大漲之時，便可放水，水中所夾之泥沙一經淤肥，便可使薄脊之土成爲膏腴之田。」〔註14〕但是在欽差面前卻又指稱「黃河若是氾濫，一個減水壩便是一個的決口」〔註15〕或言「減水壩所減之水淹沒江南民田」〔註16〕等語，前後說法自相矛盾。

另《河防芻議》卷四〈淮揚疏築〉〔註17〕與卷六〈或問辯惑〉〔註18〕二章之中，崔維雅已經詳細描述了康熙16年以前雲梯關淤塞的情形（證明雲梯關淤塞的情形，在靳輔擔任河道總督之前便已發生），但之後於《兩河治略》一書中又言靳輔未塞楊家莊的決口，造成雲梯關淤成平陸。〔註19〕靳輔對於《河防芻議》、《兩河治略》與二十四事內的內容相互矛盾的情形，批評爲「圖吹求爲臣（指靳輔自己）之短，而不自知自相矛盾」。〔註20〕

除了二書的內容自相矛盾外，靳輔對於崔維雅以舊說來揣摩批評現今的工程感到不以爲然，言「維雅謂臣興無益之工、麋無益之費（指皀河工程）……，維雅雖熟讀前人的議論，但終究非親身閱歷，對於茶城、皀河、董口、駱馬湖之間的地勢全然不了解，便妄自揣摹實際情形，任意曲解。」〔註21〕

此外，崔維雅在實際考察河工前，稱興建減水壩爲善，但考察之後見靳輔已多建減水壩，便改口稱減水壩爲弊端，應該拆除……，崔維雅前後不一且自相矛盾的說法確實可議，不過把靳輔的〈詳陳臆說疏〉與現今所留下《河防芻議》一書中的紀錄詳細比較之後，便會發現有些內容與靳輔在奏章的陳述有所不符，像是靳輔指責崔維雅偽造《河防芻議》的成書日期，靳輔說在

〔註13〕 《靳文襄公（輔）奏疏》，卷4，〈詳陳臆說疏〉，頁446～447。
〔註14〕 《河防芻議》，卷4，〈減水石壩〉，頁175。
〔註15〕 《靳文襄公（輔）奏疏》，卷4，〈詳陳臆說疏〉，頁438。
〔註16〕 《靳文襄公（輔）奏疏》，卷4，〈詳陳臆說疏〉，頁444～445。
〔註17〕 《河防芻議》，卷4，〈淮揚疏築〉，頁167。
〔註18〕 《河防芻議》，卷6，〈或問辯惑〉，頁223。
〔註19〕 《靳文襄公（輔）奏疏》，卷4，〈詳陳臆說疏〉，頁452。
〔註20〕 《靳文襄公（輔）奏疏》，卷4，〈詳陳臆說疏〉，頁452。
〔註21〕 《靳文襄公（輔）奏疏》，卷4，〈詳陳臆說疏〉，頁455。

《河防芻議》一書中的〈周橋翟壩說〉有記載「丁巳秋」等時間與實際不符……，但查今《續修四庫全書》中的《河防芻議》卻未見此時間。另外，靳輔聲稱在《河防芻議》的〈寢開新河〉一章中，崔維雅將宿桃清三縣地方二萬三千一百四十七丈更改爲一萬三千一百四十餘丈，但今視《河防芻議》一文，確實寫爲二萬三千一百四十餘丈。

對於靳輔的指責與書中記錄的不同，比較合理的解釋爲現今所留下崔維雅的書籍已並非康熙 20 年的原稿，可能已被崔維雅的家人更正過了，〔註22〕就如同現今有關靳輔的奏疏皆是靳輔之子靳治豫（？～？）或是乾隆時貴州巡撫崔應階（？～？）整理而成的情形相同。不過可以確定的是當時弄得沸沸揚揚的《河防芻議》與《兩河治略》到後來並不被重視，因此才未被收錄於《四庫全書》之中，一直到《續修四庫全書》編定之後才將其收錄。

三、爭議結果

崔維雅議論靳輔治河一事，在康熙 21 年 11 月便已有結果，對於靳輔與崔維雅在欽差面前「舌戰」一事，〔註23〕康熙雖批評靳輔爲「口舌取勝而胸無成算」，〔註24〕但是崔維雅的下場更爲淒慘，康熙對於崔維雅的治河辦法，從原本的有所保留，轉變成完全否定外，〔註25〕甚至於崔維雅死後，群臣議商恤典時，還被康熙所制止，並言「崔維雅爲不端之人，當時曾條議治河，若那時眞的給予重任，不但工不成，而且河工必定敗壞。所以停給恤典」。〔註26〕所以說，崔維雅議靳輔治河一案，在康熙 21 年的時候，便已算是完全了結，之後於康熙 27 年時，雖有被于成龍所提及，〔註27〕但在康

〔註22〕在每一章節前，皆有弟崔士章、男崔喜麟、催徵麟…等語。
〔註23〕靳輔與崔維雅兩人在欽差面前的「辯論」，其詳細內容今只能查得隻字片語，但從靳輔所上奏的奏疏與《康熙起居注》中的記載，可發現崔維雅對於靳輔的反駁皆無法做正面的回應。
〔註24〕「靳輔胸無成算，僅以口辯取給，且執一己之見，所見甚小，其何能底績？」中國第一歷史檔案館整理，《康熙起居注》，康熙二十一年任戌十一月，頁920。
〔註25〕《康熙起居注》，康熙二十七年戊戌三月，頁1746。
〔註26〕「崔維雅係不端之人。當時曾條議脩河，若果委以此任，不但工不得成，必至事體敗壞。著停給恤典。」《康熙起居注》，康熙二十五年丙寅五月，頁1494。
〔註27〕《康熙起居注》，康熙二十七年戊戌三月，頁1746。

熙皇帝的否定之下，之後便再無人議論。

　　不過從現今所遺留的奏章與書籍，來檢視當時的情形，對於崔維雅來說可能也有失公允，因為現今所留下的奏章大多為靳輔所呈上的奏疏，而《康熙起居注》中的記載也多不利於崔維雅。檢視其原因，除了是因為崔維雅言詞相互矛盾且反覆之外，康熙否定崔維雅的治河計畫，也是一重要因素。因此，除非出現新的資料為崔維雅辯駁之前，以現有的史料來看，崔維雅議論靳輔治河一案，其動機是為了平水患、救蒼生的動機可能為小，為了求官、求仕途的因素可能性較大一些。

第二節　下河海口爭議

　　江南、揚州、淮安所屬運河，因地勢低下，稱之「下河」，而要更詳細的界定下河的邊界，則大約位於今洪澤湖與范公堤之間（見圖 4-1：清代下河地區範圍示意圖）。〔註 28〕在清初下河地區之所以淹水，靳輔認為原因有二，一是黃淮合流之後，淮水難出清口積蓄於洪澤湖之內，待洪澤湖不足停蓄淮水，又從高家堰東注，將高郵、寶應等低地淹成高寶諸湖，接著又移禍下河。〔註 29〕二是下河地區本就低窪，「內地低於海潮不下五尺」〔註 30〕的情況，使得積水難以出海，全部積於「釜」底之中。〔註 31〕

〔註 28〕 關於下河地區範圍，靳輔言：「清江浦南行至江都縣之茱萸灣共三百餘里，又折而往東行一百餘里至泰州，又一百餘里至海安鎮，過海安則折而往北即范公堤也，沿范公堤而行歷安豐、何垛、白駒、劉莊等場，共計二百餘里而抵鹽城縣，又北行一百餘里至廟灣場，復折而往西行一百餘里至蘇家嘴，又一百餘里至清江浦。」《靳文襄公（輔）奏疏》，卷 6，〈欽奉上諭疏‧條陳下河〉，頁 654～655。
〔註 29〕 《靳文襄公（輔）奏疏》，卷 6，〈欽奉上諭疏‧條陳下河〉，頁 651～652。
〔註 30〕 《靳文襄公（輔）奏疏》，卷 6，〈欽奉上諭疏‧海口〉，頁 727。
〔註 31〕 《靳文襄公（輔）奏疏》，卷 6，〈欽奉上諭疏‧條陳下河〉，頁 655。

圖 4-1：清代下河地區範圍示意圖

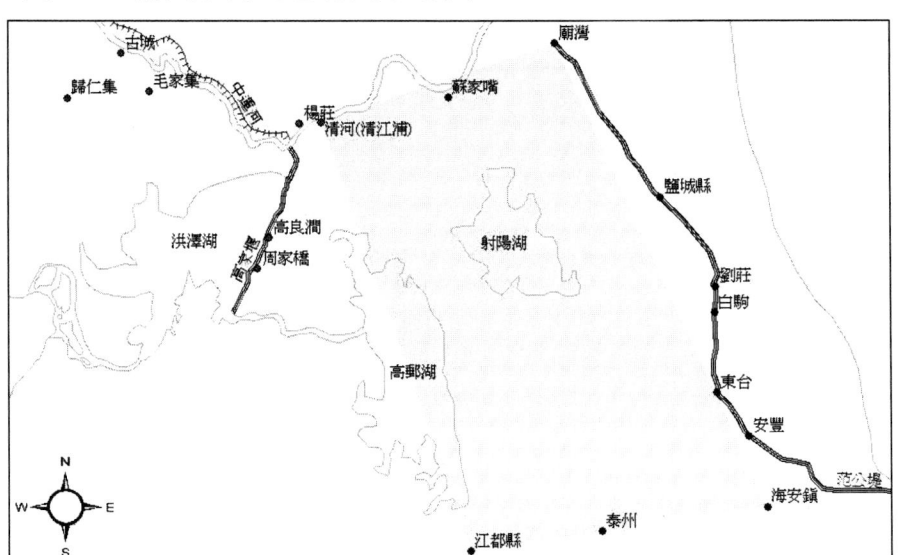

（資料來源：作者自繪。）

　　下河案從康熙 23 年 10 月，康熙南巡考察河工開始，一直到康熙 38 年，
〔註32〕歷經了十五年的光陰。「下河案」雖然歷經了十五年，但「下河之議」
卻只能從康熙 23 年算到康熙 27 年爲止，其原因在於「下河之議」的「議」
字，其爭執在於海口是否疏通、下河是否深濬，但在康熙 27 年之後，疏通海
口一案基本上已經通過了，連靳輔都不敢公然反對康熙的意見。但是「下河
案」之所以拖到康熙 38 年才結束，其因便是疏通海口的成效不彰。因此整個
「下河案」按時間可分成四個階段：

　　1. 康熙 23 年至康熙 25 年，靳輔與于成龍之爭。
　　2. 康熙 25 年至康熙 27 年，孫在豐與靳輔之爭。
　　3. 康熙 27 年發生明珠案，靳輔因下河案被捲入，下河之議告一段落。
　　4. 下河水患一直到康熙 38 年後才有所改善。

一、康熙 23 年下河案

　　康熙 23 年（1684），康熙皇帝南巡河工，船過高郵湖時，見兩岸民房淹
沒於水中，心生憐憫，便對兩江總督王新命說「朕巡視直隸、山東、江南等

─────────────

〔註32〕《行水金鑑》，卷 139，〈運河水〉，頁 4696～4702。

地,高郵地區的百姓最令人憐憫,百姓雖然已經選擇住在高地,但房屋田畝仍難逃水患,淹沒於水中,使得百姓無以維生,朕心實為不忍,你(王新命)是地方大臣,有想出什麼好方法嗎?」〔註33〕對於康熙的問題,王新命沒有想出好的答案,後來康熙便招集了地方上的生員及老人,詢問水災的源由以及解決的方法,〔註34〕地方上有言是海口堵塞之故,因此萌生了開闢海口之意。〔註358〕而在臨行之前,還留下了一詩抒發心情:

> 淮揚罹水災,流波常浩浩。龍艦偶經過,一望類洲島。田畝盡沉淪,
> 舍廬半傾倒。芃芃赤子民,栖栖臥深潦。對之心惕然,無策施襁褓。
> 夾岸羅黔黎,跽陳進耆老。諮諏不厭頻,利弊細探討。飢寒或有由,
> 良慚主倉顕。古人念一夫,何況睹枯槁。凜凜夜不寐,憂勤愁如擣。
> 亟圖濬治功,拯濟須及早。會當復故業,咸令樂懷保。〔註36〕

而這一首詩,便揭開了下河案的序幕。

康熙皇帝雖想要開闢海口,但廷議認為應該要讓河臣(指靳輔)將各海口逐一探勘之後,再確定是否挑浚,對於督導開浚海口的人選,康熙認為靳輔總督河務工程,已過於繁忙,若是再委與重任,恐怕兩失,〔註37〕因此屬意為官清廉的于成龍擔任監工,但考慮到海口工程與黃河工程息息相關,所以讓靳輔節制于成龍。〔註38〕但是靳輔卻對挑浚海口一事大為反對,並呈上治理下河七州縣水患的方策,靳輔說:

> 今此七州縣下河海口高昂,內地低於海潮不下五尺,從前海潮內灌
> 不可以耕,曾經宋臣范仲淹築堤以障之,堤成而民享其利,名其堤
> 曰范公堤……今若循先挑海口之議,則是引潮內侵,與范公堤障水
> 之意相悖。〔註39〕

又言:

> 治之之法,全在束水注海,夫內地既卑於海潮五尺,則應於內地

〔註33〕《康熙起居注》,康熙二十三年甲子十月,頁1242。
〔註34〕《康熙起居注》,康熙二十三年甲子十月,頁1243。
〔註358〕 「詢問其故,具悉梗概,高寶等處,湖水下流,原有海口,以年久沙淤,遂至壅塞,今將入海故道,濬治疏通,可免水患。」清世宗實錄選輯清仁宗實錄選輯,《清聖祖仁皇帝實錄》,卷107,康熙二十三年,頁1572。
〔註36〕《康熙起居注》,康熙二十三年甲子十月,頁1243。
〔註37〕《清聖祖仁皇帝實錄》,卷108,康熙二十三年,頁1583。
〔註38〕《清聖祖仁皇帝實錄》,卷108,康熙二十三年,頁1585。
〔註39〕《靳文襄公(輔)奏疏》,卷6,〈欽奉上諭疏‧海口〉,頁727～728。

築堤高一丈六尺，以高一丈六尺之堤，自足束高一丈之水，內水

既束高一丈則高過海潮五尺，其趨海之勢必速，而無留滯之虞矣。

〔註40〕

靳輔雖然有心平息下河水患，但他的「束水注海」之法，「水不由地中行，比民間房簷還高」，〔註41〕而且還要再花費二百七十八萬兩，〔註42〕相較於于成龍之法，只需開闢海口、疏濬下河河道便可，而且又不擾民，其工看似也較容易，〔註43〕但是靳輔治河終究已有八年了，因此廷議的結果雖然是以支持靳輔者占大多數，但是支持于成龍者也大有人在。〔註44〕

〔註40〕《靳文襄公（輔）奏疏》，卷6，〈欽奉上諭疏・海口〉，頁728。

〔註41〕《康熙起居注》，康熙二十四年乙丑十一月，頁1399。

〔註42〕《靳文襄公（輔）奏疏》，卷6，〈欽奉上諭疏・海口〉，頁737。

〔註43〕于成龍之法，所需費用不明，康熙只言「應依于成龍所言，挑濬海口，俾所濬之水得以流通，其有無利益之處，不久便見，但不知所需錢糧若干，始可數用。」《清聖祖仁皇帝實錄》，卷123，康熙二十四年，頁1655。

〔註44〕〈郭琇彈劾靳輔案中案〉，頁59。

圖4-2：清代下河地區與海口示意圖

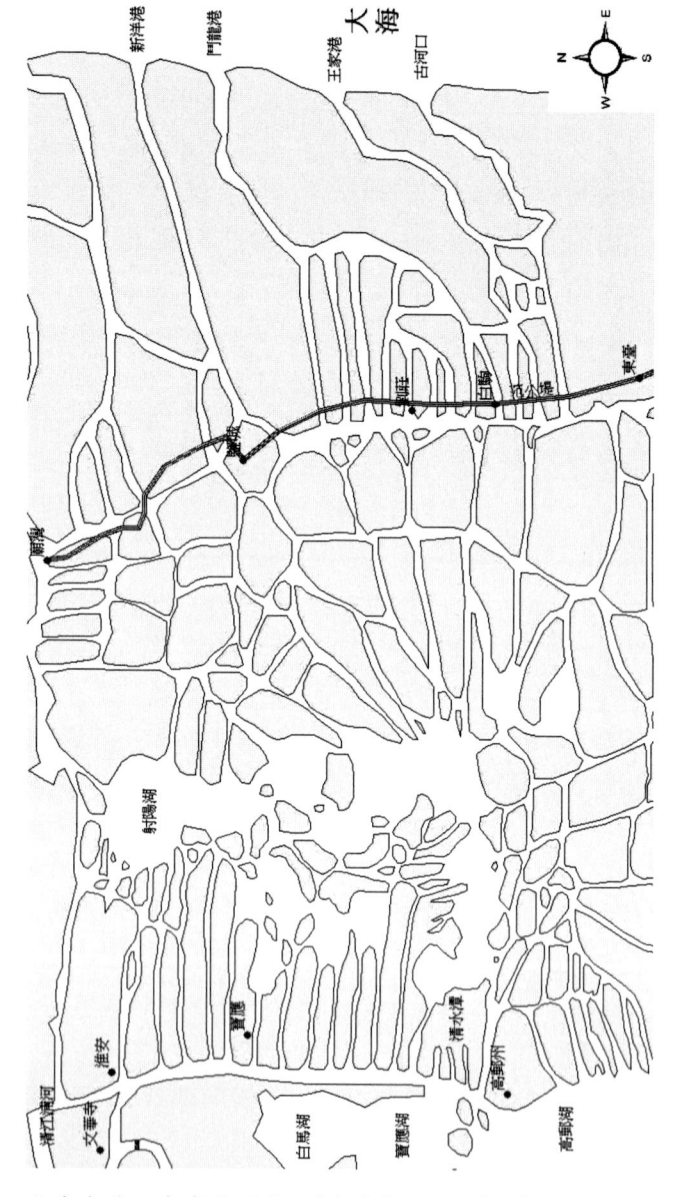

資料來源：作者自繪。參考武同舉，《淮系年表全編》，「淮系全圖」，頁13、譚
其驤，《中國歷史地圖集》，第七冊，「江蘇」，頁16～17、〔清〕陳潢，《河防述
言》，「黃河全圖」、清·麟慶，《黃運河口古今圖說》，「康熙十五年後河圖」、「康
熙三十四年後河圖」，頁17～18、23～24、潘季馴，《河防一覽》，「全河圖說」，
頁47、侯仁之，〈靳輔治河始末〉，「湖漕堤堰及下河形式圖」，頁90。

　　朝臣們對於靳輔與于成龍的治水方案意見想左,有的大臣甚至認爲兩人的方法皆有成功之效,所以二人皆亟欲爭功,[註45] 使得康熙無法做出決策,因此康熙才派工部尚書薩穆哈與大學士穆成格前往視察民意。薩穆哈與穆成格視察之後,便向康熙呈報民間認爲開闢海口無益,因而作罷,但是靳輔的「束水注海」之法,也因所費金額甚鉅,而成效恐有不彰而被擱置,因此康熙23年至康熙25年,靳輔與于成龍的下河之爭,便因這個回報而告一結束,但這個回報,卻也是日後下河案再開的伏筆。

二、康熙25年下河案

　　在康熙25年(1686)3月,江蘇巡撫湯斌(1627～1687)升任爲禮部尚書,原本康熙與湯斌話家常,沒想到與湯斌聊到下河開海口一事,所得的結果卻與之前工部尚書薩穆哈與大學士穆成格視察下河的情況不一,使得康熙格外震怒,認爲自己被大臣所欺騙。

　　湯斌認爲開闢海口實有益於解決水患,湯斌言:

> 淮揚實天下澤國,若曰開海口,則水遂盡洄,臣不敢爲此言。但水有去路,開一丈則有一丈之益,開一尺則有一尺之益,使浮溢之水漸去,則舊日湖河之形可尋,再加疏濬築防,工夫自有次第。[註46]

又言

> 海水內灌壞田之說,臣以爲無慮。臣詢之土人,當日范仲淹築堤時,海水與堤甚近。今海水遠者百里,近者六七十里。海之潮汐,猶人之呼吸也,有一定時刻,有一定分量,平日海潮所及,原不甚遠。江河之水爲海潮所湧,乃江河之水,非海水也。颶風海嘯,非常災異,豈可預計?[註47]

湯斌所言與康熙心中所想不謀而合,[註48] 但是薩穆哈與穆成格的奏章之中卻未見此說,因此康熙大爲不悅,認爲薩穆哈與穆成格沒有照實說出視察下河時的實際情形,使得開闢海口一事遭到延誤。[註49] 後來幾經商議之後,決定另派翰林侍讀孫在豐督修海口工程。

〔註45〕《康熙起居注》,康熙二十四年乙丑十一月,頁1399。
〔註46〕《康熙起居注》,康熙二十五年丙寅閏四月,頁1480～1481。
〔註47〕《康熙起居注》,康熙二十五年丙寅閏四月,頁1481。
〔註48〕《康熙起居注》,康熙二十五年丙寅閏四月,頁1481。
〔註49〕《康熙起居注》,康熙二十五年丙寅六月,頁1508。

（一）減水壩閉塞之爭議

康熙 25 年孫在豐督修下河工程，但是如果不閉塞減水壩，上河一直放水，下河自無法進行挑濬，因此孫在豐奏請閉塞上游減水壩，但是對於閉塞減水壩一事，靳輔因恐減水壩閉塞之後，堤壩承受不了黃水與淮水的衝壓，造成潰堤，因而拒絕，只承諾閉塞高郵州之五壩。〔註 50〕但是康熙認為下河工程一成，江蘇地區高郵、寶應等州縣的水災便可告息，因此閉塞減水壩讓下河進行挑濬工程是迫在眉睫的事，於是於康熙 26 年招靳輔進京協商減水壩閉塞一事，幾經參酌之後，決定先將黃河南岸毛城舖一帶的減水壩先行閉塞，阻黃河水進入洪澤湖，待洪澤湖只剩淮水時，高家堰堤壩的壓力減少，便可將高家堰與高郵州一帶的諸減水壩一同閉塞。〔註 51〕但是下河工程的難度遠遠超過康熙的想像，不僅滿漢官員在人事上相互制肘，而且經費太少，招募不到足夠的工人也使得工程一再的延誤。〔註 52〕面對這些難題，康熙只好再度詢問有豐富治河經驗的靳輔，看他能拿出什麼好方法來？

對於下河水患的難題，靳輔與陳潢兩人也琢磨已久，因為下河淹水的問題，雖然自明以來便有之，〔註 53〕但是靳輔受命治理黃河、淮河與運河，治河數年以來，下河水患並未解決也是事實，而且在當時認為下河所淹之水，便是上河減水壩所減之水處理失當之故，所以靳輔實難辭其咎。

（二）重堤之法

對於下河地區的水患，靳輔分別在提出兩個不同的方案，一個是康熙 24年的「束水注海」之法，另一個便是在康熙 26 年提出的「重堤」之法。

靳輔認為「杜患於流，不若杜患於源，則欲治下河，莫如設法徑治高堰為得也」〔註 54〕也就是說與其在下河地區低窪的「釜」中，與積水纏鬥不休，不如直接從水源地下手，靳輔言：

〔註 50〕　《康熙起居注》，康熙二十六年丁卯正月，頁 1582。
〔註 51〕　《康熙起居注》，康熙二十六年丁卯正月，頁 1582～1585。
〔註 52〕　《水暢河清》，頁 162。
〔註 53〕　「宋元以前，不特下河原無水患，即高郵寶應諸湖多屬田畝，直至明朝初年始被大水漫淹成湖者也，臣於康熙十七八等年堵清水潭之時，於兩堤之中又復深濬河底以利重運，乃挑出洪武、永樂、洪熙並宋元舊錢，以及各色尋常器皿不計其數。」《靳文襄公（輔）奏疏》，卷 6，〈欽奉上諭疏·條陳下河〉，頁 650～652。
〔註 54〕　《靳文襄公（輔）奏疏》，卷 6，〈欽奉上諭疏·條陳下河〉，頁 660。

> 臣於堰堤（指高家堰）之上則建可洩水一千方之減水壩，而於運河
> 漕堤之上則建可以洩水一千二百方的減水壩，使得漕堤減水之地多
> 於堰堤進水之地，則自不至壅積傷堤，所以未增減水壩之前，清水
> 潭屢築屢沖，自建一千二百方減壩之後，則歷七年之久，三遭大漲
> 而安然無恙也。〔註55〕

又言：

> 於堰堤內東首離堤一百二十丈去處，築大重堤一道，束堰堤減下一
> 千方之水，使之北出清口實爲便利，又念清口爲黃淮交會之區，若
> 無設法分洩之策而遽增此一千方之水，則遇而潰交漲之時，必有水
> 壅之患，今幸黃河北岸新挑濟運中河一道，其寬大足以容受，實可
> 大洩異漲是清口所受分外之餘水，即可於清口分左右分洩而去，不
> 致壅積傷堤也。〔註56〕

靳輔的「重堤」之法，是在高家堰的外側再築一堤，將原本減入運河一千方
的水，由兩堤之間通過，由北流出清口，有蓄清刷黃之效。而此時中河已通，
黃河洩水無慮，不必擔心黃河與淮水同時大漲時，二水有壅滯難洩之患。

　　除了解決下河水患之外，靳輔所計畫的「重堤」之法，還使得高家堰在
二堤的保護之下，有「重門之障」將更爲安全，而且船隻更可從二堤之間出
入，可避洪澤湖的湖險，除此之外，高郵、寶應諸湖所涸出數千頃的田畝，
亦可充裕河庫而保護堰堤。〔註57〕

　　此外，靳輔又重申了開闢海口的風險與挑濬下河成效不大的主張，靳輔認
爲下河地寬闊三百餘里、長二百餘里，但只有廟灣、天妃、石䃁三處能排洩積
水入海，地勢更是卑於周圍沿海地區，成爲一「釜」底之形，因此海口一開，
恐有海水倒灌之慮。〔註58〕就算海水不倒灌，水就其性「必隨地形之高卑，盡
其平滿之量，然後遞流而前，所謂盈科而後進者也」。〔註59〕也就是說，縱使海
平面低於下河地區，淮水盛漲之時，也是會先浸淹位於「釜」底的下河地區，
待「釜」底淹滿之後，才會流出海口。〔註60〕因此，開闢海口不過是分洩「行

〔註55〕《靳文襄公（輔）奏疏》，卷6，〈欽奉上諭疏・條陳下河〉，頁653。
〔註56〕《靳文襄公（輔）奏疏》，卷6，〈欽奉上諭疏・條陳下河〉，頁660～661。
〔註57〕《靳文襄公（輔）奏疏》，卷6，〈欽奉上諭疏・條陳下河〉，頁665。
〔註58〕《靳文襄公（輔）奏疏》，卷6，〈欽奉上諭疏・條陳下河〉，頁665～656。
〔註59〕《靳文襄公（輔）奏疏》，卷6，〈欽奉上諭疏・條陳下河〉，頁656。
〔註60〕《靳文襄公（輔）奏疏》，卷6，〈欽奉上諭疏・條陳下河〉，頁656。

潦之水」，〔註61〕而挑濬下河也只是使「釜」底加深，〔註62〕對於下河地區的水患，皆無太大的助益。

靳輔在「重堤」之法提出之後，為了報答陳潢十年來的辛勞與付出，也決定在此時上表康熙，表彰陳潢的功績，〔註63〕此舉也顯示了靳輔對於「重堤」之法相當有信心，深信高家堰「重堤」一旦完成，下河水患必能平息。但在朝中決議尚未定論之時，太皇太后（孝莊文皇后 1613～1688）去世，〔註64〕因此下河案又再度被延宕。

三、康熙 27 年下河案與明珠案

康熙 27 年正月，御史郭琇參奏「靳輔治河多年，迄無成效。皇上愛民，開濬下河，欲拯淮、揚七州縣百姓，而靳輔聽信幕客陳潢，百計阻撓，宜加懲處。」〔註65〕下河案因御史郭琇的彈劾重新再開，但是這一次對靳輔可謂是相當的不利，不只是一開始所有的矛頭便都指向靳輔，連康熙皇帝對於靳輔反對下河開浚海口一事開始感到不耐，而提攜靳輔為河道總督的大學士明珠，亦在這一場政治風暴中，遭到郭琇與戶部主事余國柱以「植黨類以樹私，竊威福以惑眾」〔註66〕的名義彈劾，遭到罷政。事已至此，靳輔在朝中可謂是孤立無援了。

（一）明珠案與下河案的關係

御史郭琇彈劾靳輔，原先不過是針對靳輔處理河工一事，但又怎麼會與清代赫赫有名的明珠案，牽扯在一塊？

明珠，字瑞範，姓納喇氏，滿洲正黃旗人，為葉赫貝勒金台石之孫，萬曆 46 年（1618）清太祖努爾哈赤伐葉赫部，其父尼雅哈率葉赫部投降，被授佐領的官職。〔註67〕明珠自侍衛做起，曾任內務府郎中、兵部尚書、武英殿大學士等官，後又擔任《太祖太宗實錄》、《大清會典》、《平定三逆方略》、《明史》等書籍的總裁官，後來三藩亂起，明珠獨排眾議，力挺康熙皇帝徹藩之

〔註61〕 《康熙起居注》，康熙二十七年戊辰三月，頁 1739。
〔註62〕 《靳文襄公（輔）奏疏》，卷 6，〈欽奉上諭疏‧條陳下河〉，頁 657。
〔註63〕 《靳文襄公（輔）奏疏》，卷 6，〈欽奉上諭疏‧條陳下河〉，頁 669～671。
〔註64〕 康熙二十六年 12 月 25 日。
〔註65〕 《康熙起居注》，康熙二十七年戊辰正月，頁 1718。
〔註66〕 《康熙起居注》，康熙二十七年戊辰正月，頁 1718～1724。
〔註67〕 《清史稿》，列傳五十六，頁 2586。

議，〔註68〕因此備受器重，居官不斷升遷，成為當時權傾一時的大臣。

　　隨著明珠官職的不斷升遷，再加上明珠處事圓融，〔註69〕在朝中的力量逐漸增大，甚至連康熙皇帝都開始認為朝中的大學士都處處以明珠為尊，反對自己的旨意，此等藐視皇權之舉，逐漸不能被康熙皇帝所忍受。〔註70〕此外，明珠與康熙皇帝之間的衝突，在皇太子（胤礽）〔註71〕與皇長子（胤禔）〔註72〕的鬥爭中，也逐漸被拉扯、擴大。〔註73〕

　　康熙 14 年 12 月，康熙皇帝的皇次子被立為大清皇太子，但康熙皇帝的皇長子胤禔則是明珠的妹妹惠妃所生，因此，明珠自然擁戴自己的外甥，希望胤禔被立為太子，日後可以繼位為帝。在這樣的情況下，便逐漸形成了一個以明珠為首的反太子勢力，想伺機廢絀太子。〔註74〕

　　明珠藐視皇權與聚眾成黨反對太子之事，使得康熙皇帝對明珠的不滿與日俱增，而郭琇彈劾靳輔之事，便是康熙皇帝打擊明珠的一個手段。〔註75〕康熙 27 年正月，康熙皇帝與群臣商議郭琇彈劾靳輔的奏疏時，康熙皇帝曾反問郭琇「朝中有人摯肘河務，你的奏疏之中有言及否？」〔註76〕郭琇回答「無之。」〔註77〕之後便要九卿商討朝中大臣摯肘河務一事，〔註78〕而這位「摯肘河務」的朝中大員，康熙皇帝暗指的便是大學士明珠。〔註79〕在康熙皇帝不支持明珠與靳輔的情況之下，朝中的大臣也嗅到了風向，紛紛上奏彈劾靳

〔註68〕《清史稿》，列傳五十六，頁 2586。

〔註69〕〈郭琇彈劾靳輔案中案〉，頁 59。

〔註70〕〈郭琇彈劾靳輔案中案〉，頁 57～61。

〔註71〕胤礽出生於清康熙十三年五月三日，是皇次子，母親是康熙嫡後孝誠仁皇后，在康熙十四年十二月被立為大清皇太子。在出生當天，其母孝誠仁皇后不幸崩于坤寧宮，而康熙因為寵愛孝誠仁皇后，之後便把全部的愛妻之情轉移到兒子身上，於是便對她這個遺孤十分寵愛。

〔註72〕愛新覺羅‧胤禔，康熙帝子，母為惠妃納喇氏，排行第五，因康熙前四子皆夭殤，故為皇長子。曾從征厄魯特蒙古噶爾丹。康熙三十七年（1698 年），封為直郡王。康熙四十七年十一月，因魘咒太子胤礽，謀奪儲位，被削爵因禁。生於康熙十一年二月十四日，辛於雍正十二年十二月十四日，享年六十三歲。

〔註73〕《水暢河清》，頁 178。

〔註74〕《水暢河清》，頁 178。

〔註75〕〈郭琇彈劾靳輔案中案〉，頁 59。

〔註76〕《康熙起居注》，康熙二十七年戊辰正月，頁 1719。

〔註77〕《康熙起居注》，康熙二十七年戊辰正月，頁 1719。

〔註78〕《康熙起居注》，康熙二十七年戊辰正月，頁 1719。

〔註79〕〈郭琇彈劾靳輔案中案〉，頁 60～61。

輔，靳輔當時的處境無疑是雪上加霜。

（二）康熙二十七年的大辯論

靳輔在朝中雖然已經失去支持自己最力的明珠等人的支持，其地位岌岌可危，但康熙也明白靳輔在這十一年來在河務上的辛勞，也絕非做假，〔註80〕而且對於那些見他人有難，便「隨聲附和、言過其實」〔註81〕的官員，康熙亦感到痛心，因此在打擊明珠勢力的目的達到之後，康熙皇帝便於康熙27年3月，招集數年來與下河海口案有關的諸位大臣，重新審視從康熙23年至27年爲止的下河海口案。這一次的議論，康熙的目的雖然不是爲了替靳輔作平反，而是要重新釐清整個下河海口案，以決定日後治河的方針，但這對靳輔來說，卻也是個辯白的好機會。

1、擾民之過

在這次的議論之中，靳輔受到攻擊最甚的便是「擾民」之罪，而「擾民」的罪源則是靳輔的「屯田」計畫。據靳輔的估計，淮、揚二郡的田畝，被大水淹沒者就超過十萬餘頃，而今黃、淮大治，田畝盡從水中涸出，使民可以耕作，有主之田還給業主，無主之田則招民屯墾，之後再按照田畝的肥沃度酌收銀兩以補納修河之費，日後亦可做爲保護堰堤的支出。〔註82〕

但是有涸出新田，其田畝必定會重新丈量，因此就會有清出民間隱田或查出田畝畝數與實際不合的情況。〔註83〕除此之外，江南的一些民眾與大戶認爲，自己的田地會被水淹沒，是靳輔減水壩之過，而現在又要重新丈量田畝、清出隱田，使得自己要繳納的賦稅變得更多，因此這些人對於靳輔的治河工程，可謂是極度不滿。實際上，這樣的情形在康熙21年崔維雅彈劾靳輔時，就已經可以看出端倪了，在當時崔維雅雖然是漫無目的的攻擊，但是靳輔的治河工程畢竟也有令人爭議之處；其一爲減水壩所減之水處理不當、其二便是重新丈量田畝引發爭議。崔維雅與靳輔在欽差面前爭議時，崔維雅曾對靳輔說到「你的減水壩不好，就是連京裡面江南幾位大人也這麼說，那些減水壩把我們的田產都淹壞了」，〔註84〕所以說，從整個彈劾靳輔的事件來

〔註80〕《康熙起居注》，康熙二十七年戊辰二月，頁1733。
〔註81〕《康熙起居注》，康熙二十七年戊辰二月，頁1733。
〔註82〕《靳文襄公治河方略》，卷6，〈經理河工第六疏・籌畫錢糧〉，頁242。
〔註83〕《康熙起居注》，康熙二十七年戊辰三月，頁1741。
〔註84〕《靳文襄公（輔）奏疏》，卷4，〈詳陳臆說疏〉，頁444～445。

看，崔維雅對靳輔的攻擊，不過是颶風來襲之前的一點波浪，但是靳輔對此似乎還是毫無所覺，而且還認爲自己清出隱田，爲國家做事沒什麼不對，反倒是應該追究那些做事不實、隱匿田畝之官員的過失。〔註85〕

靳輔屯田一案尚未定論，竟然又發生了大臣塗改奏疏一事。〔註86〕康熙27年時，漕臣慕天顏（？～1696）指控戶部尚書佛倫與戶部給事中趙吉士（1628～1706）塗改奏疏蓄意包庇靳輔之過，〔註87〕而慕天顏奏書的內容，就是陳述靳輔屯田之弊，因此此案若是通過的話，不只佛倫等人脫不了干係，而靳輔恐怕也難逃勾結大臣、塗改奏疏之罪。

對此，佛倫則是反駁慕天顏奏疏所言不實，意圖誣陷，佛倫說：

> 今慕天顏參臣，將稿內民田之語忽改爲民之餘出之田，臣並未更改，將原稿與奏疏校閱可知矣。且靳輔原止取民餘田而爲屯田，並無取民額田以爲屯田之處。倘靳輔奏以民納糧之田爲屯田，皇上聖明，不於彼時即將靳輔治罪，豈有將此事交予九卿乎？果董訥、慕天顏寫作取民之田以爲屯田，即是誤處，豈可以此寫入本內，爲盛治之累，而留於盛世之史冊乎？此亦臣之應行改者。董訥、慕天顏俱係大臣，河務關係甚大，亦有不合之處，亦可兩議，隨即陳奏，亦無不可。乃至數月後，慕天顏方行具奏。董訥報伊起身日期全本之內將臣參劾，而貼黃中並不寫出。據此，董訥、慕天顏夥同黨謀，將臣暗行巧陷耳。〔註88〕

在當時慕天顏與佛倫相互攻訐，爭執不下，其眞相未明。〔註89〕但今日我們把此事與其它事件相互比較對照之後，可從中發現靳輔屯田之舉，不只是爲害到江南地主的利益，而整個下河岸案，其背後也關係著朝中派系的相互傾軋。

靳輔受到的非議，除了屯田擾民之外，于成龍亦指責靳輔於山東、河南省分科派柳枝，亦是累民之舉。〔註90〕雖然靳輔回應分派柳枝，全爲治河工

〔註85〕《康熙起居注》，康熙二十七年戊辰三月，頁1741。

〔註86〕《康熙起居注》，康熙二十七年戊辰三月，頁1737～1760。

〔註87〕《康熙起居注》，康熙二十七年戊辰二月，頁1724。

〔註88〕《康熙起居注》，康熙二十七年戊辰三月，頁1737～1738。

〔註89〕兩個月之後才查明因果。實爲慕天顏等人原同意靳輔的意見，但後來爲了附和于成龍，使得前後意見反覆，因此反誣他人塗改奏疏（見註釋111）。《康熙起居注》，康熙二十七年戊辰三月，頁1737～1739。

〔註90〕《康熙起居注》，康熙二十七年戊辰三月，頁1745～1746。

程，此舉並無不妥，〔註91〕但于成龍仍認爲靳輔在山東等省派取柳枝甚多，但所用甚少，〔註92〕想讓靳輔罪加一等。

2、下河之議結束

除了慕天顏、于成龍彈劾靳輔屯田之事外，「下河之議」也在此次有了最終的結果。于成龍堅信開闢海口、深濬下河河道，必可消除下河地區水患，而靳輔之所以百計阻撓，在上河放水，〔註93〕令海口已開工程不成功，全因忌妒之心引起。〔註94〕對此，靳輔強烈反駁，〔註95〕並言于成龍不諳河務，〔註96〕所言值得商榷。

對於靳輔放水之事，康熙是半信半疑，一方面是于成龍爲官雖清，但若有人窮詰河務，即視爲仇敵，〔註97〕且于成龍未曾去過高家堰，〔註98〕上河放水之事，亦是他人轉告而得知，雖然兩江總督董訥也聽聞過相關的傳聞，〔註99〕但亦不敢肯定。不過康熙皇帝對於靳輔所言開挑海口，當防海水倒灌一事亦是不信，〔註100〕至於靳輔的「重堤」之法，雖可解決下河水患，並有利於航運，但使得高家堰浸泡於水中，恐有傷堤身，而且修築「重堤」令

〔註91〕靳輔言：「臣出任總河時，未有栽種楊柳，而堵塞各口需柳甚多，故於山東、河南給發價值，派取柳枝。今河上兩岸植柳，皆已長成，並無派取之處。」《康熙起居注》，康熙二十七年戊辰三月，頁1745。

〔註92〕《康熙起居注》，康熙二十七年戊辰三月，頁1745。

〔註93〕《康熙起居注》，康熙二十七年戊辰三月，頁1738。

〔註94〕《康熙起居注》，康熙二十七年戊辰三月，頁1739。

〔註95〕靳輔言：「開治下河雖不能洩大水，亦可洩行潦之水。伊曾有咨文向臣商議，臣有回答之咨甚明，何云阻撓？」《康熙起居注》，康熙二十七年戊辰三月，頁1738～1739。

〔註96〕靳輔言：「于成龍不諳上河河務，聽信妄傳之言，總之，雨後河內方有水，若不下雨，水從何來？何得謂臣放水，臣絕無放水之事。」《康熙起居注》，康熙二十七年戊辰三月，頁1740。

〔註97〕康熙言：「至於窮結河務之人，即視爲仇敵，如直隸巡撫于成龍，朕豈不能窮詰？但于成龍在地方居官頗優。朕凡事但據理持平，豈顧此輩情面乎？況專擅之人，近經黜革，豈更令其專擅乎？然自順治以來，專擅之人雖經黜革，踵故轍未嘗斷絕也。」《康熙起居注》，康熙二十七年戊辰三月，頁1747。

〔註98〕《康熙起居注》，康熙二十七年戊辰三月，頁1740。

〔註99〕董訥言：「臣亦得之傳聞。至屯田原係害民之事，所以臣屢次將屯田官參奏。」《康熙起居注》，康熙二十七年戊辰三月，頁1740。

〔註100〕康熙言：「海水必無倒灌之理，但潮來則河水退入耳，究之退入亦不甚遠，潮去則河水亦去。如天津衛亦有海口，曾無鹹水倒入。即廟灣海口甚寬，幾見有海水爲患耶？海水倒灌之說，祇可以紿愚人，明理者斷不爲所惑也。」《康熙起居注》，康熙二十七年戊辰三月，頁1745。

水出清口、導入黃河，恐怕又會造成他處水患，〔註101〕變數頗多。除此之外，海口一開，下河水患必可紓緩，「重堤」似乎就沒有修築的必要了。

「下河之議」結束，靳輔遭到革職處分，並枷號兩月，鞭一百，以王新命補授總河，而陳潢亦革去僉事道銜，解京監候，〔註102〕但陳潢在解京的途中病死，於公於私，靳輔皆遭受到重大的打擊。不過事情至此尚未結束，對靳輔來說，似乎又有轉機。

康熙27年4月初二，也就是靳輔去職八天之後，糧船於中河阻滯，群臣有云是中河新開運道狹小之故，而在新任總河未到任之際，應暫遣靳輔督催。〔註103〕但康熙皇帝認為靳輔已革職，無權干預河務。此外，中河運道的暢通與否，除了事關黃河減水的問題外，同時也關係著政府的財務問題，今年漕船若可通行，日後便可遵循此法，漕船每年俱可行駛中河運道，所以中河運道的暢通事關重大，應該謹慎處理。幾經權衡之後，康熙決定派學士凱音布前往查探，而凱音布查探的結果，則是在朝廷之上投下了一顆震撼彈，而于成龍與慕天顏等反靳輔一黨之人，相互勾結的情形也相繼被查出。使得康熙皇帝對于成龍大為不滿，並批評道：

> 前于成龍奏云，靳輔開中河，無所裨益，甚為累民。河道已為靳輔大壞矣。今凱音布等往勘中河，奏云，中河內商賈船行不絕，若塞支河之口，則駱馬湖之水匯流中河，水勢既大，漕艘可通。今數年以來，河道未嘗衝決，漕艘亦未至有誤，若謂靳輔治河，全無裨益，微獨靳輔不服，朕亦不愜於心矣。于成龍在直隸愛民緝盜，居官頗優，但懷挾私讎，阻撓河務，殊為不合。〔註104〕

又言

> 凱音布等奏稱中河所行漕艘，慕天顏勒令退回，支河之口，不許閉塞，慕天顏如此阻撓，深屬可惡。爾等速回京，將慕天顏提挐夾訊，問誰為唆使，則實情畢露，此等之人，不重加懲治，不可也。〔註105〕

在康熙皇帝的盛怒之下，慕天顏供出阻撓中河等事，〔註106〕是為了附和

〔註101〕《康熙起居注》，康熙二十七年戊辰三月，頁1742。
〔註102〕《康熙起居注》，康熙二十七年戊辰三月，頁1753～1754。
〔註103〕《康熙起居注》，康熙二十七年戊辰四月，頁1760～1761。
〔註104〕《清聖祖仁皇帝實錄》，卷135，康熙二十七年，頁1816。
〔註105〕《清聖祖仁皇帝實錄》，卷135，康熙二十七年，頁1817。
〔註106〕此前靳輔請在仲家莊建閘截水，引駱馬湖水，開鑿中河，讓漕船避黃河之天

于成龍，〔註107〕而于成龍也坦承「寄書是實，至於挑濬中河無意之事，得之傳聞。」〔註108〕因此又派刑部尚書圖納等人重新視查河工，〔註109〕而圖納等人歷經四個多月的調查，查明「黃河兩堤皆高，而河底亦刷深，並無淤塞之處。前王光裕為總河時，河曾衝決九處，堵塞一處將完，復行沖決。自靳輔修減水壩以來，河底漸深，而堤岸增高，可無慮矣。此數年雖水不漫堤，而臣等以為恐有大水亦不可定，故仍留減水壩。」〔註110〕

事已至此，于成龍、慕天顏等人所言「河道盡為靳輔所壞」，〔註111〕在刑部尚書圖納等人的查探之下，其真假已被查明。因此慕天顏因阻礙河工，杖一百、徙三年，而于成龍不據實陳奏，〔註112〕則是削去太子少保官銜，並降二級調用。

于成龍、慕天顏等人在朝中本來就是一個團體，〔註113〕最初跟靳輔等人或許純粹是為了治河想法上的不同，而彼此有所爭執，但是後來轉變成意氣之爭與人身攻擊，使得雙方變得水火不容。就結果上來說，于成龍與靳輔雙方人馬皆有因此案降職或丟官者，皆有所失。但從河工方面來說，此案卻使得清廷在當時失去了一個治河能臣，待康熙31年，靳輔再任河官之時，陳潢卻早已辭世，而開闢海口之事，也正如靳輔所說，雖「可洩行潦之水，但不能洩大水。」〔註114〕下河的水患一直等到康熙38年（1700），張鵬翮接任河道總督之後，方有所整治。

險，但慕天顏認為不可，因此康熙派遣學士開音布，侍衛馬武前往視察，還朝奏說，慕天顏禁船入中河，因此被捕下獄。後康熙念其昔日造船有功，從寬免罪。《清史稿》，列傳六十五，頁2620。

〔註107〕慕天顏供稱：「于成龍所與書內云，董訥、慕天顏汝二人，我曾薦舉河工，爾等為何順靳輔而言，竟不各出己見起奏？爾等即不起奏，我豈奏有不可忽？我故行啟奏。」《康熙起居注》，康熙二十七年戊辰五月，頁1770。

〔註108〕《清聖祖仁皇帝實錄》，卷135，康熙二十七年，頁1819。

〔註109〕《康熙起居注》，康熙二十七年戊辰五月，頁1771。

〔註110〕《康熙起居注》，康熙二十七年戊辰九月，頁1796～1797。

〔註111〕《康熙起居注》，康熙二十七年戊辰三月，頁1745。

〔註112〕于成龍不諳河務，指責靳輔之罪，多半是「聽聞」而來。

〔註113〕于成龍為慕天顏等薦舉，而慕天顏與董訥又為親家。

〔註114〕《康熙起居注》，康熙二十七年戊辰三月，頁1738～1739。

第五章　結　論

　　靳輔辭世之後，清人大多肯定其治河功績，如魏源、包世臣等的評價：「承明季潰敗決裂之河、八載修復，用帑不過數百萬；康熙中，堵合中牟楊橋大工，不過三十六萬。其時全河歲修不過數十萬金，蓋由河槽深通，而又力役之徵，沿河協貼物料方價皆賤，工具實用實銷，故工大而費省。」〔註1〕可知靳輔的治河功績，在鞏固清前期的政權，及塑造「康乾盛世」上創造重要的條件。〔註2〕茲將本文主論靳輔治水的思想、工程與成效綜述如次：

　　一、思想探源。靳輔的治河方略爲陳潢所傳授，而陳潢的治河思想則是集明代治河各家學派的精華，其中又以潘季馴的治河思想尤爲重要。潘季馴與靳輔同爲「束水攻沙論」者，對於「水力」沖沙的方針，皆抱持肯定的態度，但是靳輔等人並不反對以「人力」疏濬河道與海口淤沙，相較於潘季馴完全依賴「築堤束水，以水刷沙」的方法，靳輔等人亦重視「人力」的運用，讓「水力」在「人力」的幫助下，能夠發揮更大的刷沙功效。因此，把明代潘季馴與清代靳輔的治河工程兩相比較之後，就會發現靳輔的治河思想與潘季馴並不完全相同，而是「同中有異」。換句話說，就是靳輔與陳潢的主體理論架構是遵循著潘季馴「束水攻沙論」，但是在實行方面，二人卻加入了新的元素，使用了不同的方法，不再固執「築堤束水」的方式。

　　二、工程分析。靳輔的治河計畫因礙於河工費用的不足與現實環境的考

〔註1〕 中華書局編輯部編，《魏源集》上冊（北京：中華書局，1983 年 10 月 2 刷），〈籌河篇〉，頁 365。

〔註2〕 安作璋，《中國運河文化史》下冊（山東：山東教育出版社，2001 年 9 月第一版），頁 1429。

量，不得不有所的更張。工程改變的部分看起來像是彼此毫不相關，但實際上卻是彼此相互牽連。其中最關鍵處即是「川字疏濬法」的捨棄，造成「寓濬於築」的方策，無法被徹底執行；而築堤所需泥土，只好全部從大河兩側挖取。如此一來取土工程勢必越加繁重，不只是所雇傭的工人要求增加工食，〔註3〕連築堤的進度也被延誤，因此才有後來以「土車」取代人力來運送土方。此外，河身在沒有兩側引河的輔助之下，無法自行加寬和加深，靳輔改採用鐵掃帚濬深河底的方法，但其成效仍有爭議。〔註4〕

除此之外，靳輔把原計畫中高一丈二尺的大堤，改成高六尺與八尺的兩道小堤，如此雖有分擔風險、雙重保護的功效，但是大堤減少一半至三分之一的高度，逢黃水異漲時，即有大水淹過堤頂之虞，因此在黃河兩岸必須大量增設減水閘減水變為必然之事。另外河兵的建置，除在大修河堤時可提供人力外，更重要則是在平時巡視堤防、厚植柳木，並幫修堤防，可說是靳輔治河工程的另一層保障。

三、工程成效。靳輔整建工程是否有效，其實相當難判斷，其原因不在靳輔自身，而是在其後繼者對治河方策的變更。像是康熙 35 年時，河道總督于成龍因有父憂，以董安國代為河道總督。董安國認為海口遭淤塞，於是在雲梯關外挑引河一道長一千二百餘丈，並構築攔黃大壩導黃河由南潮河入海。〔註5〕在康熙 38 年于成龍復職後，建言堵塞靳輔於高家堰所建的六座減水壩，使淮水「涓滴不令東洩」皆北注清口以敵黃，〔註6〕其目的在於增強淮水「蓄清刷黃」的功效外，同時也期望能解決下河地區的水患。于成龍此舉固然是好意，但卻忽略了高家堰所能承受湖水的耐久度，後來是在康熙皇帝的反對下，才未堵塞淮水東洩之口（將六座減水壩改為四座滾水壩）。

董安國所構築的攔黃大壩強制黃河改道，違逆黃河的水性，而下流不通，便是黃河倒灌清口，淮水沖決高家堰的結果，而此時高家堰所能減洩的水量有限，不只高家堰有潰堤之虞，淮、揚地區的水患也愈加嚴重。〔註7〕靳輔辭世之後不到五年，其治河方針皆被改變，所以其功過成敗實難以判斷，不過

〔註3〕 《靳文襄公治河方略》，卷6，〈經理河工第一疏・挑清江浦至海口〉，頁 247。
〔註4〕 《清史稿》，列傳六十六，頁 2625。
〔註5〕 《行水金鑑》，卷 52，〈河水〉，頁 1885。
〔註6〕 《行水金鑑》，卷 66，〈淮水〉，頁 2383。
〔註7〕 《行水金鑑》，卷 53，〈河水〉，頁 1926。

康熙 39 年接任河道總督的張鵬翮，其方法與靳輔的治河方策雷同，〔註 8〕一般被認為是靳輔治河的延續。〔註 9〕

　　靳輔擔任河道總督十一年之中，在世時受時人非議，黯然離職，後來雖然真相大白，但摯友陳潢已身死獄中。到了近代對於靳輔治河的功績表示贊同者雖也不在少數，但懷疑靳輔重視運道甚於河務、重視漕運更甚於民生者亦大有人在。此一論者多半認為黃、淮二河的河道不只是漕運的一部分河道而已，黃、淮二河的水量同時也是提供漕運通行糧船主要水源之一，而且若不整治黃河，其所夾帶的淤泥亦會堵塞運河，不僅漕船通行黃河一段會有危險，也會淤塞運河，所以靳輔治理運道之前，須先整治黃、淮二河。此外，更有人以近代的水利觀點，認為靳輔只注重黃河下游，未注重黃河中、上游，導致黃河中、上游泥沙不斷往下游沖積，以致於河床淤高，水患不絕，又以靳輔自己提出「當審其全局」的觀點，來諷刺靳輔自己並未做到，反而對於下河地區民田受淹而不理會，只關心運道的通暢，有關此類指控實為對靳輔治理水患時的背景與方法不理解之故。

　　下河地區民田受淹而不予理會的情況，實乃靳輔不得已耳；自明末以來，明廷對於河務與漕運已經是有心而無力，而下河地區的水患也是自明代便有之，〔註 10〕在清代將下河地區水患之因完全推給靳輔在高家堰所築的減水壩，實有失公允。靳輔接任河道總督之時，正逢「三藩之亂」軍務耗繁之際，對於下河地區民田受淹的情形，政府實無多餘財政全面整治，所以在有限財力之下，就接受陳潢的建言：「譬如足病只知療足而不探其足病之由來，雖投藥百劑無效也，不獨勿效，病且增劇。」〔註 11〕而採取「圍魏救趙」之法，以求徹底根治水患之源。但是下河地區的地理形勢成一「釜」型，水患難以根除，因此靳輔又提出「束水注海」之法與「重堤」之法，希望加以補救，但卻不敵朝中官員的抨擊而離職。

〔註 8〕　張鵬翮先是拆除攔黃壩，並堵塞董安國所開的引河，讓黃河由原本的河道入海。接著又重修高家堰，並開新的滾水石壩三座（後被命為仁、義、禮三壩），並於壩下開引河，宣洩減水壩所減之水。張鵬翮所用之法，可說是靳輔「杜患於流，不若杜患於源，則欲治下河，莫如設法徑治高堰為得也。」的「重堤」之法的翻版。

〔註 9〕　《中國運河文化史》，頁 1430。

〔註 10〕明代下河地區水患，詳請參閱蔡泰彬，《晚明黃河水患與潘季馴治河》，第四章，〈淮南水患與整治〉，頁 135〜233。

〔註 11〕《河防述言》・審勢第二，頁 69。

　　當然，近代科技進步，對於黃河的水文有更進一步的了解，我們所知的知識以及所擁有的技術材料與工法遠遠超過清初許多，相較之下，或許會覺得清初的水利學者觀點太過狹隘，但我認爲這是時代背景的不同與科技的差異之故，並非靳輔等人只顧運道而不顧民生。所以，我認爲我們對靳輔較公正的看法應該是說，靳輔依當時的時空因素，不得不重視運道，但靳輔同時也重視黃、淮二河的整治，蓋漕運之水來自黃、淮，黃、淮決則漕運不通，黃、淮二河與運道實爲一體，並無誰先誰後之差異，也無誰輕誰重之分別。總之，靳輔實心任事與受後人景仰爲國爲民的一片丹心，是值得肯定的。

參考書目

一、文獻史料

（一）水　利

1. 〔明〕王瓊，《漕河圖志》，8 卷，上海：上海古籍出版社，1997 年，據明弘治 9 年刊本影印。

2. 〔明〕朱衡，《漕河奏議》，5 卷，明隆慶 6 年刊本。

3. 〔明〕萬恭，《治水筌蹄》，《中國水利古籍叢刊》，北京：水利電力出版社，1985 年 5 月第 1 版。

4. 〔明〕劉天和，《問水集》，不分卷，臺南：莊嚴文化，1996 年。

5. 〔明〕潘季馴，《河防一覽》，14 卷，收錄於《中國水利要籍叢編》第 15 集，臺北縣：文海出版社，據民國二十五年排印本影印。

6. 〔清〕包世臣，《安吳四種》，《近代中國史料叢刊》第 30 輯，臺北：文海出版社，民國 76 年。

7. 〔清〕汪武曹，《黃河考》，1 卷，青照堂叢書。

8. 〔清〕邵達平，《河工見聞錄》，不分卷，清康熙間原刊本。

9. 〔清〕徐端，《安瀾紀要》，2 冊，河署藏版癸酉重刊本。

10. 〔清〕陳潢，《河防述言》，收錄於《文淵閣四庫全書》，臺北：臺灣商務印書館，民國 75 年 3 月初版，據國立故宮博物院藏本影印。

11. 〔清〕陳潢，《天一遺書》，收錄於《續修四庫全書》，上海：古籍出版社，據上海圖書館藏清光緒 32 年刻湘綺樓全書本影印原書。

12. 〔清〕崔應階，《靳文襄公治河方略》，《中國水利要輯叢編》，臺北縣：文海出版社，1969 年。

13. 〔清〕崔維雅，《河防芻議》，《續修四庫全書》，上海：古籍出版社，據上海圖書館藏清光緒 32 年刻湘綺樓全書本影印原書。

14. 〔清〕張鵬翮，《河防志》，《中國水利要輯叢編》，臺北縣：文海出版社，1969 年。

15. 〔清〕傅澤洪，《行水金鑑》，175 卷，收錄於王雲五主編，《國學基本叢書》，臺北：臺灣商務印書館，民國 57 年 12 月臺 1 版。

16. 〔清〕葉方恆，《山東全河備考》，4 卷，《四庫全書存目叢書》史部·地理類 224（臺南：莊嚴文化事業有限公司，1996 年 8 月初版，據北京大學圖書館藏清康熙 19 年刻本影印）。

17. 〔清〕靳輔，《治河奏績書》，4 卷，《文淵閣四庫全書》，臺北：臺灣商務印書館，民國 75 年 3 月初版，據國立故宮博物院藏本影印。

18. 〔清〕靳治豫，《靳文襄公（輔）奏疏》（上）（下），收錄於《近代中國史料叢刊》第 15 輯，臺北：文海出版社，民國 76 年。

19. 〔清〕劉鶚，《歷代黃河變遷圖考》，4 卷，臺北縣：文海出版社，民國 60 年出版，清光緒 19 年刊本影印。

20. 〔清〕麟慶，《河工器具圖說》，4 卷，臺北縣：文海出版社，民國 58 年 5 月初版。

21. 〔清〕麟慶，《黃運河口古今圖說》，1 卷，臺北縣：文海出版社，民國 58 年 5 月初版。

（二）方 志

1. 〔清〕尹繼善等修，黃之雋等纂，《江南通志》，清乾隆元年刊本。

2. 〔清〕諸可寶，《江蘇全省輿圖》，不分卷，清光緒 21 年刊本。

3. 〔清〕王軒，《山西通志》，230 卷，臺北：華文書局景印，民國 58 年 5 月初版，清光緒 18 年刊本。

4. 〔明〕方尚祖，《淮安府志》，明天啓間刊、清順治五年印本。

5. 〔清〕王宜享，《通州志》，15 卷，清康熙 13 年序刊本。

6. 〔清〕王時來，《陽穀縣志》，8 卷，清康熙 55 年鈔本。

7. 〔清〕王榮陛，《武涉縣志》，36 卷，臺北：成文出版社景印，民國 65 年台一版，清道光 9 年刊本。

8. 〔清〕王錫元，《盱眙縣志稿》，17 卷，臺北：成文出版社景印，民國 59 年 4 月台一版，清光緒案 29 年重刊本。

9. 〔清〕石杰，《徐州府志》，30 卷，清乾隆 7 年刊本。

10. 〔清〕布顏，《懷慶府志》，22 卷，清乾隆 54 年刊本。

11. 〔清〕申奇彩，《河陰縣志》，存 23 卷，清康熙 30 年刊本。

12. 〔清〕朱忻,《徐州府志》,25 卷,臺北:成文出版社景印,民國 59 年 3 月台一版,清同志 13 年刊本。

13. 〔清〕佟企聖,《曹州志》,存 9 卷,清康熙 13 年刊本。

14. 〔清〕李德溥,《宿遷縣志》,19 卷,臺北:成文出版社景印,民國 63 年 6 月台一版,清同治 13 年刊本。

15. 〔清〕杜琳,《淮關統志》,14 卷,臺北:成文出版社景印,民國 59 年 10 月台一版,清光緒 32 年重刊本。

16. 〔清〕沈青崖,《陝西通志續通志》,100 卷,臺北:華文書局景印,民國 58 年 7 月初版,清雍正 13 年刊本。

17. 〔清〕吳與儔,《氾水縣志》,8 卷,清順治 15 年刊本。

18. 〔清〕余心孺,《延津縣志》,10 卷,清康熙 41 年刊本。

19. 〔清〕汪文藻,《康熙·清河縣志》,4 卷,臺北:國家圖書館漢學研究中心景印,清康熙 34 年序刊本。

20. 〔清〕周璣,《杞縣志》,24 卷,清乾隆 53 年刻本。

21. 〔清〕周正紀,《永城縣志》,。8 卷,清康熙 36 年刻本。

22. 〔清〕孟安世《康熙·邳州志》,9 卷,臺北:國家圖書館漢學研究中心景印,清康熙 32 年序刊本。

23. 〔清〕紀黃中,《儀封縣志》,12 卷,民國 24 年鉛印本,臺北:成文出版社景印,民國 57 年 8 月台一版。

24. 〔清〕今秉祚,《山陽縣志》,22 卷,清乾隆 14 年刊本。

25. 〔清〕胡宗鼎,《宿遷縣志》,存七卷,清康熙 3 年修 22 年增補刊本。

26. 〔清〕姚鴻杰,《豐縣志》,16 卷,清光緒 20 年刊本。

27. 〔清〕施誠,《河南府志》,116 卷,清乾隆 44 年刊本。

28. 〔清〕英傑,《續纂揚州府志》,24 卷,臺北:成文出版社景印,民國 58 年 5 月台一版,清同治 13 年刊本。

29. 〔清〕侯良弼,《永城縣志》,4 卷,清鈔本。

30. 〔清〕孫灝,《河南通志》。80 卷,收錄於《文淵閣四庫全書》,臺北:台灣商務印書館景印,民國 75 年 8 月出版,清乾隆 43 年刊本。

31. 〔清〕孫和相,《中牟縣志》,11 卷,清乾隆 19 年刻本。

32. 〔清〕孫星衍,《偃師縣志》,30 卷,清乾隆 53 年刻本。

33. 〔清〕孫葆田,《山東通志》,200 卷,臺北:華文書局景印,民國 58 年 1 月初版,民國 4 年鉛印本。

34. 〔清〕徐元燦,《孟津縣志》,4 卷,清康熙 48 年刻本。

35. 〔清〕魏櫺修,裘璉等纂,《錢塘縣志》,清康熙 57 年刊本。

36. 國史館編，《新清史地理志》，臺北縣：國史館，民國 82 年。

（三）一　般

1. 〔漢〕班固等，《漢書》，100 卷，北京：中華書局，1964 年 11 月第 1 版第 1 刷。

2. 〔元〕托克等，《宋史》，臺北市：臺灣商務，民國 73 年初版。

3. 〔明〕宋濂，《元史》，210 卷，臺北：鼎文書局，1979 年 3 月再版。

4. 〔明〕李景隆，《明太祖實錄》，257 卷，京都：中文出版社，1984 年 5 月，據中央研究所歷史語言研究所民國 51 年刊本縮印。

5. 夏原吉等，《明太宗實錄》，臺北：國立中央研究院歷史語言研究所校勘影印，民國 57 年 2 月二版。

6. 〔明〕陳其愫，《皇明經濟文輯》，23 卷，《四庫全書存目叢書》集部·總集類 369 ，臺南：莊嚴文化事業有限公司，1996 年 8 月初版，據首都圖書館藏明天啓 7 年刻本影印。

7. 〔明〕黃訓，《皇明名臣經濟錄》，18 卷，臺北：文海出版社，民國 73 年，據明嘉靖刊本影印。

8. 〔明〕溫體仁，《明神宗實錄》，596 卷，臺北：國立中央研究院歷史語言研究所景印，民國 55 年 4 月出版，國立北平圖書館紅格鈔本。

9. 〔清〕王士禎，《蠶尾集》，《叢書集成 》，39～40 冊，臺北：新文豐出版社股份有限公司，民國 85 年。

10. 〔清〕高其倬，《清經世文編》，《近代中國史料叢刊》，271～273，臺北：文海出版社，民國 76 年。

11. 〔清〕崑岡等，《欽定大清會典事例》，1220 卷，收錄於《續修四庫全書》，史部·政書類 798～814，上海：上海古籍出版社，1997 年，據清光緒石印本影印。

12. 〔清〕張廷玉，《明史》，332 卷，臺北市：臺灣商務初版，（據國立故宮博物院藏本影印），民國 73 年。

13. 〔清〕蔣良騏，《東華錄》，32 卷，北京：中華書局，1980 年 4 月北京第 1 次印刷。

14. 〔清〕錢儀吉，《碑傳集》，明文書局印行，民國 74 年。

15. 中華書局編輯部編，《魏源集》，北京 ：中華書局，1983 年 10 月 2 刷。

16. 〔清〕顧炎武，《天下郡國利病書》，120 卷，臺北：廣文書局，民國 68 年 11 月初版。

17. 〔清〕顧祖禹，《讀史方輿紀要》，130 卷，北京：中華書局，2005 年 3 月 1 版 1 刷。

18. 中國第一歷史檔案館整理，《康熙起居注》，北京：中華書局， 1984 年。

19. 清聖祖,《清聖祖仁皇帝實錄》,臺北: 大通出版社,民國 73 年。

20. 清聖祖,《康熙帝御製文集》,4 冊,臺北:臺灣學生,民國 55 年,據國立臺灣大學圖書館藏本影印。

21. 清世宗,《清世宗憲皇帝實錄》,臺北:大通出版社,民國 73 年。

22. 清聖祖,《大清聖祖仁皇帝聖訓》,《文淵閣四庫全書》,臺北:臺灣商務印書館,民國 75 年 3 月初版,據國立故宮博物院藏本影印。

23. 求是齋校輯,《皇朝經世文編》,《近代中國史料叢刊》271～273,臺北縣:文海出版社,民國 76 年。

24. 國史館,《清史列傳》,臺北,中華書局,民國 51 年,臺一版。

二、論　著

(一) 中文專書

1. 王頲,《黃河故道考辨》,上海:華東理工大學出版社,1995 年 10 月第 1 版 1 刷。

2. 水利電力部編,《中國歷史大洪水》,北京:中國書店,1992 年 3 月第 1 版 1 刷。

3. 水利部淮河水利委員會《淮河水利簡史》編寫組,《淮河水利簡史》,北京:水利電力出版社,1990 年 8 月第 1 版 1 刷。

4. 水利水電學研究院《中國水力史稿》編寫組,《中國水力史稿(上、中、下)》,北京:水利電力出版社,1989 年 1 月北京第一次印刷。

5. 申丙,《黃河通考》,收於《中華叢書》,臺北:中華叢書編審委員會,民國 49 年 5 月。

6. 史念海,《中國的運河》,西安:陝西人民出版社,1988 年第 1 版 1 刷。

7. 史輔成、易元俊、慕平,《黃河歷史洪水調查、考論和研究》,鄭州:黃河水利出版社,2002 年 12 月第 1 版。

8. 毛壽彭,《水利工程學》,臺北:大中國圖書公司,民 84 年 8 月 2 版 1 刷。

9. 安作璋,《中國運河文化史》,山東:山東教育出版社,2001 年 9 月第一版。

10. 朱學西,《中國古代著名水利工程》,北京:商務印書館,1997 年 12 月第 1 刷。

11. 吳君勉,《古今治河圖說》,臺北縣:文海出版社,1971 年。

12. 吳緝華,《明代海運及運河的研究》,臺北:三民書局,民國 86 年 6 月景印一版。

13. 李孝聰,《中國區域歷史地理》,北京:北京大學出版社,2004 年 10 月第

1 版 1 刷。

14. 孟森，金兆蕃等，《清史稿》，收錄於《清代史料彙編》，香港：益漢書樓，民國 66 年 4 月。

15. 馬雪芹，《明清河南農業地理》，臺北：洪葉文化事業有限公司，1997 年 11 月初版 1 刷。

16. 馬正林，《中國城市歷史地理》，濟南：山東教育出版社，1998 年 9 月第 1 版 2 刷。

17. 席龍飛，《中國造船史》，武漢：湖北教育出版社，2000 年 1 月第 1 次印刷。

18. 岑仲勉，《黃河變遷史》，北京：中華書局，2004 年 4 月 1 版 1 刷。

19. 沈雲龍，《中國水利要籍叢編》，臺北縣：文海出版社，1969 年。

20. 沈怡，《黃河問題討論集》，臺北：臺台灣商務印書館，民國 60 年 3 月初版。

21. 吳必虎，《歷史時期蘇北平原地理系統研究》，上海：華東師範大學出版社，1996 年 3 月第 1 版 1 刷。

22. 吳慰祖、汪胡楨，《清代河臣傳》，臺北：明文出版社，民國 73 年。

23. 武同舉，《淮系年表全編》，《中國水利要輯叢編》，臺北縣：文海出版社，民國 58 年 5 月初版。

24. 常征、于德源，《中國運河史》，北京：燕山出版社，1989 年 4 月北京第一次印刷。

25. 陳梧桐、陳名傑，《黃河傳》，保定：河北大學出版社，2001 年 6 月第 1 版 1 刷。

26. 陳代光，《中國歷史地理》，廣州：廣東高等教育出版社，2006 年 8 月第 5 次印刷。

27. 清國史館編，《滿名臣傳》，明文書局印行，民國 59 年。

28. 姚漢源，《中國水利史綱要》，北京：水利電力出版社，1987 年 12 月第 1 版 1 刷。

29. 姚漢源，《京杭運河史》，北京：水利電力出版社，1998 年 5 月第 1 版。

30. 姚漢源，《黃河水利史研究》，鄭州：黃河水利出版社，2003 年 10 月第 1 版 1 刷。

31. 姚漢源，《中國水利發展史》，上海：上海人民出版社，2005 年 8 月 1 版 1 刷。

32. 葉青超、陸中臣、楊毅芬，《黃河下游河流地貌》，北京：科學出版社，1990 年 8 月第 1 版 1 刷。

33. 劉蘭霞，《水暢河清》，瀋陽：遼寧人民出版社，1997 年 8 月。

34. 譚其驤,《中國歷史自然地理》,臺北:明文書局,民國 74 年 5 月初版。

35. 錢穆,《國史大綱》下冊,臺北:臺灣商務印書館,2002 年 8 月修訂 3 版第 6 刷。

36. 蔡泰彬,《明代漕河之整治與管理》,臺北:臺灣商務印書館,民國 81 年 1 月初版 1 刷。

37. 蔡泰彬,《晚明黃河水患與潘季馴治河》,臺北:樂學書局有限公司,民國 87 年 1 月初版。

38. 張含英,《治河論叢》,上海:國立編譯館,民國 25 年 12 月初版。

39. 張含英,《歷代治河方略探討》,北京:水利電力出版社,1982 年。

40. 張含英,《明清治河概論》,北京:水利電力出版社,1986 年 2 月第 1 版 1 刷。

41. 張修桂,《中國歷史地貌與古地圖研究》,北京:社會科學文獻出版社,2006 年 2 月第 1 版 1 刷。

42. 張馭寰,《中國城池史》,天津:百花文藝出版社,2003 年 5 月第 1 版 1 刷。

43. 張潤生,陳士俊,程蕙芳,《中國古代科技名人傳》,中國:中國青年出版社,1981 年 5 月北京第一次印刷。

44. 傅崇蘭,《中國運河城市發展史》,成都:四川人民出版社,1985 年 11 月第 1 版 1 刷。

45. 傅崇蘭,《運河史話》,北京:中國大百科全書出版社,2000 年 1 月第一次印刷。

46. 鮑彥邦,《明代漕運研究》,中國:濟南大學出版社出版,1996 年 5 月第 1 次印刷。

47. 黃仁宇,《明代的漕運》,北京:新星出版社,2005 年 4 月第一次印刷。

48. 鄭天挺,《清史》,臺北:雲龍出版社,2003 年 11 月初版第三刷。

49. 譚其驤,《黃河史論叢》,上海:復旦大學出版社,1986 年 10 月第一次出版。

50. 蘇丙因,《清代七百名人傳》,上海:世界書局,民國 26 年 1 月初版。

(二) 中文論文

1. 王萍、張秀蘭,〈靳輔治理黃河事略〉,《蘭台世界》,1998 年 7 月,頁 112～116。

2. 王日根,〈明清時期蘇北水災原因初探〉,《中國社會經濟史研究》,1994 年第 2 期,頁 22～28。

3. 王社教,〈明代蘇皖浙贛地區的水利建設〉,《中國歷史地理論叢》,1994

年第 3 期，頁 95〜129。

4. 王愷忱，〈黃河明清故道尾閭演變及其規律研究〉，收錄於劉會遠《黃河明清故道考察研究》，南京：河海大學出版社，1998 年 9 月第 1 版 1 刷，頁 252〜299。

5. 丁明範，〈明代的巡漕御史〉，《明史研究專刊》，2003 年第 14 期，頁 249〜271。

6. 史念海，〈歷史時期森林變遷的研究〉，《中國歷史地理論叢》，1988 年第 1 期，頁 1〜17。

7. 史念海，〈論歷史時期我國植被的分佈及其變遷〉，《中國歷史地理論叢》，1991 年第 3 期，頁 43〜73。

8. 于希賢，〈近四千年來中國地理環境幾次突發變異及其後果的初步研究〉，《中國歷史地理論叢》，1995 年第 2 期，頁 45〜62。

9. 孫琰，〈清朝治國重心的轉移與靳輔治河〉，《明清史研究》，1996 年第 6 期，頁 113〜116。

10. 馬雪芹，〈明代黃河流域的農業開發〉，《古今農業》，1997 年第 3 期，頁 8〜13。

11. 馬雪芹，〈明清河南自然災害研究〉，《中國歷史地理論叢》，1998 年第 1 輯，頁 19〜32。

12. 任重，〈明代治黃保漕對徐淮農業的制約作用〉，《中國農史》，1995 年第 14 卷，第 2 期，頁 57〜64。

13. 李心純，〈從生態系統的角度透視明代的流民現象—以黃河中下游流域的山西、河北為中心〉，《中國歷史地理論叢》，1998 年第 3 輯，頁 133〜152。

14. 李雲特，〈中國古代治河思想—樸素唯物主義應用於實踐的典範〉，《武漢大學學報（人文科學版）》，2001 年第 54 卷，第 1 期，頁 14〜19。

15. 李曼麗，〈劉天和的植柳六法〉，《黃河史志資料》，1986 年 12 期，頁 53〜54。

16. 李景旺，〈歷史上的黃河治理〉，《商丘師範學院學報》，2002 年第 18 卷，第 3 期，頁 49〜50。

17. 竺可楨，〈中國近五千年來氣候變遷的初步研究〉，收錄於唐曉峰、黃義軍，《歷史地理學讀本》，北京：北京大學出版社，2006 年 1 月第 1 版 1 刷，頁 7〜40。

18. 冉苒，〈賈魯治河思想初探〉，《湖北大學學報（哲學社會科學版）》，1999 年第 26 卷，第 6 期，頁 76〜77。

19. 呂天佑，〈淺議明代中後期治理黃河的「兩難」〉，《歷史教學》，2001 年第 12 期，頁 6〜11。

20. 孟爾君，〈歷史時期黃河犯淮對江蘇海岸線變遷的影響〉，《中國歷史地理

《論叢》，2000 年第 4 輯，頁 147〜159。

21. 吳海濤，〈歷史時期黃河泛淮對淮北地區社會經濟發展的影響〉，《中國歷史地理論叢》，2002 年第 1 輯，頁 85〜90。

22. 吳海濤，〈歷史時期淮北地區澇災原因探析〉，《中國農史》，2004 年第 3 期，頁 30〜36。

23. 吳海濤，〈古代淮北地區的農田水利建設〉，《中國農史》，2002 年第 21 卷，第 4 期，頁 26〜32。

24. 吳琦，〈漕運與古代農田水利〉，《中國農史》，1999 年第 18 卷，第 3 期，頁 55〜61。

25. 吳松弟，〈黃淮海平原歷史時期人口分佈的初步考察〉，《歷史地理》，1993 年第 11 輯，頁 155〜168。

26. 林天人，〈清初河防政策與河工研究：以靳輔的治河為考察重心〉，《地理研究》，第 45 期，民國 95 年 11 月，頁 93〜121。

27. 林承戰撰，〈和諧或對立？—清康熙時期（1662〜1722）中國人與環境關係〉，國立台灣大學歷史學研究所碩士論文，民國 92 年 1 月。

28. 侯仁之，〈靳輔治河始末〉，《史學年報》，1984 年第 2 卷，第 3 期，頁 43〜88。

29. 馮焱，〈歷史上水旱災害及其影響〉，《海河水利》，1995 年 5 期，頁 5〜10。

30. 趙岡，〈歷代都城與漕運〉，《中國城市發展史論文集》，臺北：聯經出版事業有限公司，民國 84 年 5 月初版，頁 113〜137。

31. 趙岡，〈人口、墾殖與生態環境〉，《中國農史》，1996 年第 15 卷，第 1 期，頁 56〜66。

32. 趙淑玲，〈黃河流域災害問題的歷史透視〉，《華北水利水電學院學報（社科版）》，2002 年第 18 卷，第 1 期，頁 51〜54。

33. 趙敏，〈論中國治水自然觀〉，《湘潭大學學報（哲學社會科學版）》，2005 年第 29 卷，第 5 期，頁 107〜109。

34. 秦佩珩，〈明代治河史筍〉，《學術月刊》，1980 年第 7 期，頁 62〜66。

35. 徐海亮，〈黃河下游的堆積歷史和發展趨勢〉，《水利學報》，1990 年 7 期，頁 42〜48，續接頁 19。

36. 徐世大，〈中國水利學史〉，《中國史論集》，臺北：牧童出版社，民國 67 年 1 月，頁 513〜537。

37. 郭豫慶，〈黃河流域地理變遷的歷史考察〉，《中國社會科學》，1989 年第 2 期，195〜210。

38. 郭松義，〈明代的內河航運〉，收錄於李洵、李澍田主編，《明史論集》，1993 年 6 月第 1 版 1 刷，頁 186〜205。

39. 晏路,〈郭琇彈劾靳輔案中案〉,《滿族研究》,瀋陽:遼寧省民族研究所,2001 年 4 月,頁 57～61。

40. 徐海亮,〈歷史上黃河水沙變化的一些問題〉,《歷史地理》,1995 年第 20 輯,頁 32～40。

41. 徐海亮,〈明清黃河下游河道變遷〉,《黃河史志資料》,1992 年第 1 期,頁 48～54。

42. 徐福齡,〈歷代黃河治理方策的演變概況〉,《黃河史志資料》,1991 年第 1 期,頁 22～29。

43. 徐思敬,〈歷代治河兵夫概述〉,《黃河史志資料》,1991 年第 2 期,頁 32～37。

44. 鈕仲勳,〈從歷史地理探討歷代治河方略〉,《史念海先生八十壽辰學術文集》,西安:陝西師範大學出版社,1996 年 2 月第 1 版 1 刷。

45. 蔡泰彬,〈明代漕河四險及其守護神——金龍四大王〉,《明史研究專刊》,1992 年第 10 期,頁 83～148。

46. 蔡泰彬,〈明代山東四大水櫃之功能與整治〉,《中國歷史學會史學集刊》,第 18 期,民國 75 年,頁 155～185。

47. 蔡泰彬,〈論黃河之河清現象〉,《中國歷史學會史學集刊》,第 29 期,民國 86 年,251～300。

48. 蔡泰彬,〈中國傳統詩文之黃河觀〉,《慶祝王恢教授九秩嵩壽論文集》,1997 年 5 月,頁 25～70。

49. 蔡泰彬,〈明代黃河沿岸州縣生祠之建置與水患災民賑濟〉,《淡江史學》,第 10 期,民國 88 年,頁 147～184。

50. 蔡泰彬,〈論證明代御製黃河萬里圖應繪製於清康熙時期〉,《白沙歷史地理學報》,第 2 期,民國 95 年,頁 27～73。

51. 彭安玉,〈試論黃河奪淮及其對蘇北的負面影響〉,《江蘇社會科學》,1997 年第 1 期,頁 121～126。

52. 梅興柱,〈明代淮河水患及治理得失〉,《煙台大學學報(哲學社會科學版)》,1996 年第 2 期,頁 68～74。

53. 楊昶,〈明代生態環境狀況芻議〉,收錄於《生態環境與區域文化史研究》,武漢:崇文書局,2005 年 6 月第 1 版,頁 391～398。

54. 楊昶,〈明代的生態環境思想及相關科技成就考論〉,收錄於《生態環境與區域文化史研究》,武漢:崇文書局,2005 年 6 月第 1 版,頁 410～429。

55. 鄒逸麟,《淮河下游南北運口的變遷和城鎮興衰》,收錄於《歷史地理》1988 年 9 月第六輯,頁 1～17。

56. 陳正祥,〈黃土、黃土高原和黃河〉,《中國文化地理》,臺北:木鐸出版社,民國 73 年 9 月,頁 135～156。

57. 鮮蕭威、陳莉君，〈歷史時期黃土高原地區的經濟開發與環境演變〉，《西北史地》，1986 年 2 期，頁 1～8。

58. 賈乃謙，〈明代名臣劉天和的「植柳六法」〉，《農業考古》，2002 年第 1 卷，第 3 期，頁 215～218。

59. 韓大成、楊欣，〈明代林業概述〉，收錄於朱誠如、王天有主編，《明清論叢·第 5 輯》，北京：紫禁城出版社，2004 年 8 月第 1 版 1 刷，頁 283～302。

60. 錢克金、劉莉，〈明代大運河的治理及其有關重要歷史作用〉，《社科縱橫》，2002 年第 4 期，頁 66～68。

61. 鞠明庫、李秋芳，〈略論明代水利撰述的特點〉，《殷都學刊》，2001 年第 2 期，頁 49～52。

62. 譚其驤，〈何以黃河在東漢以後會出現一個長期安流的局面〉，收錄於唐曉峰、黃義軍，《歷史地理學讀本》，北京：北京大學出版社，2006 年 1 月第 1 版 1 刷，頁 80～112。

63. 鄒逸麟，《淮河下游南北運口變遷和城鎮興衰》，《歷史地理》，第六輯，上海：人民出版社，1988 年 9 月，頁 57～73。

64. 鄒逸麟，〈山東運河歷史地理問題初探〉，《歷史地理》，1981 年創刊號，頁 80～125。

65. 鄒逸麟，〈元代河患與賈魯治河〉，《黃河史論叢》，上海：復旦大學出版社，1986 年 10 月第 1 版 1 刷，頁 21～26。

66. 鄒逸麟，〈黃河下游河道變遷及其影響概述〉，《黃河史論叢》，上海：復旦大學出版社，1986 年 10 月第 1 版 1 刷，頁 221～242。

67. 鄒逸麟，〈歷史時期華北平原湖沼變遷述略〉，《歷史地理》，1987 年第 5 輯，頁 25～39。

68. 鄒逸麟，〈明代治理黃運思想的變遷及其背景—讀明代三部治河書體會〉，《陝西師範大學學報（哲學社會科學版）》，2004 年第 33 卷，第 5 期，頁 21～26。

69. 鄒逸麟，〈我國水資源變遷的歷史回顧—以黃河流域為例〉，《復旦學報（社會科學版）》，2005 年第 3 期，頁 47～56。

70. 鄒逸麟，〈從地理環境角度考察我國運河的歷史作用〉，《椿廬史地論稿》，天津：天津古籍出版社，2005 年 5 月第 1 版 1 刷，頁 226～245。

71. 鄒逸麟，〈我國環境變化的歷史過程及其特點初探〉，《椿廬史地論稿》，天津：天津古籍出版社，2005 年 5 月第 1 版 1 刷，頁 333～343。

（三）日文著作

1. 谷光隆，《明代河工史研究》，東京：同朋社，1991 年 3 月。

2. 星斌夫，《大運河發展史》，東京：平凡社，1982 年 6 月。
3. 森田明，《清代水利史研究》，東京：亞紀書房，1974 年 3 月。
4. 森田明，《清代水利社會史研究》，東京：圖書刊行會，1996 年。
5. 森田明，《中國水利史研究》，東京：圖書刊行會，1995 年 3 月。

三、工具書

1. 中國社會科學院歷史研究所明史研究室，《中國近八十年明史論著目錄》，鎮江：江蘇人民出版社，1981 年 1 月 1 版。
2. 中國歷史大辭典・明史編纂委員會，《中國歷史大辭典・明史卷》，上海：上海辭書出版社，1995 年 12 月 1 版。
3. 水利電力出版社中國水利百科全書編輯部，《中國水利百科全書》，北京：水利電力出版社，1991 年。
4. 中國人民大學清史研究所，《清代邊疆史地論著索引》，北京市 ：中國人民大學出版社，1988 年。
5. 中國人民大學清史研究所合編，《清史論文索引》，中國社會科學院歷史研究所清史研究室，北京 ： 中華書局出版 ，1984 年 6 月。
6. 《黃河文化百科全書》編纂委員會，《黃河文化百科全書》，成都：四川辭書出版社，2002 年 2 月第 1 版 1 刷。
7. 《中國方志大辭典》編輯委員會 編，《中國方志大辭典》，杭州：浙江人民出版社，1988 年 7 月第 1 版 1 刷。
8. 全國經濟委員會水利處，《中國河工辭源》，南京：全國經濟委員會，民國 25 年 7 月初版。
9. 黃河水利委員會黃河志，《黃河大事記》，鄭州：黃河水利電力出版社，2001 年 12 月第 1 版 1 刷。
10. 天野元之助 著；彭世獎、林廣信，《中國古農書考》，北京：農書出版社，1992 年 7 月第 1 版 1 刷。
11. 國立中央圖書館特藏組編輯，《國立中央圖書善本書目》，臺北：國立中央圖書館，1986 年 12 月增訂 2 版。
12. 林頫，《中國歷史地理學研究》，福州：福建人民出版社，2006 年 1 月第 1 版 1 刷。
13. 李小林、李晟文，《明史研究備覽》，天津：天津教育出版社，1988 年 2 月 1 版。
14. 杜瑜、朱玲玲，《中國歷史地理學論著索引（1900～1980）》，北京：書目文獻出版社，1986 年 4 月第 1 版。
15. 唐立宗、陳耀煌、林丁國，《臺灣地區館藏大陸期刊明清史研究彙編（1949

～1993)》，臺北：國立政治大學歷史學系，民國 93 年 8 月初版。

16. 吳智和、賴福順，《戰後臺灣的歷史學研究（1945～2000）‧明清史》，臺北：行政院國家科學委員會，2004 年 8 月初版。

17. 水利部黃河水利委員會，《黃河河防辭典》，鄭州：黃河水利出版社，1995年 11 月第 1 版 1 刷。

18. 程光裕、徐聖謨，《中國歷史地圖》，臺北：中國文化大學出版部，1993年 8 月 1 版 2 刷。

19. 譚其驤，《中國歷史地圖集》，第七冊《元‧明時期》，上海：地圖出版社，1982 年 10 月第 1 版。

20. 戴均良，《中國古今地名大詞典（全三冊）》，上海：上海辭書出版社，2005年 7 月 1 版 1 刷。

四、參考網頁

1. 周文國，〈黃河防洪方略〉
   http://www.rcdr.org.cn/Index/display.asp？NewsID=1361。

2. 楊紀代，〈世界民謠鳳陽花鼓〉
   http://www.epochtimes.com/b5/8/8/11/n2224913.htm。

3. 清代人物研究論文索引
   http://www.qinghistory.cn/cns/WSZL/ZYZX/lzsy/05/29/2006/17115.html。